古代歷史文化研究輯刊

十一編

王 明 蓀 主編

第 11 冊

元代官吏懲戒制度研究

羅晏松 著

國家圖書館出版品預行編目資料

元代官吏懲戒制度研究／羅晏松 著一初版一新北市：花木
蘭文化出版社，2014〔民 103〕
目 2+182 面；19×26 公分
（古代歷史文化研究輯刊 十一編：第 11 冊）
ISBN：978-986-322-570-6（精裝）
1. 官制　2. 懲戒　3. 元代
618　　　　　　　　　　　　　　　　　　103000943

古代歷史文化研究輯刊
十一編　第十一冊　　　　　　　ISBN：978-986-322-570-6

元代官吏懲戒制度研究

作　　　者	羅晏松
主　　　編	王明蓀
總 編 輯	杜潔祥
副總編輯	楊嘉樂
編　　　輯	許郁翎
出　　　版	花木蘭文化出版社
社　　　長	高小娟
聯絡地址	235 新北市中和區中安街七二號十三樓
	電話：02-2923-1455／傳眞：02-2923-1452
網　　　址	http://www.huamulan.tw 信箱 hml810518@gmail.com
印　　　刷	普羅文化出版廣告事業
初　　　版	2014 年 3 月
定　　　價	十一編 24 冊（精裝）新台幣 46,000 元

版權所有·請勿翻印

元代官吏懲戒制度研究

羅晏松　著

作者簡介

羅晏松，民國 74 年 7 月生，東吳大學歷史學系學士、碩士，本書為其碩士學位論文。

提　　要

　　本文以正史志書、元代法令暨當代司法案牘彙編為主要史料，比方說《元史刑法志》、《通制條格》、《至正條格》及《大元聖政國朝典章》等，藉以釐清該朝懲戒制度，除了第一章「緒論」與第五章「結論」外，共分作「懲戒處分」、「懲罰減免制度」以及「懲戒案件管轄權架構」三大子題，凡五章，略作介紹如下。

　　第二章「懲戒處分」主要係介紹元代懲戒處分之種類及其內容。筆者依被付懲戒人之「官職身分」是否受到「不利更動」為準，分作「黜降處分」以及「黜降以外之處分」兩大類。前者相當於唐律的「除免官當」類處分，後者則單舉罰俸一類探討。之所以使用「黜降」來為更動官職身分之處分定名，是考慮到歷朝以來沒有適當之統稱，為了盡可能避免使用現代詞彙且符合元代史料內容的前提下，筆者從《元典章》、《憲臺通紀》等書中挑選了該詞作為定名。選擇該詞之理由有三：一、該詞不特別指涉解見任或是除名不敘，而係囊括一切性質相當之處分；二、該詞常出現在具普遍效力之宣示性公布文告（皇帝的詔書、聖旨）或用於諮詢、解釋通則性規定之文書（中書省部作成通例之劄付），而非針對具體案件；三、在達成前兩項條件之前提下，該詞不只一次出現。本章所探討之黜降處分有：除名、解見任、降敘（與削散官合併探討）、邊除，以及雜職敘等等，而非黜降處分只有具剝奪財產性質的罰俸一類。此外，在屬性上與黜降有關但不能直接畫入其中的其他處分類別有殿年（黜降之附款，本身無法單獨科處）及標附過名（相當於現代的記過，可能影響吏部對該員未來的銓選結果）二類，筆者將該二者一併列入本章內容，視其屬性排列於前舉諸類黜降處分之後，罰俸之前。在方向上，依據手邊現有資料，探討各類懲戒處分之源流、演變，及其法律效果本身。

　　第三章「懲罰減免制度」與前章可謂懲戒制度的陰陽兩面。本章所探討者為因被付懲戒人具有特定官吏身分而發動、對所受之處罰措施加以減免的各類制度，筆者透過元代時期的史料，並將之與唐宋時期的「議、請、減、贖」制度作比較後發現，許多前朝相關制度不是因元朝本身無繼受而消失（議、請），就是在繼受之後將其適用範圍縮小（減、贖）。整體來說，常規性的懲罰減免制度到了元代（一部分的變化是發生在金代），可謂相形萎縮，對照同時期懲戒處分等處罰的內容，筆者以為整個官吏懲戒制度在元代的發展是趨向嚴厲的。

　　第四章「懲戒案件管轄權架構」參考近代法學的「管轄權」概念，解釋元朝各官廳（以監察官廳為主）就官吏懲戒案件作「判決」的權責劃分。嚴格來說，元代監察官廳本循著前代的規模，僅針對官吏違法事件、不當行為作糾察，後開立彈章，不具有作出判決的管轄權，而糾察與彈劾權本身無法直接產生處罰官吏的效果。後來，隨著監察官廳的擴大，成為與地方行政體系平行重疊的系統後，為了強化整治官箴的功能，元廷當局逐步的授予各級監察官廳不等的管轄權限，基本上，被付懲戒人的職位高低及所受懲罰之重輕，與監察官廳之層級高低成正比，也就是說被付懲戒人官職越高或所受懲戒、刑罰越重，則須由較高層級的監察官廳（御史臺、行御史臺）、甚至是中書省作判決（最高審判權者仍是皇帝），相反的，被付懲戒人官職越是基層、所受處罰越輕，則地方監察官廳就比較具有管轄權作出判決並予以執行，如此作法可加強整治官箴的即時性與效率。

懲戒制度係為了裁汰不適任及違法亂紀的官吏而創制的，因此，除了具有懲罰性之外，懲戒制度的另一項重要的立法目的與功能在於「矯正政府組織的失靈」，即便對被付懲戒人寬容而免除刑罰（恩赦之效果），其判決內容之懲戒處分仍須執行，藉此汰除官僚集團內的不良者，維持較佳得行政效能與司法公正。為了更有效地矯正政府，元代懲戒處分架構單純化得同時（操作簡單），比起前代更形嚴厲（如《唐律》規定受除名處分者從「六年後仍可敘復」，元代則改為「終身不敘」），且與懲罰減免制度的萎縮（壓縮僥倖免責的機會）、賦與地方監察官廳懲戒案件管轄權（使懲戒制度及時發揮作用）在立法目的上是一致的。

目次

第一章　緒　論

第一節　研究動機

　　蒙古遊牧民族以武力佔領中國，並建立參仿漢式體制的政權：元朝，其主要指標在於建構出類似中原王朝的政府體制，以協助蒙古皇帝進行統治。其中，官吏的組成乃政府建置的首要條件。〔註1〕

　　官吏制度，或稱官僚制度（Bureaucracy）既爲建構政府的第一要件，其組成份子之素質必須有所維護，除了歲貢儒吏、〔註2〕吏員考滿出職，及科舉等考選制度之建制目的係爲拔擢人才加入外，針對能力不勝其職或是違反法

〔註1〕　楊聯陞曾評價中國傳統的六部機制，稱：「吏部由於與領導、決策關係緊密，自然而然也就有了凌駕各部的地位。……禮部主要處理符號的應用，但也主管科舉，掌握了通向仕途的主要管道，因此也是領導中心的一分子。」故筆者參考其說以爲，官吏的培育與配置（人事制度）乃政府組織存在的第一要件。參楊聯陞，〈從經濟角度看帝制中國的公共工程〉，《國史探微》，（臺北：聯經，民國71年），頁249。

〔註2〕　在元仁宗開科取士以前，「歲貢儒吏」爲主要的官吏考選機制，其大致特徵如下：1、首先由各地區官方書院定期擇優選出儒生；2、再由各轄區按察司官與書院教官負責考核；3、錄取者統一送往吏部銓選，分發中央省部吏員，後來多投入監察系統；4、與地方基層官署吏員升遷考試合併辦理；5、選取人才以「儒知吏事，吏通儒術」爲上。相關史料可參《大元聖政國朝典章》，（收入《續修四庫全書》，上海：上海古籍出版社，1998年，第787冊），卷12，〈吏制‧儒吏〉，「隨路歲貢儒吏」、「儒吏考試程式」二條，頁144～145；《廟學典禮》，（收於《景印文淵閣四庫全書》，臺北：臺灣商務，民國72年，第648冊），卷1，「歲貢儒吏」條，頁330～331、卷3，「各路歲貢儒人」條，頁353、「行省催趲歲貢儒人」條，頁360～361，以及卷4，「歲貢知吏事儒人」條，頁377。對「歲貢儒吏」制度的評價可參考蕭啓慶，〈元代的儒戶：儒士地位演進史上的一章〉，《元代史新探》，（臺北：新文豐，民國72年），頁29～30。

規的官吏，亦應有其汰除機制，遂有懲戒制度存在之必要。〔註3〕

關於本文研究主題，具有綜合記述的資料，得參元末名臣蘇天爵，《滋溪文稿》，卷 27，〈論臺察糾劾辨明之弊〉一文，節選如下：

> ……夫法令朝廷所定，廷尉天下之平。（1）或笞或杖，受宣者必申稟於中臺；（2）或降或黜，無例者必定擬於刑部。是慎重於守法，不敢輕易於用刑。（3）今動輒曰：「省、院、臺勿用」，則當用者宣政、資政之選乎？是降爲雜職矣。（4）又曰：「有選衙門勿用」，無選者孰敢用乎？是不復得敍矣。（5）且職官犯贓，猶有一貫至三百貫之分；（6）至論其罪，則有殿、降敍，不敍之別。〔註4〕豈有一遭論列，或犯在革前，或事涉疑似，（7）輒坐雜職任用之科，（8）終身不敍之罪，豈法之平允哉？（9）且犯罪者至於流遠，家屬尚留於京師；（10）被劾者未至當刑，起遣即歸於鄉里。蓋緣無事可尋，強生於掇拾，潔白素著，特爲之污染，致使高尚之人聞而退藏，有志之士亦爲歛避。當路興乏全材之嘆，後世有國無人之譏，其於世道甚爲關係！……〔註5〕

爲了便於解說，筆者將上開資料重點各以標號。其全文意旨在批判當代臺察機構（御史臺系統）濫權彈劾，以致有誣枉之弊，爰元初建制監察系統時賦予其極大的概括職權，且元初法制未臻完備的背景因素下，監察系統對其他官僚體系的彈劾權行使分際難以規範，致有「事涉疑似」甚或明明「無事可尋」，卻還「強生於掇拾」的濫權彈劾現象。回到本文主題，上開史料中，第一、二點爲懲戒審理程序與立法權責的介紹，蓋元代法典建制不全，司法權者可引用過去判例或臨事裁量定罪，而使司法者有充當立法者的現象。第三、四點乃懲戒處分之種類，可分別與七、八點對應參看。以下就各點解析：
一、受宣者爲「欽授宣命人員」之簡稱，爲散官從五品以上的官員，其任命形式係皇帝以「宣命」作成，〔註6〕地位崇高，無論受笞受杖，其裁決必「申

〔註3〕 胡世凱曾指出，官吏瀆職之懲罰與維繫傳統家庭之倫理綱常並列爲中國傳統刑律的兩大核心。參胡世凱，《"明主治吏不治民"：中國傳統法律中的官吏瀆職罪研究》，（北京：中國政法大學，2002 年），頁 7～8。

〔註4〕 此處筆者以陳高華、孟繁清校注本爲主。其中「殿、降敍，不敍之別」一處陳、孟二氏原句讀爲「殿、降、敍、不敍之別」，如此一來，則有四種處分類型，但「敍」者即任用、敍用、任命之意，無法認其具有懲戒性質，故改之。

〔註5〕 〔元〕蘇天爵，《滋溪文稿》，（北京：中華書局，2007 年），卷 27，頁 448。

〔註6〕 參〔明〕宋濂等撰，《元史》，（北京：中華書局，1976 年），卷 83，〈銓法中〉：

稟於中臺」，意指針對該等官員之懲戒案皆須申稟御史臺作審理，又對照《經世大典》，〈憲典總序〉，「八議」所謂「官由制授者，必聞奏而論罪」，〔註7〕可知申稟御史臺審理外，其終審權者實爲皇帝，這是就該類人員任命層次的對應安排；二、緣於元代的法律建制特點，當具體審理案件無先例（可能泛指舊判例或是更具系統性的聖旨條畫）可循時，須申稟中央，中書省會交付刑部定擬，成爲日後相似案件的判決準則，但遇有疑義而再次爲下級官署申稟時也可能創造新「例」加以推翻。此種定例可能係就犯罪行爲要件的衡酌標準或是就各類犯罪行爲的判決刑責作制定；第三、七點係一種懲戒處分的種類，即將被付懲戒人從原來的官僚體系調任到另一種較不受社會敬重的官僚體系，此種人事處分就叫作「雜職敘用」。有關「雜職」的界定，參上開史料所指即爲中書省（牧民官系統）、樞密院（軍方）以及御史臺（監察系統）及其各該下轄官署以外的官僚系統，如宣政院或資政院等。對雜職的認識，可另參宋代或稍晚的明代對其之定義，此不贅述；第四、八點即所謂將被付懲戒人排除在官僚體系之外的除名處分，其處分之實質與前代略有不同，以唐代爲例，《唐律》除名的核心效果爲「官爵悉除，課役從本色」，意指被付懲戒人法律上官、爵身分將被撤銷，成爲庶人，在這方面元代是一樣的，但差別在於受該處分後：《唐律》規定「六載之後聽敘，依出身法」，〔註8〕故受除名者於處分後六年將會從當初入仕的最低階層重新獲得任用，至於元代的除名在許多法律文件內都會與「永不敘用」或「終身不敘」等文字聯接使用或是並列，〔註9〕故可得知其效果爲永久性的，比唐代更加嚴厲；〔註10〕五、

　　「……自六品至九品爲敕授，則中書牒署之。自一品至五品爲宣授，則以制命之。」除了受宣官外，流品之內於其下者乃受敕官，完整名稱係「祗受敕牒人員」，指散官正六品以下官員，其任命形式爲「中書牒署」作成，與受宣官之差別在於任命層級不同，且影響到各自的法律地位。在九品之外，又有所謂受省箚人員，即以各行省以其名義作成的行省箚子任用的人員，通常是未入流的首領官及吏員。

〔註7〕　虞集主編，〈經世大典‧序錄〉，收於蘇天爵編《元文類》，（臺北：世界書局，民國78年），頁464。

〔註8〕　〔唐〕長孫無忌等撰，劉俊文點校，《唐律疏議》，（北京：中華書局，1983年），〈名例〉（總21條）「除免官當敘法」條，頁58。

〔註9〕　此處所謂「並列」是指某些判例含有不同層級審判機關對同一案件作判決時，某一層級自稱作出與次一層級相同判決但文字卻有出入之情形，筆者以爲其不同文字實際上是指同一概念，當「除名」與「永不敘用」或「終身不敘」等文字如上述狀況下同時出現時，則可證明元代的除名效果是及於終身的。

〔註10〕　明代的除名效果應是繼承元代的規定。《大明律集解附例》，「除名當差」條：

指官吏有犯贓罪時（具財產轉移性質的犯罪，通常是指貪污取受），得依據贓款額度作刑責分級的標準，蘇天爵此處是據大德七年頒布的〈贓罪條例十二章〉作敘述的，據該條例規定最低刑責所繫屬之贓額爲一貫，最高額爲三百貫以上；六、所謂「殿敘」指停職若干期間再加以敘用，「降敘」則指降低官品敘用，如前開〈贓罪條例〉規定「不枉法贓」依其所犯額度而「降○等」即是，「不敘」即指除名，已見前述。第六點在列舉當代懲戒處分之種類，但據筆者觀察，光是針對官爵身分的懲戒處分尚不止這三項；九、指配流，亦可能是類似宋代「編管」的自由刑（實際上編管即爲配流之易刑），按元代法律文書中官吏懲戒案例確有科處編管或配流之記載，但案例很少，不似前述降等、除名等處分較爲常見，必須考量其具備之官吏身分在可能科處此刑罰時所發揮的作用。又配流在《元典章》內多出現於強竊盜等非官吏身分犯罪類型；〔註11〕十、此爲強迫回籍，指官吏被勒令從任職地返回故里，通常會先被解除職務（或除名）後再執行，與前項配流一樣，是在官吏懲戒案件裏少見的以人身自由爲標的的處罰方式。由於本文主要是探討專屬於官吏的懲戒方式，像配流（或編管）及回籍等適用範圍不限於官吏的刑罰，基本上非本文討論範疇。

　　透過上開史料雖可粗略了解元代官吏懲戒制度之梗概，但仍不夠全面，其描述亦不深入，這也是本文將作探討之處。

第二節　研究成果回顧

　　本文研究之主題，爲兩種研究領域之交叉點：一、元代法制史研究；二、官吏懲戒制度史研究。另外，由於元代官吏懲戒事件的審理工作與監察官廳密不可分，自不當忽略與元代監察制度相關的研究著作。以上皆有豐厚的前人研究成果，筆者於倉促之間自無法一一細讀，此處僅就對筆者基礎知識之奠定有直接幫助者作介紹。

（一）元代法制史研究
　　目前有關元代法制史之研究成果多站在整體角度作觀察，並集中在幾個

「凡職官犯罪，罷職不敘，追奪除名者，官、爵皆除。」而後又關類似《唐律》的收敘規定，故可證明。
〔註11〕如《元典章》，卷49，〈諸盜一〉就有許多相關規定或斷例釋函出現是類刑罰，頁 472～488。

問題：一、如元代是否頒行過所謂「元律」、〔註12〕二、現存元代法規資料就其體例內容應如何界定其性質、〔註13〕三、元代刑法與其他朝代之差異〔註14〕等等，略舉數篇如下。

安部健夫〈大元通制解說：新刊本「通制條格」の紹介に代えて〉一文以《大元通制》之內容爲例，稱「條格」之性質（或功能）係「以令法規爲主，并包含其他若干格、式法規的一部行政法典。」〔註15〕而「斷例」者爲「包括了判例（決斷事例）與律的法規（決斷通例）的一種刑法典。」〔註16〕在此須對安部健夫將斷例分爲「決斷事例」與「決斷通例」多作解釋，前者屬於對個案作出判決後而生的判例，後者則係就特定犯罪類型制定的單行法規，如針對官吏貪贓的〈贓罪條例十二章〉〔註17〕以及針對盜賊的〈強切盜賊通例〉〔註18〕等，其條文多以「諸」字冒頭，屬抽象一般性規定，所謂「斷例」綜合此二者。筆者斟酌其觀點申之，條格相當於令、格、式等行政法規，斷例則被賦予刑法典的功能，但在編纂體例上仍不等同唐代制定的全屬抽象一般性規定的律、令、格、式，這係將「功能目的」與「編纂形式」區分的看法。

仁井田陞〈元代刑法考〉一文，除了指出元代司法工作有較濃厚的「擅

〔註12〕關於此問題可參日人安部健夫〈元史刑法志と「元律」との關係に就いて〉（收入其文集《元代史研究》，東京：創文社，1981年，頁253～276）一文，該文撰寫之目的在於反駁淺見倫太郎〈元ノ經世大典並ニ元律〉（《法學協會雜誌》，41：7、8）一文之觀點。淺見倫太郎對此持肯定說，但安部健夫則持否定說，目前以後者爲學界通說。

〔註13〕如〔日〕安部健夫，〈大元通制解說：新刊本「通制條格」の紹介に代えて〉，收入《元代史研究》，頁277～318，其譯文：〈大元通制解說：兼介紹新刊本《通制條格》〉，收入楊一凡主編，《中國法制史考證》，丙編第三卷，〈宋遼西夏元卷〉，北京：中國社會科學出版社，2002年，頁161～202。以下以中譯文爲主。

〔註14〕如仁井田陞〈北方民族法と中國法との交涉（二）：元代刑法考〉（收入《中國法制史研究・刑法》，東京：東京大學出版會，1981年）一文指出，由於採抽象普遍規定的成文法典之闕如，元代在司法工作上偏重習慣法與條理之解釋（詳本章注20），且皇帝與裁判官裁量的涉入加大，造成一種「擅斷主義」的傾向，有別於過往中國刑律的「罪刑法定主義」（頁529～539）。

〔註15〕〈大元通制解說〉，頁173。

〔註16〕〈大元通制解說〉，頁176。

〔註17〕《元典章》，卷46，〈刑部八・諸贓一・取受〉，頁452～453。《至正條格・斷例》，卷6，〈職制五〉，「取受十二章」同內容，頁218。

〔註18〕《元典章》，卷49，〈刑部十一・諸盜一・強竊盜〉，頁461～462。

斷主義」色彩外，還指出元代司法之依據分四大類：〔註19〕一、「依現行法規」，指如同安部健夫所稱的「決斷通例」等，或植松正所稱「聖旨條畫」（詳後）；二、「援引先例」，即先前作出的判例；三、「參用前朝法律」，如《唐律》、《金泰和律》等；四、「依習慣法或條理等作適宜之處理」，其中所謂「條理」係指「法律條文有所欠缺時，進行補充解釋或用於裁量的標準。」〔註20〕前述第三類借用唐金律典的法律適用方式，在元代法律資料裡多以「舊例」一詞出現，尤其是在至元八年以前，元廷官員常援引金律審判，舊例通常指此。〔註21〕此外，〈元代刑法考〉有注意到元代的懲戒處分類別，據其所錄有除名、解職（解見任）、降職等，〔註22〕並以「閏刑」統稱之，此語係沿用其著〈唐律に於ける通則的規定の來源〉〔註23〕內有關唐代官吏及僧侶的特殊處罰之統稱，係相對於「正刑」之概念，作者透過《元史刑法志》若干條文觀察，認為元代針對某些犯罪，「閏刑」多與笞、杖刑併科，而後者不得收贖，這是與《唐律》最大之不同處。

植松正曾對元代特有的法規制定形式—「聖旨條畫」作出詳盡研究，這是附在皇帝聖旨和詔書後頒布的個別法令條文，散見於《元典章》和《通制條格》（亡逸已久的《至正條格》在韓國被發掘後，亦可找出許多聖旨條畫）等元代法律文書中。關於條畫的編纂形式源於中國傳統的敕後法令，在制定上獨立於律令之外的補充規定，但元代始終未曾頒布律令，因此「聖旨條畫」可說係該朝特有之產物。植松正透過對元代法律文書之廣布蒐羅，輯成鉅作〈元代條畫考〉八篇，發表於《香川大學教育學部研究報告》，但筆者目前未能尋得該文紙本或電子檔，故此處介紹引自同氏作〈元初の法制に关する一考察：とこに金制との關連について〉一文，〔註24〕後文又指出，《大元通制》

〔註19〕〈元代刑法考〉，頁533。

〔註20〕參〔日〕松村明編，《大辭林》，（東京：三省堂，1988年），頁1197，原文：「法の欠缺（けんけつ）を補う解釈上および裁判上の基準。」

〔註21〕關於舊例的意涵可參考小林高四郎的〈元代法制史上の舊例に就いて〉一文，收入《江上波夫教授古稀記念論集：歷史篇》，（東京：山川出版社，1976～1977年），頁297～316。

〔註22〕〈元代刑法考〉，頁555～556。

〔註23〕參〔日〕仁井田陞〈唐律に於ける通則的規定の來源〉，收於《中國法制史研究・刑法》，（東京都：東京大學出版會，1959年），頁239～241。筆者另參考姚榮濤譯文，收於劉俊文主編《日本學者研究中國史論著選譯》，第八卷，（北京：中華書局，1992），頁147～149。

〔註24〕植松正，〈元初の法制に关する一考察：とこに金制との关連について〉，《東

之頒布，係將單行立法與判例依據前朝刑律篇目分門羅列，單就法律實務上的需要來看，雖不能僅以當局有「華化」傾向作解釋，卻可視作邁向律令法典之過度體，且元朝做為征服王朝，相當程度地繼承了同為征服王朝的金朝的治理經驗，對此不能單純以「蒙古至上主義」、「中國化」二元對立概念作區別。

（二）官吏懲戒制度史研究

除了元代法制史的綜合性研究外，筆者還參考了部分中國懲戒制度的研究成果，其中與唐宋相關者最為重要，對唐宋懲戒制度有了基本的認識，可做為與元代的對照。礙於筆者才學，故不擬作跨時代比較研究，但仍可做簡單的比較，以凸顯元代之特色。茲舉重要者簡介如下：

關於唐代懲戒制度之研究，筆者主要參考自錢大群先生〈「除免」與「官當」關係辨〉一文，[註25] 該文主要係將《唐律》的「除名」、「免官」、「免所居官」三種懲戒處分及兼具贖刑性質的「以官當徒」（以下簡稱「官當」）處分組合作架構分析，據其論述可歸納為以下幾點：一、除免乃對犯特殊罪名之官吏附加的行政處罰（該文以行政處罰稱呼懲戒處分），意指與主刑併科；二、官當與除免有限制贖銅（罰贖）泛濫之效果：如果應除免或官當之官吏皆以贖銅來抵抗撤停職務，則大批不適任者將充斥官廳，故除免與官當優先於贖銅；三、非屬「五流」或「十惡」，且非特別規定應除免之罪，經官當與贖銅，流、徒以下等級實刑皆得抵免；四、應處「五流」、行為構成「十惡」，或特別規定應除免之罪，不得將除免轉換為官當或贖銅；五、承前項，雖當、贖不得對抗除免，仍得用以抵銷流、徒以下實刑，但犯「五流」、「十惡」者除外（必須服刑）；六、經免官、免所居及官當後，若歷任官職仍有剩餘（降所不至），在停職期間犯罪時得依當免法抵刑。七、各該行政處罰皆有期滿降等復敘之規定：除名者六年期滿聽以出身法敘用（該員最初入仕之官品）、免官者三年後降三品敘用、免所居官及官當者一年後降一品敘用。

關於宋代，首當參考者為梅原郁先生的〈刑は大夫に上らず：宋代官員

洋史研究》，40：14。中譯文：魏常海、張希清譯，〈元初法制考：重點考察與金制的關係〉，收入劉俊文主編，《日本青年學者論中國史：宋元明清卷》，（上海：上海古籍出版社，1995年），頁298～328。

〔註25〕錢大群，〈「除免」與「官當」關係辨〉，《唐律與唐代法制考辨》（收入楊一凡主編，《中國法制史考證續編》，第七冊），北京：北京社會科學文獻出版社，2009年，頁243～252。

の處罰〉一文。〔註26〕該文指出,宋代官吏懲戒的方式相當龐雜,據作者所見史料,就有「追官」、「降官」、「奪官」、「勒停」、「衝替」、「差替」、「編管」、「羈管」、「安置」,此外還有「宮觀差遣」、「監當」、「分司」,和「責授」、「降授」等處分,「罰金」、「罰銅」、「罰俸」、「罰直」、「贖銅」、「贖錢」等則屬於財產上處罰(梅原郁爲此另撰它文)。以上處罰方式並非單獨、而係相互組合科與,遠較《宋刑統》(大致繼受《唐律》)規定複雜。這些用詞大部份在元代已不再使用(少數例外者有勒停,依筆者所見,和科予吏員之「解見役」等同),迄明代則消失殆盡。作者化簡馭繁的指出以下數點:一、由於唐末五代以來官制的變化,《唐六典》所列的職事官已趨「空洞化」(僅具備官階的意義,到宋代則變成所謂「寄祿官」,又稱「階官」)而爲「使職差遣」取代,構成了宋代「差遣(實職、相當於舊職事官)/階官(寄祿官)」爲中心的人事分類制度,加上額外授予、用以表彰重臣的「館閣職」,使得《宋刑統》沿用自《唐律》的懲戒處分實際上是無法適用的,這也是前舉名目繁多的處分之所以誕生的背景;二、唐宋之際懲戒處分變化最大之特點在於「免官」、「免所居官」兩者之擱置,而爲追官、勒停取代,其中追官者係針對寄祿官削降;勒停則有「停止職務(主要爲差遣)」之意,另外還有針對館閣職的「落職」處分存在;三、除名處分在效果上是變化最小的懲戒項目(大致維持著追奪出身以來所有告身,六年後敘用的內容),在宋代常用以科處犯重罪本應死刑之官吏,因皇帝開恩而易科者,通常與具有自由刑性質的「編管」處分(發付特定地區管束)併科,被付懲戒人此時等同囚犯;四、「責授與安置」係宋代獨創的懲戒處分項目,諸如中央貶至地方、牧民官貶爲監當官〔註27〕等即爲「責授」,差遣職的左遷亦屬之。通常責授之職爲地方州軍的「上佐官」,如行軍司馬、參軍等職,這是唐末藩鎮體系的產物,到了宋代都變爲閑職。另外,被責授者會被限制在特定地區不得任意遷徙,即所謂「安置」,但不像搭配除名的編管般受到如同囚犯之對待;五、「分司居住」亦屬別具特色的處分類形,其「分司」之概念源於唐代,是指中央政府機關在陪都的分部,設有官廳及吏員,而分司官就是赴分司任職的官員,一般來說沒有實際權責,〔註28〕此種人事調

〔註26〕 〔日〕梅原郁,〈刑は大夫に上らず:宋代官員の處罰〉,《東方學報》,1995:67,頁241～289。

〔註27〕 所謂「監當官」,與元、明雜職官概念類似,詳本文第二章〈懲戒處分〉第六節「雜職敘用」。

〔註28〕 清代王鳴盛在《十七史商榷》,(黃曙輝點校,上海:上海書店,2005年)卷

度功能可能是爲了優禮老臣、安置迂庸者，或是安排給政治上失勢但無犯罪的官員任職（如司馬光在熙寧五年（1072）帶館職端名殿學士，授無實權的「判西京留臺（洛陽留司御史臺）」即爲一例，《資治通鑑》就在此時纂寫），原理與責授安置類似，但其人身自由並無剝奪，更不像編管人那樣具囚犯身分，且其俸祿是比照現任官全額支給，故懲罰的色彩較低，有維護官員顏面的效果。宋代還有「宮觀差遣」（又稱祠祿官或奉祠官）處分，性質上與分司居住類似，緣南宋國土日蹙，含汴京在內的四京皆淪陷於金人之手，故分司居住現實上已無法執行，而漸爲宮觀差遣取代；六、懲戒處分執行完畢後，被付懲戒人自有機會復職，稱作「敘復」，據作者指出，各類處分除了法條上的規定外，皇帝發布之恩赦對於正在執行的懲戒處分會生調整之效果，這套程序主要分量移→復資→敘用三階段：「量移」係對正受到編管、安置等限制自由之處分者依地里遠近作調整，「復資」爲恢復其寄祿官位，至於「敘用」即重新任命職務。恩赦令發布後，願敘復之被付懲戒人須填爲「敘用家狀」呈交刑部審核，或是呈交該管地方官廳（配隸州軍）遞轉中央，以請求執行敘復程序。另外，每當有恩赦令發布，因懲戒處分而處於停職者，其停職年限都會有所縮減，加上宋代恩赦頻繁，其嚴屬程度遠比原有設定來得輕。

（三）元代監察制度

誠如前述，元代監察制度研究基本上已有許多前輩學者作出充分的研究成果，如美國學者賀凱（Charles O. Hucker）著有"The Yuan Contribution to Censorial History"一文，提出金元二朝在制度方面之淵源、監察制度在元代始獲得審判權，以及「臺諫合一」〔註 29〕（Amalgamation of surveillance and remonstrance）之制度設計等三項特點，另外在其討論明代監察制度的專書 *The Censorial System of Ming China* 有提到元、明二朝監察制度的傳承關係。〔註 30〕我國洪金富先生著有〈元代監察制度的特色〉一文，對元代監察制度在組織、

85，「分司官」條曾指出：「（分司官）不關政事而食其祿，本以處罷黜之人，或既遠黜，復量移于此，而性樂恬退者，亦或反從而求爲之，此其制頗似明南京官，而宋奉祠亦似之。」（頁 747。）

〔註 29〕借自洪金富，〈元代監察制度的特色〉，《國立成功大學歷史學報》，1975：2，頁 222。

〔註 30〕Hucker, Charles O. "The Yuan Contribution to Censorial History"，收入《慶祝董作賓先生六十五歲論文集》（上），（臺北：中研院史語所，民國 49 年），頁 219～227，以及同氏作，The Censorial System of Ming China, Stanford: Stanford University, 1966, pp. 25-29.

職權、運作等方面作出完整詳盡的介紹，並提出中國監察制度就對象之不同有兩種功能：一、對帝王之監察即「政策」上之監察，由諫官執行；二、對官僚之監察即「法律」上之監察，以察官執行之，宋元之際即有後者吸收前者之走向（即前述「臺諫合一」），致使對皇帝諫諍功能愈趨不彰。〔註31〕本文討論範圍僅及於「法律監察」的部分。郝時遠先生〈元代監察制度概述〉一文著重在監察機構之設置形式、內部組織及其人事規定。〔註32〕郝時遠〈元世祖時期臺察與權臣的鬥爭〉則探討世祖朝任用的財政大員與監察官之間的權力消長，提出忽必烈雖曾對監察官作出「毋憚他人，朕當爾主」的承諾，但基於開支上的需要而沒有確實兌現，可說制度應有之安定性不敵政治目的的操作。〔註33〕

第三節　文獻史料

（一）元史刑法志

元代法制史研究首先參考者當為《元史・刑法志》。該志有別於其它正史志書著重描述制度源流暨相關議論之筆法，而是按法律篇目直錄「法條」，看似轉引律典原文的內容，容易使人誤以為所謂「元律」有某某規範。其實，元代自始至終無頒行過所謂「刑律」（謂先具備完整系統體例下編纂，條文內容採抽象、一般性原則規定者），《元史・刑法志》的內容實乃明初修史人員摘錄元文宗朝編修政書《皇朝經世大典》的〈憲典〉篇而來的。《經世大典》係元文宗下令「采輯本朝典故，倣唐、宋會要」〔註34〕所修成之當代會要。該書編修人員，於序中有云：「其書悉取諸有司之掌故，而修飾潤色之，通國語於爾雅，去吏牘之繁辭」，〔註35〕有關法律文書如斷例、釋函等皆被刪修潤飾為簡練的「法條」，故文宗取〈憲典〉讀之嘆曰：「此豈非唐律乎！」〔註36〕據此，《元史・刑法志》

〔註31〕收入《國立成功大學歷史學報》，1975：2，頁 219～276。其「政策/法律」二種監察工作之分類，洪金富參考自薩孟武先生〈西漢監察制度與韓非思想〉一文：「吾國古代監察似曾分別為兩種制度，一是法律問題，二是政策問題，監察前者為御史，監察後者為諫官。……在中國則萌等於秦漢時代，隋唐以後，更截然劃分。」收入《孟武隨筆》，（臺北：三民書局，民 58 年），頁 165。

〔註32〕郝時遠，〈元代監察制度概述〉，《元史論叢》，第三輯，頁 82～104。

〔註33〕郝時遠，〈元世祖時期臺察與權臣的鬥爭〉，《元史論叢》，第四輯，頁 110～122。

〔註34〕《元文類》，頁 412。

〔註35〕《元文類》，頁 412。

〔註36〕《元史》，卷 181，〈揭傒斯傳〉，頁 4185。

所收條文並非現行法規，在使用上必須注意。

（二）通制條格與至正條格

　　《通制條格》乃元英宗至治二年（1323）頒布的《大元通制》之一部。在《大元通制》頒布以前，元代並無正規之法典，其司法實務上原先以《金泰和律》作爲裁判依據，但在元世祖至元八年下令禁止繼續適用後，元代官吏用做裁判依據者多爲歷年積累下的各類條畫（官署制定，皇帝奏准頒布之單行法規）及斷例（相當於具體個案之判決與判例）。元代曾試圖仿照前朝頒布律令，但都無疾而終。元世祖至元末年雖曾頒布《至元新格》，但究其內容皆爲程序性法規，而無刑事罪章，與前朝刑律性質不同，僅具有相當於前朝之令、格、式之功能，不能說立法事業已大功告成。到了元代中期仁宗朝，纔開始了統編條畫、斷例爲一部正式法典的工作，且在英宗朝完成並頒佈，也就是所謂的《大元通制》。《大元通制》內容包括制詔、條格、斷例以及別類，共 2539 條，其中制詔乃元代皇帝詔令彙編；條格性質則相當於現代行政法；斷例則係具刑律功能之判例彙編，〔註 37〕以作爲司法判決的依據。今日所存者僅有條格，故今人引用時多稱其爲《通制條格》。由於條格僅具有行政法性質之內容，對本文主題直接幫助有限，但遇有官吏懲戒制度連帶影響的銓敘運作問題，仍有些許助益。本文所使用者爲方齡貴先生之校點本。〔註 38〕

　　在《大元通制》之後，元代最大立法工作非元順帝至正年間所頒布之《至正條格》莫屬。《至正條格》究其性質，係《大元通制》之續修，其續修目的，可從以下兩則議論看出：

1、蘇天爵，《滋溪文稿》，卷 26，〈乞續編通制〉：

　　……英宗皇帝始命中書定爲《通制》，頒行多方，官吏遵守。然自延祐至今，又幾二十年矣。夫人情有萬狀，豈一例之能拘？加以一時官曹，材識有高下之異，以致諸人罪狀，議擬有輕重之殊。自以煩條碎目，與日俱增。每罰一辜，或斷一事，有司引用，不能徧舉。若不類編，頒示中外，誠恐遠方之民，或不識而誤犯，姦貪之吏，

〔註 37〕元人吳澄稱《大元通制》：「制詔條格，猶昔之敕令格式也。斷例之目，曰衛禁，曰職制，曰戶婚，曰厩庫，曰擅興，曰賊盜，曰鬭訟，曰詐僞，曰雜律，曰捕亡，曰斷獄，一循古律篇題之次第而類輯，古律之必當從，雖欲違之而莫能違也。豈非暗用而明不用，名廢而實不廢乎？」見《吳文正公集》，卷 11，收於王德毅編，《元人文集珍本叢刊》（三），（臺北：新文豐，民國 74 年），頁 232。

〔註 38〕方齡貴校注，《通制條格》，（北京：中華書局，2001 年）。

獨習知而舞文。事至於斯，深爲未便。宜從都省早爲奏聞，精選文臣學通經術、明於治體、練達民政者，圜坐聽讀，定擬去取，續爲《通制》，刻板頒行。……〔註39〕

2、歐陽玄，《圭齋文集》，卷7，〈至正條格序〉：

（元順帝）至元四年戊寅三月二十六日，中書省臣言：《大元通制》爲書，纘集於延祐之乙卯，頒行於至治之癸未，距今二十餘年。朝廷續降詔條，法司續議格例，歲月既久，簡牘滋繁。因革靡常，前後衡決，有司無所質正，往復稽留，奸吏舞文，臺臣屢以爲言。請擇老成耆舊文學法理之臣，重新刪定爲宜。……〔註40〕

因爲《大元通制》自頒布起，迄順帝朝幾近二十餘年，中間有許多斷例滋生積累，對司法實務產生困擾，爲求法令之統一，故有論者謂有「再修通制」之必要，以滿足法律規範之安定性，爲官民所共守。《至正條格》頒布後，作爲元末施行法規的情形，可從《南臺備要》裡找出實證。〔註41〕長久以來，《至正條格》處於亡佚狀態，直到2002年韓國學中央研究院人員於韓國慶州發現元刊本殘本，才得以重見天日。該殘本包含條格之後段以及斷例之前段，其中後者收有職制篇完整內容共五卷，與本文直接相關，故與《大元聖政國朝典章》一同作爲主要研究的史料。筆者使用版本爲韓國學中央研究院據慶州發現的元刊殘本的校注本。〔註42〕

（三）大元聖政國朝典章

《大元聖政國朝典章》（以下簡稱《元典章》）乃元代法律文書重要史料之一，論其成書背景與功能目的，得參考宮崎市定〈宋元時代の法治と裁判機構：《元典章》成立の時代的・社會的背景〉一文。〔註43〕據引元刊本《元

〔註39〕 〔元〕蘇天爵，《滋溪文稿》，（北京：中華書局，2007年），頁435。

〔註40〕 〔元〕歐陽玄，《圭齋文集》，（四部叢刊本，臺北：臺灣商務印書館，民國54年），頁47。

〔註41〕 《南臺備要》，〈公差人員〉、〈僉補站戶〉，收於洪金富點校，《元代臺憲文書匯編》，（臺北：中研院史語所），2003，頁181～184。

〔註42〕 〔元〕《至正條格（校注本）》（以下簡稱《至正條格》），（首爾：韓國學中央研究院編，2007年）。

〔註43〕 宮崎市定，〈宋元時代の法治と裁判機構：《元典章》成立の時代的・社會的背景〉，《東方學報》，24：4，頁115～226。譯文，〈宋元時期的法制與審判機構──《元典章》的時代背景及社會背景〉，收入《中國法制史考證》，北京：中國社會科學出版社，2003，丙編，第三冊，頁1～頁121，本文以該譯文爲主。

典章》目錄（〈大元聖政國朝典章綱目〉）序文如下：

> 大德七年，中書省箚節文：
>
> 准江西奉使宣撫呈：
>
>> 乞照中統以至今日所定格例編集成書，頒行天下。
>>
>> 照得，先據御史臺：「比及國家定立律令以來，合從中書省爲頭一切隨朝衙門，各各編類中統建元至今聖旨條畫及朝廷已行格例，置簿編寫檢舉，仍令監察御史及各道提刑按察司體究成否，庶官吏有所持循，政令不致廢弛。已經遍行合屬，依上施行，去訖。」
>>
>> 今據見呈，仰照驗施行。〔註44〕

又據《元史》，卷21〈成宗四〉：

> （大德七年三月）庚寅，詔遣奉使宣撫循行諸道：……木八剌、陳英往江西・福建，……並給二品銀印，仍降詔戒飭之。〔註45〕

依上開資料得知，大德七年三月二日成宗曾詔遣奉使宣撫循行諸道，其中派往江西、福建者爲木八剌及陳英二人。綜此，《元典章》目錄所刻前言，該中書省箚的受文者應是木八剌與陳英兩人，而《元典章》一書得以刊行是此二人之動議，呈報中書省提議後，得到後者肯定的答覆。又提出此意見時引用御史臺昔日呈文，由於「提刑按察司」於至元二十八年改制爲「肅政廉訪司」，〔註46〕故此意見之提出應不晚於是年。依據御史臺的動議，係將中統建元迄今聖旨條畫（皇帝頒布之單行法規）或朝廷已行格例（聖旨條畫與判例）依中書省暨六部（既云「中書省爲頭」又云「隨朝衙門」）之職能分門別類、編撰成書，且可能得到准許。木八剌與陳英（或其中一人）引用御史臺提過的意見爲依據，再度向中書省提議，而成就此包羅萬象的法例彙編本——《元典章》。至於至元末年准許刊修的法例彙編內容爲何則不得而知，但既然說「合從中書省爲頭一切隨朝衙門，各各編類……」，再對照《元典章》內容的六部編類法，顯然後者參照過前者體例，可以此推估前者之面貌。

　　《元典章》的成書動議，本來有「編集成書，頒行天下」的目的，在此

〔註44〕《元典章》，頁1。

〔註45〕《元史》，頁449。

〔註46〕〔元〕趙承禧，《憲臺通紀》，「更提刑按察司爲肅政廉訪司制」條，收入洪金富點校《元代臺憲文書彙編》，（台北：中央研究院歷史語言研究所，民國92年），頁43。

引出其是否具有正式法典地位的問題，據《典章新集至治條例綱目》序曰：

《大元聖政典章》自中統建元至延祐四年所降條畫，板行四方已有
年矣。〔註47〕

此處有云「板行」，而非「頒行」，即可得知《元典章》不是中央朝廷對外頒
布的正式法典，而是經奉准而由地方匯整出版的法例彙編，至於是地方官署
還是民間書坊刊印，其實沒那麼重要。〔註48〕另外可就內容分析，如果收
有許多受文者為江西地方官署或完全僅於江西地區官署間收發的公牘，即可
反面證明該書並非由中央頒佈，因為如果是由中央所頒發，所取材者必不會
偏重江西地區。但《元典章》也出現一些以福建宣慰司為發文者的公牘，該
司為江浙行省之派出機關，故江浙省發文而由該司承轉的公牘亦有所見，因
此不能斷然認定此部《元典章》係由江西行省發行，據宮崎市定〈宋元時代
の法治と裁判機構〉的研究，考慮到何官廳之轄區得以涵蓋贛、閩，其發行
者應為江西福建道奉使宣撫，這就與前舉《元典章綱目》序文相合：向中央
提議准許發行法例彙編 現存《元典章》的編修者皆係江西福建道奉使宣撫。
〔註49〕

自大德七年始，《元典章》做為官吏工具書屢有增訂，檢索其所收公牘發
文日期，與《大元通制》的頒布時間對照，可知前者的增修止於後者的頒布，
因為有了中央統一頒布的「官方版本」，則地方官吏與民間自發編撰的法例彙
編已無增修必要，但端詳其中內容，由於許多公牘具有中央統一解釋跟發布
命令的性質，仍得視其具有法律規範效力，且可從中探究各該法規於司法實
踐中的適用情形。

本文所徵引的《元典章》，主要係上海古籍出版社所推出的《續修四庫全
書》所收版本，該本實為國立故宮博物院藏元刊本之縮印。此外，關於該書
〈刑部〉各卷之句讀跟校勘，筆者曾參考祖生利、李崇興二人所點校的《大
元聖政國朝典章‧刑部》，〔註50〕稍晚推出的、由陳高華等人校點的《元典章》

〔註47〕《元典章》，頁 575。

〔註48〕宮崎市定，〈宋元時期的法制與審判機構：《元典章》的時代背景及社會背景〉，
　　　　頁 113～114。

〔註49〕〈宋元時期的法制與審判機構：《元典章》的時代背景及社會背景〉，頁 110
　　　　～111。

〔註50〕祖生利、李崇興點校，《大元聖政國朝典章‧刑部》（以下簡稱「祖、李校本」），
　　　　（太原：山西古籍，2004 年）。

亦有參考。〔註51〕

　　無論是《通制條格》、《至正條格》亦或《元典章》，其所收文書有許多是以「蒙漢硬譯文體」撰寫。所謂「蒙漢硬譯文體」，又稱「元代硬譯公牘文體」或「蒙文直譯體」，顧名思義係將蒙文漢譯後的公文書，且翻譯方式維持蒙古文的詞序文法，故稱「硬譯」。此文體乃蒙元統治期間特有產物，其中參雜許多非漢語詞彙或是當代漢人白話詞彙，具有顯著的時代特徵，難以卒讀。但透過諸多前輩學者的努力，近年來有所突破，使此類文書得便利於史學研究上。〔註52〕又此類史料往往是直錄原公文書，其中富含標示數官廳之間相互遞交流程的格式用語，得以觀察出元代政府官廳的公務程序，對元代制度史研究幫助極大。

第四節　研究之方向

　　本文以正史志書、元代法令暨當代司法案牘彙編為主要史料，比方說《元史刑法志》、《通制條格》、《至正條格》及《大元聖政國朝典章》等，藉以釐清該朝懲戒制度，分別就「懲戒處分」、「懲罰減免制度」以及「懲戒案件管轄權架構」三方面著手，簡介如下：

　　一、在「懲戒處分」，筆者將探討專屬官吏的懲戒處分類別。針對官吏的處分，其懲戒標的可分為對官吏身分的不利變更或對俸祿之剋減等，其中前者又可稱作「黜降」。就功能而言，黜降係於主刑（適用於不特定一般人的刑罰）之外，另施加於行為人的懲戒處分，相當於從刑，〔註53〕細節將於本文第二章詳述。

〔註51〕陳高華等點校，《元典章》（以下簡稱「陳校本」），（北京：中華書局、天津：天津古籍出版社，2011）。

〔註52〕有關蒙漢硬譯文體之研究，可參翁獨健，〈元典章譯語集釋〉，《燕京學報》（30），頁279～288；亦鄰眞，〈元代硬譯公牘文體〉，《元史論叢》（一），頁164～178；田中謙二，〈元典章文書研究〉，《田中謙二著作集》（二），（東京：汲古書院），2000年，頁275～457等文。

〔註53〕此定義可參戴炎輝之觀點。戴炎輝稱《唐律》內除名免官等處分「第一義的性格為從刑（懲戒處分）」，而官當「第一義的性格係贖刑，而兼具從刑性質」，參戴炎輝，《唐律通論》，（臺北：元照，2010年二版），頁241～244。另外，戴氏亦曾對唐以前歷朝官員懲戒處分沿革作研究，參氏作〈唐律上除免當贖制之遡源〉，收於《律令制諸問題：瀧川政次郎博士米壽紀念論集》，（東京都：汲古書院，昭和59年），頁795～830。

二、「懲罰減免制度」係指犯罪官吏於達到何種條件下，可免除所受懲罰
之科處。在前朝有所謂「議、請、減、贖」等制度，對即將施予犯
罪官吏之懲戒處分乃至刑罰與以減免，此種作法源自於儒家的「刑
不上大夫」思想，目的在維護官吏的尊嚴。但就元代現行法規觀察，
前代有關懲罰措施（含正刑與從刑）得以減免之條件明顯比前代更
爲限縮，詳見本文第三章。

三、在第四章「懲戒案件管轄權架構」，筆者參考賀凱、洪金富以及郝時
遠等人之研究成果，以元代監察系統爲核心，詳人所略、略人所詳
地說明元代官吏懲戒案件之審判權及管轄權。

此外，筆者略爲斟酌參考法學界人士之著作，借用近代法學用語及概念，
如「概括／列舉式規定」、「懲戒罰（懲戒處分）」、「責任能力」與「管轄權」
等等，藉以釐清、界定文中部分問題及所探討之對象。

第二章　懲戒處分

　　元代官吏犯罪，除科處刑罰外，通常伴隨著懲戒處分，前者即所謂「主刑」，後者有人稱之爲「從刑」或「閏刑」。主刑者，適用於不特定一般人的刑罰類型，即所謂「五刑」，依據《元典章》記載，[註1] 由輕至重分笞、杖、徒、流、死五類，其中笞刑分十下至五十下，每十下爲一等，共五等；杖刑以六十下爲最輕，一百下最重，亦分五等；徒刑有一年至五年，每增一年爲一等，分五等；流刑以里程論，分二千、二千五百、三千里，爲三等；[註2] 死刑分兩等，輕者絞，重者斬，故合計爲二十等刑，古代司法官員對犯罪人斟酌刑度之用語如「罪加一等」，即依據此種分級作計算。但《元典章》與《元史・刑法志》就死刑內容互有出入，後者之記載作斬、凌遲二種。[註3] 於主刑之後施加官吏的懲戒處分，一般係指針對官員身分作不利更動，但在史書

〔註1〕　《元典章》，卷 39，〈刑部一・刑制・刑法〉，「五刑訓義」條，頁 393。

〔註2〕　此處刑罰結構看似與《唐律》的五刑體系相同，但事實上元代自有其別具特色的刑罰種類，而係在概念上比附《唐律》五刑。其中相當於徒刑的稱「配役」或「帶鐐居役」，內容可見《元典章》，卷 49，〈刑部十一・諸盜一・強竊盜〉，「強切盜賊通例」第 7 條，頁 474。流刑在《唐律》依里程數分三等（《唐律疏議》，頁 5），在元代則以「流遠」、「出軍」比附之，依據犯人所屬的族群，漢人、南人申解遼陽行省，色目人、高麗人則往湖廣行省充軍，由該管路衙發遣犯人，且須將罪因數與發訖月日申解大宗正府，參《元典章》，卷 49，〈刑部十一・諸盜一・強竊盜〉，「流遠出軍地面」條，頁 475。另外可參姚大力，〈元代刑法體系的形成考略〉，收入楊一凡主編，《中國法制史考證》，甲編第五卷，〈宋遼金元法制考〉，（北京：中國社會科學出版社，2002 年），頁 546～547，以及陳高華，〈元代的流刑和遷移法〉，收入《元史研究新論》，（上海：上海社會科學院，2005 年），頁 171～183。

〔註3〕　《元史》，卷 102，〈刑法一〉，「名例・五刑」，頁 2605。

上並無確切統稱，故現代研究者對其冠以不同稱呼，〔註4〕其中我國學者戴炎輝先生則僅做描述，在《唐律通論》中，以各類官職處分法律程序跟法律效果爲準，而稱其具有從刑之性格，或者同時兼具贖刑與從刑之性格，〔註5〕最

〔註4〕 錢大群稱科予官吏之懲戒處分爲「行政處罰」，參錢大群〈「除免」與「官當」關係辨〉、〈唐代刑罰與行政處罰交叉相通考〉二文，收入《唐律與唐代法制考辨》，頁 244、263；劉俊文《唐律疏議箋解》稱爲「特別刑事處分」，其文稱：「除名之制，與免官之制、免所居官之制同爲官人犯罪之特別刑事處分，須與主刑（五刑）併科，性質屬於從刑（附加刑）。」（頁 208～209）；戴炎輝先生的《唐律通論》以描述取代名詞，稱「除名、免官、免所居官」爲相對於主刑的「從刑」，而針對「官當」則比照贖銅抵免正刑之原理，稱其「第一義爲從刑，兼具贖刑之效果」，於後來所著之《中國法制史》、〈唐律上除免當贖制之遡源〉對官吏身分之處分統稱「懲戒處分」；日本學者仁井田陞在〈唐律的通則性規定及其來源〉一文中，將官吏與僧道等特殊身分人士之特殊處分稱作相對於正刑（主刑、實刑、眞刑）的「閏刑」，其中屬於官吏的又稱作「名譽刑」，因對其官階作不利變更而損其名譽故也。由於仁井田陞並未具引載有「閏刑」一辭之史料，筆者認爲此名詞爲其自創。參〔日〕仁井田陞〈唐律に於ける通則的規定の來源〉，收於《中國法制史研究・刑法》，（東京都：東京大學出版會，1959 年），頁 239～241。筆者另參考姚榮濤譯文爲主，收於劉俊文主編《日本學者研究中國史論著選譯》，第八卷，（北京：中華書局，1992），頁 147～149。仁井田陞〈北方民族法中國法交涉（二）：元代刑法考〉在談論元代官吏懲戒處分時，亦是沿用此名詞，參《中國法制史研究・刑法》，頁 555。；俄國學者 B.M.雷巴科夫〈關於中國中世紀官吏的法律地位（根據《唐律疏議》的資料）〉（《中國史研究動態》，1983：4，頁 16～20）一文中，稱官當之效果乃將「主刑對罪犯實行的肉體懲罰轉變爲職務性懲罰」，其運行內容爲「嚴格系統地褫奪罪犯的全部或部分官階，以代替主刑的執行和官階所當職務的罷免（筆者按：應該說『並造成職務之罷免』較爲恰當）」，功能上爲「替代性懲罰」（頁 18），除名、免官及免所居官（雷巴科夫統稱爲「去官」）則是與主刑結合使用同時科與罪犯，且赦免對其作用有限，亦不得以官當、贖銅替代，最後造成職務之罷免，乃「補充性懲罰」（頁 19）。不過到了清代，對懲戒處分則以「處分」一辭統稱，《欽定大清會典》卷 11：「考功清吏司。……掌文職官之處分與其議敍。……凡『處分』之法三：一曰『罰俸』，其等七（罰其應得之俸。以年月爲差……）。二曰『降級』：留任者，其等三。調用者，其等五。三曰『革職』，其等一。留任者，別爲等焉。……凡降調而級不足者，則議革。……凡處分，至革職則止焉。甚者，曰「永不敍用」（凡官以計參革職，及犯贓汙等罪者，皆永不敍用）。革職有餘罪，則交刑部。……」見《欽定大清會典》，景印光緒廿五年刻本，（臺北：臺灣中文書局，民國 52 年），頁 127。此外，關於清代官吏懲戒制度的完整介紹，可參〔日〕織田萬著，《清國行政法》，（北京：中國政法大學，2003 年），第四編〈官吏法〉之第七章〈官吏責任〉，頁 420～430。但爲求不與近代行政法概念下的「行政處分」相混淆，故筆者不仿效清代的用語，仍冠以「懲戒」二字以期明確界定。

〔註5〕 戴炎輝稱《唐律》內除名免官等處分「第一義的性格爲從刑（懲戒處分）」，

後在《中國法制史》、〈唐律上除免當贖制之遡源〉將官吏身分之處分改稱爲「懲戒處分」。筆者以爲，戴炎輝的稱呼較爲妥當，雖然「從刑」與「懲戒處分」皆爲現代法學用語，但由於戴炎輝僅做描述性解釋，可避免對史實處理生疏漏之嫌。此外，「懲戒處分」又較「從刑」爲佳，就近現代立法例而言，從刑係制訂於刑法典內，適用對象並非特定；〔註6〕懲戒處分在近現代立法例又稱作「懲戒罰」，其立法目的乃「著重某一職業內部秩序之維護」，〔註7〕僅適用於特定職業、身分之人（如公務員、律師、會計師等），因「違背職務上義務之行爲，所受之制裁。」〔註8〕故筆者引以爲界定本章探討對象之統稱。

　　元代官吏懲戒處分，依被付懲戒人之官職身分是否受到不利更動作區分，得分作「黜降處分」以及「黜降以外之處分」。前者相當於唐代的「除免官當」之類的懲戒處分，後者則舉罰俸一例探討。另外尚有一類與黜降處分有附庸、連帶關係，可能伴隨黜降而來，亦可能單獨科予並對未來仕途有所影響者，屬附庸關係者如「殿年」，又稱「殿敘」，即黜降處分的停職期間。有連帶關係且得單獨科予並對未來仕途有影響者如「標付過名」，或簡稱「標付」、「付過」，即今人所謂「記過」，可能適用於犯行較輕不至黜降的案件中，也可能與黜降併科。對殿年與標付這類處分，筆者分別以「黜降處分之附款」以及「黜降之連帶處分」界定。各類處分在實質概念上各自獨立，於具體事件中可能單獨出現，亦可能合併科處（某些無法單獨出現），此種情形取決於執法者的量刑裁量，但亦可能因用語不統一所致，後者所生問題筆者將仔細考證。由於《元典章》、《至正條格》等法律文書之作成目的在於服務元代官吏檢索，部分用語未必有所解說，〔註9〕故筆者將參考《大明律》以咨對照，

　　而官當「第一義的性格係贖刑，而兼具從刑性質」，參戴炎輝，《唐律通論》，頁241～244。另外，戴氏曾對唐以前歷朝官員懲戒處分沿革作研究：〈唐律上除免當贖制之遡源〉，《律令制諸問題：瀧川政次郎博士米壽紀念論集》，（東京：汲古書院，昭和59年），頁795～830。

〔註6〕　我國現行刑法第三十四條有從刑種類之規定，其中所謂「褫奪公權」在同法第三十六條定義爲褫奪「爲公務員之資格」及「爲公職候選人之資格」兩種資格，與從政、任官有關連，但此二者皆非有特定適用對象，不屬懲戒處分的範疇。

〔註7〕　參「行政罰法條文對照表」第一條立法理由之第二點。

〔註8〕　吳庚，《行政法之理論與實用（增訂十一版）》，（吳庚自版，民99年），頁465。

〔註9〕　《至正條格》雖作爲正式頒布之法典，但內容體例與前朝刑律不同，尤其闕無類似近代法典「總則」性質的「名例篇」，因而沒有關於「刑名」的規定（刑罰種類與各類處分的統一規定暨定義）。而《元典章》內容雖多，惟刑制方面僅有關於作爲實體刑的「五刑」介紹，而無相當於《唐律》「除免官當」制度

因其延用元代法律用語較多之故。

第一節　黜降總說

本節探討黜降處分之種類。首先列舉出各類處分，並對其名稱作一釐清（蓋因元代並無成文法典加以統一名詞之故，在當代法律文書裡常有雖爲同一處分種類，卻又文字互異的情形，容易使人容易誤判），接著就各該法律效果的內容作分析、解釋。

有關於對官吏身分作不利更動的各種處分應如何統稱，參閱古籍幾乎沒有適當之詞彙，故學者們多參用近代法律用語如「行政處分」、「懲戒處分」或「從刑」等加以冠之，又《唐律》雖有「除免」之類的將各該詞彙合併縮寫的用法，但此作法具有相當的時代色彩，僅能適用於唐代或是大致上延續《唐律》法典體系之《宋刑統》、《金泰和律》，故筆者在盡可能避免使用現代詞彙且符合元代史料內容的前提下，檢索《元典章》與《憲臺通紀》若干案牘，最後選擇「黜降」一詞作爲該朝官吏身分不利更動處分之統稱。節選數例如下：

1、《元典章》，卷2，〈聖政一‧飭官吏〉：

> 大德十年五月十八日，欽奉皇帝聖旨：「……今命右丞相荅剌罕、左丞相阿忽台，中書省官從新整治，其布告天下，凡在官司，自今以始，洗心易慮，各盡乃職；貪污敗政者責罰黜降；廉勤公正，治有成効者，特加陞擢。期於政化流行黎民，安享和平之治。」……
>
> 至大元年七月，欽奉《立左丞相詔書》內一款：「內外大小官員人等，廉勤才幹，盡心奉職，比中書省舉明旌擢。貪饕慵懶，擾民敗事者，中書省照依累降聖旨條格斷罪黜降，重者奏裁。」
>
> 至大二年二月，欽奉《上尊號詔書》內一款：「……向者世祖皇帝累嘗戒飭貪饕，獎進廉能，守令以下者各有定條。今中外奉公者少，循私者多，其各修迺職，革非嚮善，務在勸農桑、興學校、撫安百姓，嚴戢吏胥。如不修其職，驗罪輕重黜降。憲司失於繩糾，不勝職任者，從御史臺奏代。仍仰監察御史、廉訪司遵依前詔，年終每道考其殿最者各一人，具實申聞，以憑黜降。」〔註10〕

的專條。

〔註10〕《元典章》，頁38。

2、《元典章》，卷43，〈刑部五・諸殺二・檢驗〉，「一、檢驗法式」條：

……正官取招，量事輕重，斷罪黜降；……〔註11〕

3、《元典章》，卷46，〈刑部八・諸贓一・取受〉，「驗贓輕重科罪」條：

……取受錢物三十二項，或軍民處科率鈔五七十項，累贓有至百定或三五十定，內止論一項科斷，有不及數十兩，決不至杖，職不降等；却有正犯一項一、二定者，應得杖數、黜降，反重於所犯取受、率歛百定之人。……〔註12〕

4、《元典章》，卷48，〈刑部十・諸贓三・回錢〉，「出首取受定例」條：

……本部議得：官吏取要，事有枉法，贓有多寡，擬合量其所犯輕重，贓物多寡，斟酌（酌，元刻誤刻「的」）科斷黜降。與財者，枉法，減受錢人罪一等；不枉法者，減罪二等。首者原罪；不首者，依二（校注者疑此字應為「例」）科斷黜降。……

一、本臺呈：官吏首訖取受，止合免斷，不合復令勾當及依例敘用。刑部議得：「官吏出首取受之贓，既已准首免罪，難議降黜，依例標附過名。若職官再犯，量事輕重，科斷黜降。吏人再首，無問所首贓物多寡，勒停。」前件議得：依准部擬施行。……〔註13〕

5、《憲臺通紀》，「官吏守贓」條：

（至元二十九年日六月）……官吏出首取受之贓，既已准首免罪，難議黜降。依例標附過名。若職官再犯，量事輕重科斷，黜降。吏人等再首，無問所首贓物多寡，勒停。〔註14〕

之所以選擇該詞彙理由有三：一、該詞不特別指涉解見任或是除名不敘，而係囊括一切性質相當之處分；二、該詞常出現在具普遍效力之宣示性公布文告（皇帝的詔書、聖旨）或用於諮詢、解釋通則性規定之文書（中書省部作成通例之箚付），而非針對具體案件；三、在達成前兩項條件之前提下，該詞不只一次出現。但本章所探討並非只有官吏身分不利更動，另有殿年、標附與罰俸等，「黜降」一詞難以囊括，故於黜降、黜降以外的處分之上又以「懲戒處分」作上位概念，以為本章定名。

〔註11〕《元典章》，頁434。

〔註12〕《元典章》，頁454。

〔註13〕《元典章》，頁468。

〔註14〕〔元〕趙承禧，《憲臺通紀》，收入洪金富點校，《元代臺憲文書匯編》，（臺北：史語所，民國92年），頁46。

　　仁井田陞〈元代刑法考〉一文，就元代官吏黜降種類（該文稱爲「閏刑」），從《元史·刑法志》抽樣條文舉出四種類似《唐律》除名、免官、免所居官及官當等「名譽刑」的懲罰方式：降官、解見任、解職及除名，但他並未就這四種處分各別作深入分析，而是在後面突兀的僅對解職與除名兩者作敘述，該文指出元代解職、除名處分往往與笞、杖正刑併科，且沒有像《唐律》之官當折抵徒刑、除名比徒等辦法的存在。〔註 15〕此外，該文尚未對各該黜降處分之法律效果與其他黜降處分或其他懲罰方式的關連性作深入探討，但仍點出了元代官吏懲戒制度的若干特徵以利筆者參考。〔註 16〕

　　有關元代黜降處分的綜合介紹可參下開史料，《元典章》，卷 54，〈刑部十六·雜犯一·私役〉，「萬戶壽童淨死軍」條節文：

> 大德七年正月二十六日，奏過事內一件：「廉訪司官人每；監察每問的招了的，無體例要肚皮來的避罪在逃的部官、管民官、管軍官、運司官、醫官、管匠官等一十五個人，這的裏頭（元刻誤作「須」），〔註 17〕他每的罪過遇赦免了的九個人，赦後合斷罪過的六個人。這的每根底，（1）勾當裏永不敘的、（2）罷見職的、（3）殿三年委付的、（4）依舊委付的、（5）注邊遠的、（6）雜職內委付的，依舊立定的聖旨體例裏行呵，怎生？」奏呵。「那般者。」麼道，聖旨了也。欽此。〔註 18〕

前舉史料是以蒙漢硬譯文體書寫的，〔註 19〕文中將官吏黜降處分項目列舉爲：一、「勾當裏永不敘的」：亦即除名不敘，且時效延及終生，等同古代的終生禁錮；二、「罷見職的」：即解除現行職務之意；三、「殿三年委付的」：意謂停職三年，時效截止後始得敘用，無法單獨存在，屬於「黜降處分之附款」，於第七節詳述；四、「依舊委付的」：繼續任該職，基本上不算是遭到黜

〔註 15〕《中國法制史研究·刑法》，頁 555～556。

〔註 16〕他還指出《大明律》同樣延續元代那種笞杖與黜降併科的制度。見〈元代刑法考〉注 68，《中國法制史研究·刑法》，頁 566。

〔註 17〕據「祖、李校本」，頁 404 注 89 注文改。

〔註 18〕《元典章》，頁 532。此段文字與該判例本案「萬戶壽童淨死軍」之間難以判斷其關連性，顯得有些突兀，可能是抄寫或刊刻之誤。

〔註 19〕「蒙漢硬譯文體」乃維持蒙文詞序的漢文譯文。有關蒙漢硬譯文體之研究，得參翁獨健，〈元典章譯語集釋〉，《燕京學報》（30），頁 279～288；亦鄰眞，〈元代硬譯公牘文體〉，《元史論叢》（一），頁 164～178；〔日〕田中謙二，〈元典章の文書研究〉，《田中謙二著作集》（二），（東京：汲古書院，2000 年），頁 275～457 等文。

降〔註20〕；五、「注邊遠的」：調任邊遠職務（邊除）；六、「雜職內委付的」：即轉任雜職官（雜職敍用）。至於文中之所以未提及「降敍」處分，應該是其附麗的具體案件之各該被付懲戒人並未受到該處分者所致。但參蘇天爵〈論臺察糾劾辨明之弊〉有言「至論其罪，則有殿、降敍，不敍之別」，〔註21〕在《元典章》、《元史刑法志》裏也時常出現，故降敍亦爲元代常見的黜降處分，討論時不當排除在外。

　　除了前述幾類外，尚有僅針對散官，而不對現任職務作更動的「削散官」處分，惟所見案例很少，於《元典章》僅有數例，故可視爲「非典型之黜降」。

第二節　除　名

　　「除名」之概念依據《吏學指南》所稱，爲「官除其品職吏名，其所役與民一體」，〔註22〕作爲黜降處分的一種，其功能是將被付懲戒人剔除於官吏隊伍之外，乃黜降處分中最嚴重的類型。此制可溯源自先秦時代，周公平定管蔡之亂後，管叔被判處死刑（辟管叔于商），蔡叔被囚於郭隣，而對霍叔則「降于庶人，三年不齒」，漢代孔安國傳注稱霍叔「罪輕，故退爲眾人，三年之後乃齒錄，封爲霍侯。」唐初孔穎達疏比附《唐律》稱「降黜霍叔於庶人，若今除名爲民，三年之內不得與兄弟年齒相次。」因爲霍叔（本名姬處）於武王克殷後始封於霍，「後黜爲庶人，奪其爵祿，三年之後乃更爵祿，蓋復其舊封，封爲霍侯」，可知其爵祿失而復得，因爲霍叔在管蔡之亂並非直接參予者，故「以其不死不遷，有降黜而已，明其罪輕也。」〔註23〕筆者無法考證降黜霍叔一事與後世的除名處分是否有直接淵源，但究其實質內容確屬相近，故清末律學家沈家本才說：「降爲庶人，則官籍無名，故（孔穎達）疏以『除名』爲比。」〔註24〕到了秦漢又有所謂「奪爵爲士伍」及「禁錮」，前者是剝奪所有爵級，後者是禁止特定人仕宦，在功能上也類似除名。據沈家本

〔註20〕　亦有可能指本章第三節所研究的「削散官」處分，受該處分毋須解除職務，符合「依舊委付的」意思，但僅憑此句仍不足斷定是否爲削散官處分。
〔註21〕　《滋溪文稿》，頁448。
〔註22〕　〔元〕徐元瑞等著，楊訥點校，《吏學指南（外三種）》（以下簡稱「吏學指南」），（杭州：浙江古籍出版社，1988年），頁65。
〔註23〕　李學勤主編，《十三經注疏·尚書正義》，（北京：北京大學出版社，1999年），卷17，〈蔡仲之命〉，頁451～452。
〔註24〕　沈家本，《歷代刑法考·復寄簃文存》，（北京：中華，1985年），〈刑法分考十七〉，「除名」，頁489。

引《陳書‧沈洙傳》稱，「除名」一語應始於漢代，〔註25〕但目前看到的史料表示以晉代為先，也有晉律相關律文傳世，爾後歷朝皆有科予除名之相關規定及個案見諸史料。〔註26〕

元代的除名，誠如前文所述，各類處分在不同個案中常以不同文字表現出來，應先加以釐清，才不致誤解，如「永不敘用」是除名不敘常見的「異文同義」語，茲舉二例如下：

1、《元典章》卷41〈刑部三‧諸惡‧不孝〉‧「汪宣慰不奔父喪」條：

> 皇慶二年五月，江西廉訪司奉江南行臺箚付：准御史臺咨：近據淮東廉訪司申：淮東宣慰使汪元昌聞知父喪，不即奔赴，值先帝昇天，作樂飲酒，不忠不孝。合行明正其罪，永不敘用。申乞照詳。

> 得此。呈奉中書省箚付：送刑部議得：汪元昌所犯，合依已擬，除名不敘，遍行照會，相應。具呈照詳。……〔註27〕

2、《元典章》，卷46，〈刑部八‧諸贓一‧取受〉，「臺察官吏犯贓不敘」條：

> 延祐二年二月，行臺准御史臺咨：據監察御史呈：「切惟有守者乃能执憲，無暇者方可律人。……自至元五年立御史臺，以至革罷按察司，前後二十餘年之間，臺察官吏，間有染犯贓污，悉皆斷罷不敘。又至元二十年，憲臺奉奏聖旨：『臺察官吏，但有犯贓，並除名不敘。』以古酌今，咸謂得宜。……」

> （同條後段有其蒙漢硬譯資料）延祐二年九月十四日，……（御史臺大傅伯忽大夫、荅剌罕大夫等人）奏過事內一件：「監察每文書裏說有：『世祖皇帝聖旨：『臺察官吏，但犯贓呵，永不敘用。』……」

> 〔註28〕

例一淮東廉訪司判處汪元昌「永不敘用」，後來刑部審理結果同意廉訪司所擬判決（合依已擬）為「除名不敘」。例二為某監察御史就監察人員量罪標準提出之建議，該御史引用至元二十年世祖聖旨，即監察人員凡有犯贓罪者，皆

〔註25〕《歷代刑法考‧復寄簃文存》，頁490。所引《陳書》原文為：「范泉今牒述漢律，云『死罪及除名，罪證明白，考掠已至，而抵隱不服者，處當列上』。」（卷33，頁439）。

〔註26〕以上除名之制溯源，皆參考自〈唐律上除免當贖制之溯源〉一文。

〔註27〕《元典章》，頁408。

〔註28〕《元典章》，頁455～456。

除名不敍，而同一條史料後段有該御史意見的蒙漢硬譯文版本，稱除名不敍
爲「永不敍用」，據此二例，證明「除名不敍」、「永不敍用」二語意義互通。
但礙於元代法制體系態樣，在文字上未作嚴格的規定。此外，尚有「罷職（役）
不敍」、「終身不敍」等其他用法。其中「罷職（役）不敍」一語會因爲被付
懲戒人之官職不同而有差別：若該員具職官身分，則所罷者爲「職」；若爲吏
員身分，則所罷者爲「役」。該語作爲「除名不敍」的另稱，在《大明律》仍
有沿用。〔註29〕茲舉《元典章》，卷41，〈刑部三・諸惡・不孝〉，「捏克伯虛
稱母死」條：

> 大德五年三月，行臺准御史臺咨：……（大德四年）十二月二十四
> 日，本臺奏過事內一件：「燕南廉訪司文字裏說將來：『晉州達魯花
> 赤捏克伯小名的人，他娘死了麼道說謊，撇了勾當，去家裏取將他
> 媳婦來。』『娘死了也』麼道說謊，家裡去來的招了。他的罪過重有
> 來。詔書裏免了也。他的勾當裏罷了，不揀幾時，勾當裏休委付呵，
> 怎生？」奏呵，「那般者。」麼道，聖旨了也。欽此。〔註30〕

同一案件於《元史》亦有記載。《元史・成宗紀三》：

> （大德四年十二月）癸巳，……晉州達魯花赤捏古伯紿稱母喪，歸
> 迎其妻。事聞，詔以其敗傷彝倫，罷職不敍。〔註31〕

就《元典章》中用蒙漢硬譯文體書寫的御史臺奏文作文義解釋，「勾當」意指
職務，則「他的勾當裏罷了」即是「罷免職務」、「解除職務」的意思，參酌
元代法律用語，應該等同「解見任」處分。而「不揀幾時，勾當裏休委付」
一語，翻成漢語，前段意思是「無論任何時候」，「委付」有「任用」、「任命」

〔註29〕 《大明律集解附例》（以下簡稱《大明律》），（景印國立中央圖書館藏明萬曆
年間浙江官刊本，臺北：臺灣學生書局，民國59年），卷1，〈名例〉，「文武
職官犯私罪」條有規定，凡文武職官犯私罪，其本罪刑責若達杖一百下者，
罷職不敍。而未入流品與吏典所犯之罪刑責有達杖刑者，「并罷職役不敍」（頁
213～214）。又同書同卷「除名當差」條稱：「凡職官犯罪，罷職不敍，追奪
除名者，官、爵皆除。……」證明《大明律》有「除名」與「罷職不敍」二
詞異語同義的用法（頁252～253）。〈元史刑法志譯註稿〉亦稱，除名不敍與
「罷職不敍意思互通」。見〔日〕「中國近世の法制と社會」研究班譯註，〈元
史刑法志譯註稿（一）〉，《東方學報》第67期，頁432。

〔註30〕 《元典章》，頁407。該案原承辦官廳係燕南河北道廉訪司所屬分司官，該分
司僅有偵查職責而無審判權，申文直屬上級廉訪司後，該司擬判對捏克伯科
予罷職，且須返還離職時不當支領之俸祿（擬合將本官斷罪罷職，仍追離職
月日俸給還官）。

〔註31〕 《元史》，頁433。

之意，故後段的意思是「不要再對他任命」，爰蒙漢硬譯文體的用語雖非正式法律用語，但究其文義，即「永不敘用」之意，而永不敘用與所謂「除名不敘」是同一概念。將以上解讀跟《元史》作對照，「勾當裏罷了」被明初史臣潤飾爲「罷職」，「不揀幾時，勾當裏休委付」則改爲「不敘」，如此一來，該案處分程序似乎是「先解除其見任職務，再加以除名」。但就其實質的法律效果來說，較嚴重的除名必然會吸收較輕的「解見任」。緣任何更動被付懲戒人官職地位的處分必然以解除現行職務爲處分起始，就結果論，對被付懲戒人造成永久效果的不是開頭的「解見任」，而是接續其後的處分，後面收尾的才具有對被付懲戒人而言眞正意義的法律效果，此時「解見任」只等同處分進行中的程序。以此類推，前舉捏克伯虛稱母死案中，捏克伯乍看之下是先罷職後除名，實際上僅除名不敘才具有實益，而且元代有將「罷職不敘」四字連在一起，與除名意義互通的用法（參前），若明初頒布的《大明律》使用「罷職不敘」一辭且與除名意涵相同，則表示修元史的史臣在使用這種文字時，在其認知下捏克伯係「被判處除名」，而非「先罷職再除名」，可證明「罷職不敘」與「除名不敘」互通。針對「罷役不敘」，茲舉二例如下：

1、《元典章》，卷 41，〈刑部三・諸惡・不孝〉，「張大榮服內宿娼」條：

> 至大三年三月，……山南江北道廉訪司申：葉應山狀告：「應城縣典史張大榮，不守服制，於娼戶之家宿歇等事。」……（山南江北廉訪司）議得：「典史張大榮所招，職役雖小，案牘親民，教化風俗，不爲不重。父死甫及二七，骸骨未冷，與娼女鄧丑丑、吳大姐二處宿睡飲酒，不遵禮訓，大傷風化。若依王繼祖居喪成親例斷，却緣王繼祖係求取應得妻室，今張大榮不思報本，絕滅哀情，飲酒宿睡，情罪尤重。除將張大榮量情斷八十七下，罷役外，擬合除名不敘，遍行照會，以敦風化。」……送刑部議得：「應城縣典史張大榮父死甫及二七，宿娼飲酒，有傷風化。擬合不敘，相應，具呈照詳。」……
> 〔註32〕

2、《元典章》，卷 46，〈刑部八・諸贓一・取受〉，「廉訪書吏不公，斷沒財產一半」條：

> （大德八年二月）刑部議得：
> 「浙西道廉訪司書吏謝行可，因事取受陳德新錢物，五月初七日，

〔註32〕《元典章》，頁 407～408。

赴奉使宣撫處告廉訪司追牙錢。當日晚，過錢人張琇言稱本主要行
告官，謝行可纔將元受錢物私下回付。初九日，陳德新告首到官。
難議減等定論。今（初審爲兩浙江東道奉使宣撫）既斷罪（杖刑九
十七下）罷役不敘，別無定奪，所據家財人口，擬合依例，除親屬
外，當房人口、財產一半沒官，相應。」〔註33〕

據例一「張大榮服內宿娼」一案，初審官廳山南江北廉訪司判張大榮杖八十
七下外，還對之「罷役外，擬合除名不敘」，就黜降部分而言，用現代話講
是「除了罷免他的吏役外，擬將其除名不敘」，在此，罷役與除名似乎是兩
種處分先後科與，但再參照同案刑部審理時稱「應城縣典史張大榮父死甫及
二七，宿娼飲酒，有傷風化。擬合不敘，相應，具呈照詳」可看出，刑部將
處分用語簡化成「不敘」，而「罷役」二字不再重複，可以證明「罷役不敘」
與除名互通。例二由於浙西道廉訪司書吏謝行可因事取受陳德新錢財，後過
錢人〔註34〕張琇向其告知陳德新將要告官，謝行可纔私下返還賄款，無法達
成悔罪減等判刑的標準，判處杖刑九十七下，罷役不敘，且除其親屬外，其
奴婢、財產須一半沒官。〔註35〕由於謝行可任廉訪司書吏，構成「臺察官吏
犯贓不敘」條內所稱「臺察官吏」之定義，是爲「罷役不敘」等同「除名不
敘」之明證。前舉捏古伯任晉州達魯花赤被科與「罷職不敘」，由於元初廢
晉州而直隸太原府，〔註36〕故無法確切知其品秩，但大約爲從四品、正從五
品三等之一，係欽受宣命的職官；應城縣典史張大榮與浙西道廉訪司書吏謝
行可爲未入九品（流外）之吏員，被科與「罷役不敘」，但無論是罷職不敘
還是罷役不敘，皆與除名之意互通，其文字差異在於對應被付懲戒人的官階
身分，據《吏學指南》有「罷職」、「罷役」二條，前者爲罷其「官有所職掌

〔註33〕《元典章》，頁458。
〔註34〕介於施賄人與受賄人的賄款遞交中間人，使當事人雙方不直接接觸。
〔註35〕家產半數沒官應爲創制於至元三十年，參〔元〕趙承禧編，《憲臺通紀》，「風
　　　　憲官吏贓罪加重」條：「至元三十年四月二十九日，本臺官奏過事內一
　　　　件：……在先『按察司官人每要肚皮呵，比別箇人每重要罪過者。』麼道，
　　　　聖旨行了有來。如今，這兩箇根底（廣東按察司副使麻剌忽思以及僉事乞
　　　　台帖木兒），依體例一百七打了，後頭勾當裏不交行底體例有。『重要罪過
　　　　呵。』道來底聖旨體例裏，更他底財物斷沒一半，打了，勾當裏休交行呵……」
　　　　收入洪金富點校，《元代臺憲文書匯編》，（臺北：史語所，民國92年），頁
　　　　46～47。
〔註36〕《元史》，卷58，〈地理志一〉，「冀寧路」條，頁1377。

者」，後者則爲「吏有所任役使者」，〔註37〕代表除名處分對應官、吏身分不同的更精準用法。將兩種名稱各別的「不敘」二字抽離，有時可以當作「解見任」處分分別施於職官或吏員的別稱，詳本章第三節。

對除名的義同字異已釐清於前述，接著將探究其法律效果之內涵，可參《元典章》，卷 46 開頭之表格，其枉法贓杖一百七下一欄有書「應受宣敕並行追奪」一語。另舉相關例子：

1、《元史》，卷173，〈崔彧傳〉載崔彧於至元二十一年奏議：

> 近者，桑哥當國四年，中外諸官，鮮有不以賄而得者。其昆弟故舊妻族，皆授要官美地，唯以欺蔽九重、朘削百姓爲事。宜令兩省嚴加考覈，凡入其黨者，皆汰逐之。其出使之臣，及按察司官受賕者，論如律，仍追宣敕，除名爲民。〔註38〕

2、《元典章》，卷 46，〈刑部八・諸贓一・取受〉，「贓罪條例十二章」附至大四年三月仁宗登寶位詔節次：

> 廢公營私，貪污敗事，諸人陳告得實，依條斷罪。枉法贓滿者，應受宣敕，並行追奪。吏人犯贓，終身不敘。誣告者，抵罪反坐。〔註39〕

3、《南臺備要》，「完者帖木兒」條：

> 至正十二年三月二十（二）〔一〕日，……（脫脫荅剌罕太傅右丞相等）奏：「山南廉訪司官將分司副使完者帖木兒取迴總司，委領千戶壹員，將壹阡名軍人壯丁前去，與反賊迎敵呵，副使完者帖木兒於正月二十六日迎見反賊，不行迎敵，當日避走，騎坐鋪馬，經由四川、陝西省來到這裏有。行事之際，似這般怠慢了、避走的，若不整治呵，怎懲戒多人？俺省院臺官眾人商量來，如今，完者帖木兒根柢取了招伏，將他杖斷壹百柒下，追奪所受宣勅不敘，發去海南常川安置呵，怎生？」奏呵，奉聖旨：「那般者。」欽此。……〔註40〕

以上詔敕奏議都對除名不敘的內容作出明確的描述，尤其是第三例所述個案，對於臨陣怯戰的山南憲司副使完者帖木兒被判處「追奪所受宣敕不敘」，對除名之內涵表達得最爲詳盡，可知元代的除名處分之核心效果與前朝一

〔註37〕《吏學指南》，頁 65。
〔註38〕《元史》，卷 173，〈崔彧傳〉，頁 4041～4042。
〔註39〕《元典章》，頁 453。
〔註40〕〔元〕劉孟琛等編，《南臺備要》，收入洪金富點校，《元代臺憲文書匯編》，頁 188～189。

樣。〔註 41〕在此處加以「追奪」的「宣敕」是宣命與敕牒的縮寫，是國家授予官職、爵祿的任用文狀，前者是授予官爵達從五品以上所用，故該類高級官員在當時稱作「欽授宣命人員」，又稱「受宣官」，是皇帝親自任命的（名義上）；後者是授與正六品以下官爵所用，故是類官員稱「祗授敕牒人員」，簡稱「受敕官」，是中書省牒署任命。〔註 42〕此種文狀在元代統稱爲「付身」，〔註 43〕在唐代的正式名稱爲「告身」〔註 44〕，除了作爲任命狀外，官員得將自身所受歷任官爵的付身加以保存，以作爲自身政治、社會地位的憑證。〔註 45〕按《唐律》，〔註 46〕若身受除名、免官、免所居官處分時，則按規定將一定份數的告身返還國家註銷，尤其受最嚴重的除名處分者，係將過去至今所累積的告身全數繳回。元代的除名亦同，因爲作爲歷任官爵地位憑證的宣、敕付身悉數索回註銷（仍追宣敕），從此被剔除於官僚體系之外成爲一

〔註 41〕唐代除名規定可見〔唐〕長孫無忌等撰，劉俊文點校，《唐律疏議》（北京：中華書局，1983），卷 2，〈名例律〉「除名」（總 18）條，頁 47～51，以及卷 3，〈名例律〉，「除名官當敘法」（總 21）條，頁 58～63，前者規定的是應與判除名的犯罪，後者才是除名處分本身的法律效果。宋代除名的內容，見《慶元條法事類》，（臺北：新文豐，民國 65 年），卷 76，〈當贖門‧追當‧斷獄令〉：「諸除名者，出身補授以來文書皆毀。……」（頁 541）此處文書指包含告身在內所有用作官爵身分憑證的文狀，當授與差遣職時是用箚子而非告身，另參同書卷 13，〈職制門十‧敘復‧職制式〉「敘用家狀」：「……初任某年月日授差遣宣或勒告箚子，任某處，某年月日到任，某年月日因某罷。……任某處爲某事准某處奏勘到准某年月日勒斷某罪，追若干任官勒停告身曾與不曾追毀。……」（頁 191）。

〔註 42〕《元史》，卷 83，〈選舉三‧銓法中〉：「自六品至九品爲敕授，則中書省牒署之。自一品至五品爲宣授，則以制命之。三品以下用金寶，二品以上用玉寶，有特旨者，則有告詞。」，頁 2064。

〔註 43〕詳本章第九節〈因黜降所造成之其他結果〉之（二）「法律身分憑狀：付身」。

〔註 44〕有關唐代告身的文書格式，參仁井田陞輯佚的《唐令拾遺》，內有「制授告身式」、「奏授告身式」。仁井田陞輯佚，栗勁等譯，《唐令拾遺》，（長春：長春出版社，1989），頁 492～498。有關唐代告身之研究專文，可參仁井田陞，《唐宋法律文書研究》，（東京：東京大學出版會，1983 年復刻一版），第三編第一章〈告身〉，頁 793～806，以及大庭脩，〈唐告身古文書學的研究〉，《西域文化研究》，第 3 期，（東京：法藏館，1960 年），頁 281～368。唐宋之際告身制度變遷，可參賴亮郡，〈唐宋告身制度的變遷：從元豐五年〈告身式〉談起〉，《法制史研究》，第 18 期，頁 39～93。

〔註 45〕日本「元代の法制」研究班校注，《《元典章‧禮部》校定と譯注（二）：禮制二（服色‧印章‧牌面‧誥命）》，頁 209 注 1。

〔註 46〕劉俊文著，《唐律疏議箋解》，（北京：中華書局，1996），有對唐代的除名、免官、免所居官及官當等規定作詳盡討論（頁 182～255）。

介庶民（除名爲民）。〔註47〕

除名的法律效果已見前述，接著討論元代除名處分之時效，即受除名者何時能返回仕途？在唐代，據《唐律》「除免官當敘法」條規定：「諸除名者，官爵悉除，課役從本色，六載之後聽敘，依出身法」，前段是唐代除名的法律效果，後段則是前者的時效，亦即六年，該條疏議曰：「稱六載聽敘者，……假有元年犯罪，至六年之後，七年正月始有敘法，……」〔註48〕而在宋代，《宋刑統》關於除名時效的規定與《唐律》一樣，〔註49〕該朝另又以其他敕令作爲替代《宋刑統》的實際施行規範，但除非另處「終身不齒」或「永不收敘」，〔註50〕原則上除名之效果都是以六年爲期，期滿敘復，還會因皇帝的恩赦結果而更爲調整增減。元代除名之時效得參考以下二例：

1、《元典章》，卷46，〈刑部八‧諸贓一‧取受〉，「牧民官受財，斷罪」條：

大德三年正月，欽奉詔條內一款：「諸牧民官，不先潔己，何以治人？今後因事受財，依例斷罪外，枉法贓者，即不敘用；不枉法贓，須

〔註47〕《元史》，卷10，〈世祖七〉：「（至元十五年十一月）甲午……。敕已除官僚不之任者，除名爲農。」頁206。

〔註48〕《唐律疏議》，卷3，〈名例律〉，「除名官當敘法」（總21）條，頁58～63。

〔註49〕（宋）竇儀等撰，薛梅卿點校，《宋刑統》（北京：法律出版社，1999），卷2，〈名例律〉，「以官當徒、除名、免官、免所居官」條，頁29、40～41。

〔註50〕在宋代懲戒體系裏，除名並非及於終身，尚須附加「終身不齒」或「永不收敘」等處分才會達成此效果。據《宋會要》，卷76，〈收敘放逐官〉收錄至道三年四月一日眞宗即位赦書：「諸貶降、責授官，量與升陟。在外，未量移者與量移，已量移者與復資，已復資者量與敘用。……除名、追官、停任人，并終身不齒，及註誤連累，自來未敢求仕人，並於刑部投狀。……」可知，除名與終身不齒是並立的兩種處分。（頁4097）另參同書同卷收錄徽宗大觀元年十月十七日，刑部與皇帝討論敘復年限之內容：「九月二十八日赦書：『應官員除名、追官、停任、停職未經敘用，并不因贓罪已經敘用，及降官資未復舊并貶謫已量移者並與敘用，已敘用者更與敘用。』即是敘格內應六期、三期、一期並無等可降展年人，依上件赦條皆得與敘外，惟有本期之外更有特旨展期之人，未委合與不合依無等可降展年人與敘期？勘會除名係用六期收敘，特勒停係一期敘，今若一等并許敘用，即無輕重之別。」詔：「合敘用人並理當三期。」（頁4108）該段奏文內容以述，除名是六年後收敘，後來皇帝下詔將各類受黜降處分者統一爲三年敘復。又參高宗紹興元年九月十八日〈明堂赦〉：「應合敘用人，並理當三期。其永不收敘人，仰經所屬自陳，具元犯，申刑部，看詳取旨敘用。……」（同書同卷，頁4116）此處所謂「應合敘用人」承前既包含受除名者，而又將永不收敘人另外規定，證實宋代確有將除名與永不收敘各自並立的規定。

殿三年，方聽告敘。再犯，終身不敘。其能公勤廉白，以身律人，
致使吏人畏法，賄賂不行，考其能絕出倫輩者，具（原作「其」）以名
聞，特加陞擢。」〔註51〕

2、同書同卷，「贓罪條例十二章」節錄：

> 諸職官及有出身人等，今後因事受財，依條斷罪。枉法者，除名不
> 敘；不枉法者，須殿三年。再犯不敘。無祿者，減一等。以至元鈔
> 為則。〔註52〕

後者內容之制訂，大致上納入前者，〔註53〕而至大四年另有一詔書頒布吏員
犯贓量刑的補充規定（吏人犯贓，終身不敘）。〔註54〕贓罪條例稱再犯者「不
敘」，此處「再犯」概指所有贓罪，不分枉法與否，惟犯枉法贓者即科除名，
故可解釋為「再犯贓罪者，即便不枉法，亦除名」。又贓罪條例所納入的大德
三年詔書內容稱「再犯，終身不敘」與後來贓罪條例的「再犯不敘」相乎應，
不敘是除名不敘的簡稱，間接表示除名不敘與終身不敘意涵相通，〔註55〕更
證實了元代除名處分時效延及終身。相對於宋代案例所示黜降型態，元代將
核心概念在於「追奪宣敕，黜為庶民」的除名以及促使前者效力得延及終身
的特別處分合二為一。以蒙漢硬譯文體書寫的資料更為傳神，如「勾當裏永
不敘的」〔註56〕或「不揀幾時，勾當裏休委付呵」〔註57〕等文字。

有關除名處分的執行方式可見以下實例：

1、《元典章》，卷9，〈吏部三・官制三・投下〉，「革罷南人達魯花赤」條：

> 大德十一年三月十二日……呈奉中書省箚付：照得：先呈此事，送

〔註51〕《元典章》，頁452。

〔註52〕《元典章》，頁453。

〔註53〕「犯贓再犯，通論」咨文中，刑部既然將兩條文件並舉，即可證明兩者立法
關係。而此條又稱「通論」，代表所揭櫫者為統一規範，訖至元末。

〔註54〕《元典章》，頁453。

〔註55〕筆者見《吏學指南》有引出一疑點，該書將「除名」與「不敘」分為兩條目，
後者為「謂既犯贓私，職役已罷，雖有前資，再不敘用也。」（頁65）究其
概念似為：既承認他的年資、官品，卻永久「解見任」，若是如此，則會有
一定數量的永久替閒人員，仍舊享有見任官的尊榮，所屬官廳發文給他等同
「行移」，但筆者尚未找出符合此定義的案例。見前引「牧民官受財，斷罪」
以及「贓罪條例」兩相對照，「即不敘用」與「除名不敘」的意義應等同，
而所謂「法律上保持官吏身分」（並非除名）但是「永久不敘用」或許是例
外的情形。

〔註56〕《元典章》，頁532。

〔註57〕《元典章》，頁407。

據吏部呈：照擬得：南城縣達魯花赤伯顏既係南人（黃祖太），廉訪司體究明白，欽依聖旨通例革罷，合咨行省追收勅牒。仍令本投下依例選保，相應。

已經移咨江西行省，箚付吏部行移，依上施行。……〔註58〕

2、同書，卷8，〈吏部二‧官制二‧承蔭〉，「禁治驟陞品級」條：

（延祐五年十月十一日，伯荅沙丞相等人奏）：「……如今先將這王訓等三個交臺家照勘了，合罷的、合追奪的，即便依體例行。其餘各投下、各衙門似這般，但是虛捏著怯薛的、冒著籍貫的、更改了名姓的、有過犯來的大數目裏人，詐稱投下的白身便要了宣勅名分並濫受各投下令旨委付的、更受了遠方蠻夷等地面官職不去赴任的、〔註59〕無體例受了宣勅不赴任就做根腳再求的，文書（指本條文書）到日限一個月，教他每自齎著宣勅赴所在官司出首，免罪。隱匿不首的，許諸人陳告，是實，賞中統鈔一百定，於犯人名下追給，依例要罪過，追奪所受宣勅，更教監察、廉訪司遍行體察。……」〔註60〕

3、同書，卷12，〈吏部六‧吏制‧儒吏〉，「儒吏考試程式」條之「抄白追會事件」：

一、某官狀指，見帶是何官職，行下某處追到所授宣勅，委官辯驗得別無冒偽，將抄白對讀無差的本，分付犯人家屬收掌聽候去訖　非犯除名，此款不用。〔註61〕

例一係依據大德八年有關非蒙古人、色目人不得擔任達魯花赤的規定所作的處分，〔註62〕黃祖太化名「伯顏」假裝是蒙古人，任建昌路南城縣達魯花赤

〔註58〕《元典章》，頁105。

〔註59〕文中提到「受了遠方蠻夷等地面官職不去赴任的」係延續世祖朝至元二十四年作成的命令，據《元典章》，卷11，〈吏部四‧職制一‧不赴任〉，「做官的不去，勾當裏不交行」條：「……做官去的人每受了宣勅，一年、半年不去有。今後那般不去的每根底的宣勅要了、勾當裏不交行呵。」之後在至元二十九年、大德八年、至大二年、四年皆有重申（頁130～131）。

〔註60〕《元典章》，頁95。

〔註61〕《元典章》，頁149。

〔註62〕據《元典章》，卷9，〈吏部三‧官制三‧投下〉，「投下達魯花赤」條，中書省稱：「大德八年三月十六日奏過事內一件：臺官人每俺根底與文書：『各投下、各枝兒分撥到的城子裏，他每委付達魯花赤有一個月日未滿，又重委付一個來有，於內多一年是漢兒、女直、契丹達達小名裏做達魯花赤有。今後各投下、各枝兒哩，說知選揀蒙古人委付者，漢兒、女直、契丹達達小名裏做達魯花赤

一職，違反大德八年禁令，故移咨江西行省追收其勅牒。例二係針對三位冒受官職者之懲處：王訓以白身人（無任官資格者）受宣命任大都等處鷹房民匠總管；其叔王熙亦受宣命、中瑞司丞；唐興宗本是江西理問所令史，受宣命、建康財賦提舉。中書省決議，勒令被付懲戒人赴本人所在地官廳繳還已受宣勅付身，即可免於刑責；若隱匿不自首者，許諸人檢舉告發，賞中統鈔一百定，於犯人財產內追給，仍須面臨刑責，強制追索付身。例三是附屬於《元典章》所收有關刑名案件之卷宗範本的內容款目之一，當被付懲戒人被判處除名處分時，依據其自白所述官職，派遣官員追奪被付懲戒人受有之宣命、勅牒並加以驗證，最後將列有此款的卷宗副本交付其家屬收掌，其中「非犯除名，此款不用」小書代表著除名以外的黜降處分不會有以上動作，即不會追奪宣勅。綜上所述，追奪付身的方式有二：一、被付懲戒人自行赴所在地官廳繳回；二、移咨行省暨地方官廳強制拘收並加以驗證。又，延祐二年刑部擬到：「有姓達魯花赤追奪宣勅永不敘用，即係奏准常典，罪經釋原，擬合照勘明白，欽依追奪不敘，相應。」〔註63〕從「即係奏准常典」一語看出這是延續自大德八年、十一年以來的規定，漢人、南人若假冒蒙古人任達魯花赤即除名不敘，筆者在前文已說明「追奪不敘」亦為除名的代稱，因此可證實除名處分的執行方式就是大德十一年「革罷南人達魯花赤」條以及延祐五年「禁治驟陞品級」條所揭櫫的形態。

除名原則上及於終身，但並非不得對抗，依據大德五年中書省奏准「強竊盜賊通例」規定「獲強盜至五人，與一官」〔註64〕之獎勵可及於已受到除名處分之人，使其重返仕途。〔註65〕

　　的都合革罷了有。』麼道。這般說有。俺商量來：今後做達魯花赤呵，選揀蒙古人委付者。如果無蒙古人呵，選揀有根腳的色目人委付者。三年滿呵，教他每依大體例替換了，若三年不滿呵，不交重委付呵。……」（頁104～105）

〔註63〕《元典章》，卷9，〈吏部三・官制三・投下〉，「有姓達魯花赤追奪不敘」條，頁105。

〔註64〕《元典章》，頁474。另參方齡貴校注《通制條格》，卷20，〈賞令・獲賊〉，總447條同，頁575。另外在英宗至治年間增修的《典章新集》亦再度申明獲盜賞官的規定，以免「軍民諸色人」欠缺誘因協助捕盜，見《典章新集至治條例》，〈巡捕・獲賊〉，「獲賊陞賞」條，頁626，內收有延祐五年三月的賞官名單，其中有處州民戶章文煥，因捉獲強盜五人除充信州路玉山縣尉，此外，另有慶元路定海縣竈戶王瑩獲強盜七人但尚未除授官職，見《元典章》，頁626。

〔註65〕詳見本文第三章〈懲罰減免制度〉第一節「『八議』制之存續」有關功過相抵之研究。

　　在此筆者將元代除名處分性質作一總結：一、除名的法律效果在於將被付懲戒人之官吏身分剝奪，而貶為庶民；二、除名的執行方式在勒令被付懲戒人齎其用以係籍身分的全部宣命、敕牒（付身）赴所在地官廳返還，或係由官廳強制執行（追奪）並加以驗證真偽，藉此促成前項事實，此與前朝規定一樣；三、相對於唐宋，元代的除名處分效力及於被付懲戒人終身；四、如獲得應賞官職之要件得對抗第三項。

第三節　解見任與所謂「別行求仕」

　　「解見任」，就字面意義上來說即為「解除（解）現行職務（見任）」之意，亦可解釋成「罷免現行職務」，經常有以「罷」字代「解」字之例出現。〔註66〕元代官吏懲戒個案出現「解見任」文字者極多，若涵蓋具相同意義的「解任」、「罷見職（任）」者，〔註67〕更是不勝枚舉，但一般以「解見任」文字出現居多。至於接續「別行求仕」一語者亦為常見，故筆者將解見任與別行求仕併為一節討論。茲舉著為成法者為例，節錄《元典章》，卷46，〈刑部八・諸贓一・取受〉，「贓罪條例十二章」：

> 不枉法：一貫至二十貫，四十七下，本等敘。不滿貫者，量情斷罪。解見任，別行求仕。二十貫以上至五十貫，五十七，注邊遠一任。五十貫以上至一百貫，六十七，降一等。一百貫以上至一百五十貫，七十七，降二等。一百五十貫以上至二百貫，八十七，降三等。二百貫以上至三百貫，九十七，降四等。三百貫以上，一百七，除名不敘。〔註68〕

以上「注邊遠一任」、「降等」於下節再詳，「除名不敘」已見前節。前開條例

〔註66〕比方說《至正條格・斷例》，卷6，〈職制五〉，「請求受贓」條：「延祐七年七月，刑部議得：「已除未任餘姚州達魯花赤普苔失里，於杭州稅課副提舉野先不花處，分付田畟充〈同〉〔司〕吏勾當，二次要訖本人酬謝鈔物，通折至元鈔貳伯陸拾貫。既非見任因事取受，合依不枉法例，無祿減等，杖捌拾柒，罷已受餘姚州達魯花赤職事，別行求仕，標附。」都省准擬。」，頁227。

〔註67〕「罷見職」一辭可參《元典章》，卷46，〈刑部八・諸贓一・取受〉，「招贓番異，加等」條：「元貞二年六月初二日，奏過事內一件：『囊家歹為頭行臺官人每與將文書來：『建康府宣慰副使李公弼名字底人，官買紅花其間，張十等人每根底要了肚皮十五定，明白招來，文書要了來，鈔也納了也。這裏頭，一項要了三定鈔為重。依體例，合打四十七，罷見職，別行求仕。』」，頁454。

〔註68〕《元典章》，頁453。

節文所用術語，既然書寫於具成文法形式之「聖旨條畫」內，〔註69〕故可視為同一概念內最標準之稱呼。其中犯贓而不枉法者，同枉法般依贓額多寡斷罪，其中犯贓一貫至二十貫，除笞刑四十七下外，將予以「本等敘」，即「不變更官品敘用」之意，究其本質係相對於下列被科予降等處分而言，贓額若在一貫至二十貫之間，於官品上「不作更動」之意，實為立法文字的贅語，本身不具懲戒處分之意義。眞正發揮作用者乃後面的「解見任，別行求仕」，筆者引據《元典章》，卷 46 卷首表格於下，該表格係據同卷「牧民官受財，斷罪」、「贓罪條例」本條及至大四年詔書節文補充規定所繪製，其中「解見任，別行求仕」一語與「不枉法」同格書寫，表示在贓罪條例中，「解見任，別行求仕」乃用作依贓額科與注邊遠或降若干等黜降處分的前置程序，並搭配「不枉法者，須殿三年」的規定，〔註70〕實際適用於個案時會成為「解見任，殿三年，本等／降○等／注邊遠敘用」的完整黜降處分樣態，在這邊解除職務只是後段被付懲戒人再次敘用結果的前置處分或程序，當然，若是再敘用結果為前述「本等敘」者，解見任即是所受黜降處分之全貌。

表：抄《元典章》，卷 46，〈刑部八・諸贓一〉卷首表格〔註71〕

斷　例	四十七	五十七	六十七	七十七	八十七	九十七	一百七	以至元鈔為則
不滿貫者，量情斷罪，**枉法** 依例除名。	一貫至十貫。	十貫以上二十貫。		二十貫以上至五十貫。	五十貫以上至一百貫。		一百貫之上○應受宣敕並行追奪。	今後因事受財，依條斷罷。枉法者，除名不敘。
不滿貫者，量情斷罪。**不枉法** 解見任，別行求仕。＊	一貫至二十貫，本等敘。	二十貫以上至五十貫，注邊遠一任。	五十貫以上至一百貫，降一等。	一百貫以上至一百五十貫，降二等。	一百五十貫以上至二百貫，降三等。	二百貫以上至三百貫，降四等。	三百貫以上，除名不敘。	不枉法者，須殿三年。再犯不敘。無祿人，減一等。
								吏人犯贓，終身不敘。

＊不枉法贓一貫至二十貫者，即便「本等敘」，仍須「解見任，殿三年，別行求仕。」

〔註69〕所謂「聖旨條畫」，是一種單行立法，據植松正稱：「是附在皇帝聖旨和詔書後的個別法令條文。」此語見〈元初法制考：重點考察與金制的關係〉，頁 299。

〔註70〕贓罪條例中「諸職官及有出身人等，今後因事受財，依條斷罪。枉法者，除名不敘；不枉法者，須殿三年。再犯不敘。無祿者，減一等。以至元鈔為則。」一句列於枉法、不枉法贓額量刑之上，而作為贓罪條例之骨幹（《元典章》，頁 453）。

〔註71〕《元典章》，頁 452。

「解見任」一詞之沿革，筆者試圖搜尋前朝之法典，於《唐律》「官當」條發現以下文字，節錄如下：

> 諸犯私罪，以官當徒者，五品以上，一官當徒二年；九品以上，一官當徒一年。……行、守者，各以本品當，仍各解見任。……。其流內官而任流外職，犯罪以流內官當及贖徒年者，各解流外任。〔註72〕

此時，解見任並非單獨的黜降處分類別，而係當被付懲戒人犯徒罪而須以「官」（指官爵之地位所附麗之告身文狀）抵銷徒刑年限時，本身現任職事官「仍須解職」之意，簡而言之，係執行官當時所伴隨之人事措施。其中參考「行、守者，各以本品當，仍各解見任」文字後之「疏議」更能清楚其意涵：

> 假有從五品，下行正六品，犯徒二年半私罪，例減一等，猶徒二年，以本階從五品官當徒二年，仍解六品見任。其有六品散官，守五品職事，亦犯私罪徒二年半者，亦用本品官當徒一年，餘徒收贖，解五品職事之類。〔註73〕

據前開疏議意旨：某官員本身散官與所任職事官品級若有不同，而犯應官當之罪時，須以本品散官的告身來抵當徒年，而非所擔任之職事官告身，但職事官仍須解職。同理，所謂「流內官而任流外職」者，當徒以流內告身，其所任流外職務亦須解除。此處「解見任」似乎與《唐律》的「免所居官」〔註74〕意涵類似，其中「免所居官」之實質內容在於「告身之追奪」，且還附隨「期年後，降先品一等敘」的停職與降品任用的結果，而「解見任」一語僅單純指「任職狀態的解除或中止」。在宋代，仍未將「解見任」作為黜降處分種類的規定，〔註75〕故元代應為最先將其單獨列為黜降處分之一類的朝代，至於確切始行年份則難以考究。筆者檢索《元典章》相關斷例，所見最早者為至元七年的「被盜，枉勘平民」條：

> ……據安陽縣尉王再思涉疑王丑漢作賊，屈勘身死，擬斷本官七十

〔註72〕《唐律疏議》，卷2，〈名例律〉，「官當」（總17）條，頁46。
〔註73〕《唐律疏議》，卷2，〈名例律〉，「官當」（總17）條，頁46。
〔註74〕參《唐律疏議》，卷3，〈名例律〉，「免所居官」（總20）條，頁56～58，以及「除免官當敘法」（總21）條，頁58～61。前者為應予免所居官之罪行，後者為「免所居官」處分之內容。
〔註75〕宋代有所謂「勒停」處分，其意涵與解見任大致類似，可作為黜降處分之一種，也可與追官、除名合併科與。有關宋代黜降處分制度可參〔日〕梅原郁，〈刑は大夫に上らず：宋代官員の處罰〉，《東方學報》，第68冊，（1996年），頁241～289。

七下，省會罷任，及追徵燒埋銀五十兩，給付苦主。……〔註76〕

誠如前文所言，「罷見任（職）」雖與「解見任（職）」互通，但筆者仍無法肯定此處的「罷任」與解見任的意思是否完全相同。另舉稍晚的「拷無招人致死」條：

> 江西行省准　中書省至元二十三年八月二十七日咨：……廣東道按
> 察司申：「潘先告廣州路官吏，因爲長李、趙二等強拖人口，指兄潘
> 興知情，有羅總管、嚴治中將兄法外拷訊，就牢身死。取到總管、
> 治中、司吏洗泳等并初、復檢官吏招伏。」都省議得：……「各量
> 決三十七下，解見任，別行求仕，標附公罪過名。咨請委官與按察
> 司官一同依上斷決。其餘有招人數，就便量情斷決施行。」〔註77〕

此處已跟贓罪條例所用文字一樣。又參胡祗遹《紫山大全集》，〈雜著〉，〈又責吏不責官之弊〉：

> 今後稽遲違錯，罪專在吏者責吏，在判署者責判署官，罪均者均之。
> 吏則受杖，官則罰俸、降等、追官、〔註78〕解見任，庶幾令行而禁
> 止。〔註79〕

〔註76〕《元典章》，卷54，〈刑部十六·雜犯一·違枉〉，「被盜，枉勘平民」條，頁520。

〔註77〕《元典章》，卷54，〈刑部十六·雜犯一·違枉〉「拷無招人致死」條，頁520。

〔註78〕「追官」是宋代的黜降處分，爲唐代的免官、免所居官的變體，亦是以追奪一定份數的告身達成其效果。差別在於，宋代的官階制度與唐代不同，追官所追者並非職事官、散官、衛官及勳官等告身，而是所謂的「寄祿官」告身。在宋代，《唐六典》架構下的職事官已演變成用來「寓祿秩、敘位著」的官階體系，失去實際職務的意義，而有著類似散官的功能，原來的職事官則以「差遣」所取代，所以《宋史職官志》才會說「……居其官不知其職者，十常八九。其官人受授之別，則有官、有職、有差遣。官以寓祿秩、敘位著，職以待文學之選，而別爲差遣以治內外之事。」（卷161，頁3768）因此，《唐律》的免官、免所居官在宋代是無法適用的。又，唐代的免官、免所居官有固定的告身追奪份數及敘復所降官職的規定，宋代的追官則依皇帝裁量作增減。關於宋代追官處分可參〈刑は大夫に上らず：宋代官員の處罰〉，頁253～255。至於宋代官階體系可參同氏作〈宋初的寄錄官及其周邊〉，收於劉俊文主編，《日本學者研究中國史論著選譯》，（北京：中華書局，1993年），頁392～450。另外，追官處分有被金代繼受，據〔元〕脫脫等撰，《金史》，（北京：中華書局，1975年），卷52，〈選舉二·文武選〉有稱：「舊制，犯追一官以至追四官，皆解任周年，而復仕之。承安二年，定制，每追一官則殿一年，凡罷職會赦當敘者，及降殿當除者，皆具罪以聞，而後仕之。……」（頁1157～1158）故華北出身的胡祗遹才會提及「追官」，但無法判斷元初是否施行過是類處分。

〔註79〕〔元〕胡祗遹，《紫山大全集》，卷21，〈雜著·又責吏不責官之弊〉，收於《景印文淵閣四庫全書》，（臺北：臺灣商務，1983年），第1196冊，頁380。

胡祗遹的仕宦身涯大致上貫穿世祖統治期間，且從中央到地方、牧民官與監察官皆有資歷，尤其是監察官的資歷促使他對官吏懲戒制度有一定認識。此處既列舉出解見任，應可證實最晚在世祖朝已將其作爲法定黜降處分的一種。

解見任所解者乃職官之「任」，但遭受處分者若爲吏員，所解、所罷者爲「役」，與除名處分一樣，會因被付懲戒人之身分而有任（職）與役的差別，舉例如下：

> 皇慶二（目作三）年十一月，……廣東道廉訪司申：「審錄廣州路罪囚，數內番禺縣一起：梁伶奴等因爭因土，互相爭打，蔡敬祖、羅二、謝景德身死等事。初檢元問官縣尹馬廷傑等，檢驗違式，變亂事情，縱令吏貼私下取問，出脫眞情。移推博羅縣，帰問得實，照出違錯事理。取訖縣尹馬廷傑、典史孔鎮材各各招伏。罪經原免，擬合解任罷役，別行求仕。」〔註80〕

此案起因於平民間鬥毆致死，而檢屍官吏違反規定變造驗屍結果並換取當事人之賄賂，導致司法判決之誤判。被付懲戒人乃番禺縣尹馬廷傑以及該縣典史孔鎮才，前者是流內職官，後者是吏員，兩者皆犯「刑名違錯」罪名，元承辦官署係廣東道廉訪司，擬判「解任罷役，別行求仕」，這種字句無法判斷誰被解任，誰被罷役。接著繼續節錄刑部終審判決文：

> 縣尹馬廷傑招伏：（自白略）本部議得：番禺縣尹馬廷傑所招，除輕罪外，止以初檢蔡敬祖（元刻誤脫「祖」）屍傷，右肋他物一痕，的係致命，不行用心研問，輒憑梁伶奴等互推不招，故違元降屍傷體式，於正犯人下擅添「被告人」三字，令梁伶奴等於下畫字。移推博羅縣問得：梁伶奴用木棍將蔡敬祖右肋打著，身死。本縣帰問之初，馬廷傑係是正官，明知刑名重事，不行躬親推究，轉令司吏、貼書私下取問，故縱取受正犯人梁伶奴臟賄，教令蔡元卿虛指，眼見已死謝景德將兄蔡敬祖打倒，蔡元卿用木把頭將謝景（得）〔德〕打死，及依從梁伶奴止招用鎗紮傷魏貴一，不招打死蔡敬祖情由。如此捏合，出脫梁伶奴打死蔡敬祖情罪。原其所犯，即係刑名違錯。罪遇釋免，比例合依廉訪司所擬，解見任，別行求仕，標附相應。

> 典史孔鎮材招伏是實。刑部議得：

〔註80〕《元典章》，卷54，〈刑部十六‧雜犯一〉，「官典刑名違錯」條，頁528。

番禺縣典史孔鎮材所招，除輕罪外，止以蔡阿陳告梁伶奴等爭耕田土，將夫蔡敬祖打死，此時孔鎮材因事被問還役，卷內明見縣尹馬廷傑初檢蔡敬祖屍傷，右肋致命一痕，馬縣尹不行窮問明白，追究兇仗，違例於屍帳正犯下擅添「被告人」三字，令梁伶奴畫字，不行疏駁，輒與備申總府。在後博羅縣問得，的係梁伶奴將蔡敬祖打死。明知刑名重事，不合轉令該吏楊棟等私下取問，故縱受賍，教令蔡元卿虛指，眼見已死謝景德用棍將兄蔡敬祖打倒，蔡元卿用木把頭將謝景德打死。依從梁伶奴止招用鎗扎傷魏貴一，不招打死蔡敬祖實情。如此串套捏合，出脫梁伶奴殺人情由。原其所犯，即係刑名違錯。罪經釋免，若依本道肅政廉訪司所擬，解見役，別行求仕，標附相應。〔註81〕

兩人除了皆被解除職務別行求仕，且須標付過名外，亦因身分之不同，而有解「見任」與解「見役」之差異。〔註82〕《吏學指南》分別列有「罷職」、「罷役」條，前者爲「官有所職掌者」，後者爲「吏有所任役使者」，都是職務的解除，但因對象不同而有文字上的差別。〔註83〕雖說元代官吏選用途徑以吏員出職爲主流，而使吏員的社會地位大幅提高，但對於現任官吏而言，職官與吏員的法律地位仍有不同，並影響懲戒結果的判決。

　　接著探討所謂「別行求仕」，從其字面解釋，乃「另外再去求得官職」之意。在元代，其正式用語稱「告敘」。告敘是已有任官資格者的再任職程序，大致內容如下：

〔註81〕《元典章》，頁528。

〔註82〕依據付懲戒人係屬官亦或吏的身分，而有懲戒處分名目之差異這點，《大明律》也有所繼承，參《大明律》，卷1，〈名例律〉，「文武官犯私罪」條：「凡文武官犯私罪，笞四十以下，附過還職；五十，解見任別敘；杖六十，降一等；七十，降二等；八十，降三等；九十，降四等；具解見任。……若未入流品，及吏典有犯私罪，笞四十者，附過各還職役，五十，罷見役別敘；杖罪，并罷職役不敘。」後纂註稱：「末節『罷見役別敘』，不言『官』者，會首節『解任別敘』意。」又稱：「若未入流品文官及吏典犯私罪，該笞四十下者，官吏並附過，官還職，吏復役。笞五十，官，解任別敘，吏，解見役改撥。杖六十以上，官，罷職，吏，罷役，並不得敘用，蓋無級可降也。」（頁213～214）吏員亦是未入流者，在這裡會跟上開法條所謂「未入流品文官」相混淆，據《明史》，卷75，〈職官四〉的記載，各地儒學除了府學教授（從九品）外，其他學官皆未入流，前述「未入流品文官」所指應是該類人員（頁1851）。

〔註83〕《吏學指南》，頁65。

> 至元三年四月，中書省據：「隨處告敘用官員，今後先於本處官司具
> 入仕根腳、歷任月日、停職緣由陳告，勘當別無詐冒，申覆本路官
> 司更爲照勘，相應，仍錄連節次所受付身，保結申部，委有體例擬
> 定可任名闕，呈省定奪。毋得直詣省部呈告施行。」〔註84〕

　　當事人向「本處官司」（所在地官廳，如是任期已屆終了之官員就是原任
職官廳，若爲賦閒官則爲所居地官廳）陳告自身「入仕根腳」（成爲官吏的途
徑，如科舉、吏員、蔭任等）、「歷任月日」、「停職緣由」（未必是受到懲戒處
分，任期終了卸職亦爲職務停止事由），後來又引進前代曾推行過的文狀——
解由，〔註85〕將前開個人資料填寫於上，由所在官廳審核屬實並且爲保證責
任，層層申覆上級官廳而至最高銓敘主管單位—吏部，依據其年資、考課獎
懲結果擬定適當之職闕，呈中書都省定奪，即所謂敘用。在去元不遠的明代，
《大明律》「文武官犯私罪」條即有「凡文武官犯私罪，笞四十以下，附過還
職；五十，解見任別敘……」〔註86〕一語，此處「別敘」爲「別行告敘」之
縮寫，見該條纂註解釋爲「送吏部對品別用」簡明的表達告敘的意涵，由於
明代法律的直接繼受元代，故兩朝在該詞意義上互通是可能的。依〈贓罪條
例〉規定，犯不枉法贓一貫至二十貫者，除了笞四十七下外，黜降部分爲「解
見任，殿三年，別行求仕」，再對照大德三年正月詔書「牧民官受財，斷罪」
條有「不枉法贓，須殿三年，方聽告敘」一語可再次證明別行求仕之「求仕」
二字與「告敘」意義可互通。嚴格來說，別行求仕並非造成法律效果的處分，
而是一種程序、流程。

　　再次告敘並非即刻轉調他職，即便不依《贓罪條例》規定「殿三年」，仍
須「期年後敘用」。舉例如下：

> 大德十年六月，福建道宣慰司承奉　江浙行省箚付：來呈：「泉州路
> 司吏李天錫，通歷七十三個月，因取受倉官黃天俊中統鈔一十定，
> 斷罪不敘。具呈照詳。」得此。移准中書省咨該：「吏部移准刑部關：
> 「（刑部）議得：泉州路司吏李天錫所係即大德五年八月欽奉詔書以

〔註84〕《元典章》，卷10，〈吏部四·職制一·告敘〉，「告敘本路保申」條，頁124。
〔註85〕如金代之解由，見《金史》，卷55，〈百官一·吏部〉：「凡內外官之政績，所
　　　　歷之資考，更代之期，去就之故，秩滿皆備陳於解由，吏部據以定能否。……」
　　　　（頁1227）關於元代解由的格式與功能，參《元典章》，卷11，〈吏部五·職
　　　　制二·解由〉各條，頁136～140。
〔註86〕《大明律》，頁213。

前事理，合從行省照依十三等不枉法例，一百貫以下，期年之後，
注邊遠一任敍用。外，據各路司吏有犯贓罪，擬合各照所犯月日，
欽依施行。」准此。〔註87〕

上開案件元審理官署似乎擬對泉州路司吏李天錫科予除名不敍，但刑部認爲
李天錫犯案時間早於大德五年詔書頒布日〔註88〕，應依舊法「十三等不枉法
例」判處「期年之後，注邊遠一任敍用」，其中注邊遠於下節討論外，所謂「期
年之後」係與官吏正常遷轉程序同步的，舉二則除授規定如下：

　1、《元典章》，卷11，〈吏部5、職制二・授除〉，「授除官員照會」條：

　　　至元二十四年閏二月，尚書省奏過事內一件：「『在先省官人每、遷
　　　轉的官人每，月日滿了呵，照闕委付，無闕的交等一年闕委付呵，
　　　怎生？』奏呵。『你識者。』麼道，聖旨有來。俺商量得：『交等一
　　　年闕委付呵，合替的人理會的替他呵，不任（下例書「在」，今據以正之）
　　　意行，莫不悞了勾當。如今俺限五個月以裏，比那的休交過去。』
　　　麼道。奏呵。『那般者。』麼道。聖旨了也。」欽此。〔註89〕

　2、《元典章》，卷11，〈吏部5、職制二・守闕〉，「遷轉等一年闕」條：

　　　尚書省至元二十四年閏二月二十六日奏過事內一件：「『在先省官人
　　　每、遷轉的官人每，月日滿了呵，照闕委付，無闕的根底交等一年
　　　闕委付呵，怎生？』奏呵。『你識者。』麼道，聖旨有來。俺商量得：
　　　『交等一年闕委付呵，合替的人理會的替他呵，不在意行，莫不悞
　　　了勾當。如今俺限五個月以裏，比那的体（應爲「休」）交過去。』麼
　　　道。奏呵。『那般者。』麼道。聖旨了也。」欽此。〔註90〕

以上二例皆有「無闕的根底交等一年闕委付呵」的字句，意指已任滿離職的
官吏經告敍後，於吏部銓選程序中，若尚無職闕，該員須賦閒一年，待一年
後注授於即將有人任滿離職的窠闕，而「一年」之規定，與因其他事由無法
執行職務者另行調職是同步的，如《元史選舉志》有記載：

〔註87〕《元典章》，卷46，〈刑部八・諸贓一・取受〉，「司吏犯贓，經格告敍」條，
　　　　頁458。
〔註88〕該詔書於《元典章》未見，應該與至大四年〈欽奉登寶位詔書〉所稱「吏人
　　　　犯贓，終身不敍」規定類似，見《元典章》，卷46，〈刑部八・諸贓一・取受〉，
　　　　「贓罪條例・又」條，頁453。
〔註89〕《元典章》，頁126。
〔註90〕《元典章》，頁127。

中統三年，省議：「職官在任病假及緣親病假滿百日，所在官司勘當申部作闕，仍就任所給據，期年後給由求敘，自願休閒者聽。」

至元八年，省准：「在任因病求醫並告假侍親者，擬自離職住俸日爲始，限一十二月後聽仕。其之任官果因病患事故，不能赴任，自受除日爲始，限一十二月後聽仕。」部擬：「凡外任官日久不行赴任，除行程並裝束假限外，違者計日斷罪。」〔註91〕

可見，官吏因各種事由調離他職，依據吏部作業程序皆須自離職日起緩衝一年加以除授，而所謂「期年」作爲一個法定詞彙即代表一年的意思，而這種定義自唐代已見。〔註92〕

「解見任」之意涵已見前述，而離職官吏自是日起進行告敘程序，吏部會依據各該官吏的離職時間依序補授新職，此期間依規定即一年，這段時間該員與非因黜降而離職（如任滿得代）的官員一樣是處於賦閒階段，這就是「別行求仕」的全貌。若官員係因觸犯〈贓罪條例〉不枉法贓而被黜降的話，其賦閒期間將被延展爲三年，即所謂「殿三年」。〔註93〕

第四節　降敘與削散官

降敘作爲法定處分種類，可見於〈贓罪條例〉不枉法贓之規定內，但不代表其他犯罪就無科與降敘之可能，而係依據審判者之裁量來斷定科與與否。

降敘法律效果即「降低被付懲戒人的官職品級」，作爲黜降處分種類之一，爲元代首創，在〈贓罪條例〉內以「降○等」文字呈現，在各懲戒案例中以「降先職○等」出現。其功能與《唐律》「除免官當敘法」條內於科處免官、免所居官、官當處分之敘復降品類似。被付懲戒人在被科與處分後，將被追奪一定數量的告身，敘復時再依各該規定「降先品二等敘」（免官）或「降先品一等敘」（免所居官與官當）。但在此時，降敘並非處分種類之一，而係伴隨於處分完成後的程序，與「解見任」一語在《唐律》的地位相似。元代除

〔註91〕　《元史》，頁2067。此爲至元八年擬定的規定，可對照《元典章》，卷11，〈吏部五・職制二・作闕〉，「病假百日，作闕」條，頁135。

〔註92〕　《唐律疏議》，卷3，〈名例律〉，「除免官當敘法」（總21）條，【疏】議曰：「「免所居官及官當」，罪又輕，故至期年聽敘。稱「期」者，匝四時曰期，從敕出解官日，至來年滿三百六十日也。稱「年」者，以三百六十日。……」，頁60。

〔註93〕　詳見本章第七節「黜降處分之附款──殿敘」。

了將降敘提升爲黜降處分的一種外，與前代最大的差別在於，其處分不以追奪告身爲實態（這點解見任亦同），〔註94〕而係直接調整被付懲戒人再次敘用的品級，並非依據告身追奪的結果。

　　降敘在相關條例與個案中既已「降先職○等敘」文字呈現，故筆者認爲有必要探索其所降之「等」的概念爲何。

　　在此須先簡略介紹敘階制度，筆者以《元典章》，卷7，〈吏部一・官制一〉〔註95〕爲主要參考資料，該書將散官所繫品秩稱作「資品」，職事官則稱「職品」。元代散品大致上延用金制，〔註96〕官品有九各分正、從，其中散官部分者，元代分文資、武資與雜流三種系統。元代將金代散官體系中，散官對應之品秩，各往上挪一品，如原爲九品之散官的登仕郎、將仕郎、登仕佐郎、將仕佐郎在元代提陞爲八品，以此類推。其中正五品以下，正從之內各分上、下；從四品以上至正二品，正從各分上、中、下；從一品又分上、下，分別爲光祿大夫與榮祿大夫；正一品分六等，依序爲：開府儀同三司、儀同三司、特進、崇進、金紫光祿大夫、銀青榮祿大夫。以上文資散官凡四十二階。正從九品以其身爲「初入仕官員」，有職事而無散品，故授予九品官的勅牒付身又稱「平頭勅」。至於武資官，正從一品與正從九品的規定同文資，正從四品以下各分上、下，正從二、三品各分上、中、下，凡三十四階。除一、九品外，武資散官的名銜與文資不同（文資者如○○大夫、○○郎，武資則爲○○將軍、○○校尉）。〔註97〕元代職事官歸品分類資料，得參《元典章》，卷7，〈吏部一・官制一・職品〉，「內外文武職品」表，職事官各被劃入相應品秩，只分正、從，而不再細分上、中、下。

　　在《唐律》「除免官當敘法」條內規定，免官處分者「三載之後，降先品二等敘」，免所居官及官當者「期年之後，降先品一等敘」，關於「三載」將於後文詳述，「期年」者前已述及，在此僅探討「降先品○等敘」。據引該條疏議記載：

　　　　……「降先品二等」，正四品以下，一階爲一等；從三品以上及勳官，

　　　　正、從各爲一等。假有正四品上免官，三載之後，得從四品上敘。

〔註94〕詳本章第九節「因黜降所造成之其他結果」之（二）「法律身分憑狀：付身」
　　　　相關內容。
〔註95〕《元典章》，頁74～88。
〔註96〕金代散官品階見《金史》，卷55，〈百官一〉，頁1220～1227。
〔註97〕《元史》，卷91，〈百官七〉，頁2319～2322。

上柱國免官，三載之後，從上護軍敘。是為「三載之後，降先品二
等敘」。〔註98〕

依上所言，受免官者降先品二等，若原為正四品上，依次削降正四品上、正
四品下，得於從四品上敘用。因此，正四品以下散秩「上、下各為一階」，一
階為一等，從三品以上則以正從各為一等，《唐律》官品上之「等」所指為此。
倘若元代的「降先職○等敘」之「等」概念相當於《唐律》前開觀點之「正四
品以下，一階為一等」者，則降敘處分的實況會如下：某甲任中縣尹（正七
品職事），授文林郎（正七品上散階），因事取受不枉法贓二百貫，量擬杖八
十七下，解見任（解除中縣尹職事），殿三年，降三等敘，則殿年滿後，會依
序削降以下散官：文林郎（正七品上）→承事郎（正七品下）→徵事郎（從
七品上），最後以從七品下從仕郎敘用，任從七品職事官。

　　依據《元典章》所載至元四年頒布的〈職官壹品至柒品承蔭敘用條畫〉
所稱「諸官品正從分為一十八等，……」〔註99〕則元代官階制度上的「等」
應指九品各品內正、從而言，如此則前文所虛構之某甲案例再敘用應為「從
八品」。目前筆者尚未見到足以證明元代降敘如同《唐律》般在等次計算上將
從三品以上、正四品以下作區隔，或證其為循散官階遞削的資料，可見元代
降等概念應與《唐律》之「從三品以上及勳官，正、從各為一等」者較為接
近。另舉六條史料如下：

1、《元史》，卷91，〈百官七〉：

　　文散官四十二：……右文散官四十二階。……〔註100〕

2、蘇天爵，《滋溪文稿》，卷18，〈故承事郎象山縣尹李侯墓碑〉節錄：

　　……時朝廷初改鈔法，重其職守，以侯（李天祐）提領紹興路平準
庫，階將仕郎。……侯以向陷交趾（指至元二十四年至二十五年間
伐交趾事），備極艱苦，至是吏部止積月日，與從七品。先時行省郎
官有以從征陞一官者，掾之同被陷者亦受從七品官，獨侯循序而進，
眾為之不平。乃自陳於政府，於是即與正七品，階承事郎，慶元路
象山縣尹兼勸農事。〔註101〕

〔註98〕《唐律疏議》，卷3，〈名例律〉，「除免官當敘法」（總21）條，頁60。
〔註99〕《元典章》，頁93。
〔註100〕《元史》，頁2319、2321。
〔註101〕《滋溪文稿》，頁298。

3、《元史》，卷83，〈選舉三‧銓法中〉：

> 凡遷官之法……其理算論月日，遷轉憑散官，內任以三十月爲滿，外任以三歲爲滿，錢穀典守以二歲爲滿。而理考通以三十月爲則。內任官率一考陞一等，十五月進一階。京官率一考，視外任減一資。外任官或一考進一階，或兩考陞一等，或三考陞二等。四品則內外考通理。此秋毫不可越。然前任少，則後任足之，或前任多，則後任累之。一考者及二十七月，兩考者及五十七月，三考者及八十一月以上，遇陞則借陞，而補以後任。此又其權衡也。〔註102〕

4、《元典章》，卷8，〈吏部二‧官制二‧選格〉，「循行選法體例」：

> 至元十四年八月初六日，中書省奏准〈職官文武散官〉……今條列于後：
>
> 職官遷轉
>
> 一、隨朝諸衙門、行省、宣慰司官，三十個月爲一考，一考陞一等。
>
> 一、外任官員，三周歲爲一考。除達魯花赤、回回官員另行定奪。
>
>> 從九三考陞從八。正九兩考陞從八。
>>
>> 從八兩考陞正八。從八三考陞從七。
>>
>> 正八兩考陞從七。從七三考陞正七。
>>
>> 正七兩考陞從六。從六三考陞從五。
>>
>> 正六二考陞從五。從五三考陞正五。
>>
>> 正五兩考須歷上州尹一任方入四品。
>>
>> 如無上州尹窠闕，再歷正五品一任，方入從四品。
>>
>> 正、從四品內外人員，通理八十個月，與三品職事。
>>
>> 三品非有司定奪。
>>
>>> 諸自九品依例遷至三品，止於本等流轉。三品以上職不拘常調。
>
> 一、江淮願福建、兩廣陞一等。
>
> 一、陝西願四川陞一等。
>
> 一、四川碉門蠻夷同江淮例。
>
> 一、陞年者不理月。
>
> 一、理月者不陞年。

〔註102〕《元史》，頁2064。

一、循行五十五個月同兩考，八十一個月同三考。所少月日復任貼
補。餘有月日復任通理。別無所代散官，例同正九。

一、考滿應得從七人注從六，回降正七，方入六品。合得正七人注
六品，免回降。

一、考滿未得從七品注正七，回降從七方入正七。

一、正從六品人不合收補。如已補，合同隨朝陞等。

一、職官充省令史，正合驗元來職事上，比附舊例，注下項資品。
如更勒留一考，合同隨朝陞等。〔註103〕

5、《通制條格》，卷6，〈選舉〉，「五事」條：
　　至元九年正月，中書省。吏部呈：「講究得，外任親民長官，欽依元
　　奉聖旨考校五事，量定陞降。五事備者爲上，於合得品級上陞壹等。
　　四事備者減一資歷。三事有成者爲中選，依常例遷轉。四事不備者
　　添一資。五事俱不備者降壹等敘用。」都省准擬。〔註104〕

6、許有壬，《至正集》，卷74，〈公移一・風憲十事〉，「銓除御史」：
　　監察御史，前代八品之職，國朝官制爲正七品。選格：內任一考與
　　升從六；外任兩考方進一等。……〔註105〕

從例一可看出元代將散官單位稱作「階」。例二爲元人以「階」作爲散官計
算單位的實例。至於例三與例四須對參閱讀，「內任以三十月爲滿，外任以
三歲爲滿」即與「隨朝諸衙門、行省、宣慰司官，三十個月爲一考，……外
任官員，三周歲爲一考。」意同，而「外任官……或三考陞二等」可與例三
「從九三考陞從八」、「從八三考陞從七」、「正五兩考須歷上州尹一任方入四
品。如無上州尹窠闕，再歷正五品一任，方入從四品」對照，可知元代陞遷
制度的「等」是品秩正、從的單位。至於「外任官或一考進一階」，若對照
例一，指一考（三年）得授散官一階之意。例五係外任牧民官員就「五事」
爲考核標準，及其考核結果所生之賞罰規定，其中「五事全備」品級陞壹等，
與「俱不備者」降一等敘用對比，兩者賞罰幅度應是相等，〔註106〕而方齡

〔註103〕《元典章》，頁89。

〔註104〕方齡貴校注，《通制條格》，（北京：中華書局，2001年），頁261。

〔註105〕許有壬，《至正集》，《元人文集珍本叢刊》（七），（臺北：新文豐，民國74
　　　　年），頁337。

〔註106〕介於其中的是減資、常例遷轉、添資，除了依〈循行選法格例〉循年資升遷
　　　　的「常例遷轉」外，減資與添資的「資」，其值應小於陞降之「等」。

貴先生認為該「等」與〈職官壹品至柒品承蔭敘用條畫〉所稱之「等」為同一概念。〔註107〕例六許有壬以正七品的監察御史為例，據引選格（例二）稱內任官正七品者一考升從六品，外任官正七品則須兩考，此處「進一等」與正七品升從六品等值，〔註108〕因此所謂「等」者可證明為「諸官品正從分為一十八等」〔註109〕的階層劃分，降敘處分所降之「等」亦同。

綜上所述，元代降敘處分所謂「降○等」應為品從等次之降級，而非散官階之降級。又《唐律》「降先品○等敘」與元代「降先職○等敘」在文字上的差別可能亦有蹊蹺，前者係指「散官階」，而後者可能專就「職品」而言（按《元典章》「內外文武職品」表）。倘欲再進一步證實降敘處分的實態，必須舉出實例加以分析，但該實例應符合以下條件：一、明確指出處以降敘的法規依據，且該法規條文並非亡佚；二、若條件一無法滿足，至少須表明所降之等數；三、必須記載被付懲戒人於受降敘處分前後的職務，以印證前二者。其中條件一、二至少達成其一，條件三則係必要條件。含《元典章》在內的元代法律文書中科處降敘處分之案例不勝枚舉，但幾乎僅滿足條件一或二，鮮少兼具條件三者，而唯一滿足條件三者乃《元典章》，卷46，〈刑部八・諸贓一・取受〉，「犯贓再犯，通論」條內所引小雲失再犯贓罪案判例。〔註110〕惟該判例僅僅滿足條件三，指出小雲失前任職務為興化路（上路）總管，正三品，犯贓降敘後為福州路（上路）同知，從四品，若以〈贓罪條例〉觀之，則其所降為二等，但其前犯在大德二年，適用法規應為元貞二年六月頒布之〈官吏受賕條格十三等〉或是更早（至元二十九年）頒布之〈贓罪十三等〉〔註111〕，但此二部法規全文今已不詳，所謂「一百餘定」贓額又不精確，並未指出係以中統鈔抑或至元鈔計贓，因此該判例無法用以實證降敘處分的細部內容。

〔註107〕《通制條格》，頁261注1。
〔註108〕當然這不符合監察御史遷轉的實像。許有壬又接著說：「至於憲臺除用，歷御史者即除各道僉事正五品職，內轉臺為都事，必授副使正四品級。非戾於選法也，誠以御史非百職之可比。」（《至正集》，頁337）監察御史職居風憲，其遷轉次序有別於其他官吏，而「非戾於選法」，此處筆者僅以許有壬語來證明元人對官品「等」次的計算認知而已。
〔註109〕同本章注99。
〔註110〕《元典章》，頁459。
〔註111〕〈贓罪十三等〉見《元史》，卷17，〈世祖十四〉，至元二十九年三月條，頁361，〈官吏受賕條格〉見卷19，〈成宗二〉，元禎二年六月條，頁404。

降敍處分除了對身居流內的職官適用外，對吏員亦可適用，舉例如下：

> （延祐五年三月十七日）御史臺呈：「成州人民闕食，本州不即申報
> 振救，以致死亡流移。取訖當該官吏違慢招伏。看詳：同知康惟忠等，
> 職居牧民，撫字乖方。適值人民缺食，不即賑救，致有流移死亡，甚
> 失牧民之道。以此參詳：若便區處，別無所守通例，具呈照詳。」
>
> 得此。送據刑部呈：「……今承見奉，本部議得：成州同知康惟忠等
> 所招，本管人民遭值饑饉闕食，不即申報賑濟，以致流移餓死人口，
> 罪犯。比依量擬同知康惟忠三十七下，州判黃文德三十七下，各解
> 見任，降先職一等。吏目趙克讓、司吏張惟福，三十七下，罷見役，
> 期年後降等敍用，相應。具呈照詳。」得此。都省：准擬，除外，
> 咨請遍行合屬依上施行。〔註112〕

前開案例中，陝西成州（下州）同知康惟忠與判官黃文德（州同知品秩為正
六、七品，判官按例比同官署同知低一品）皆被判處笞三十七下，解見任，
降先職一等，康惟忠可能調任路總管府經歷（從七品）、中州判官或下縣縣尹
等職務，黃文德則為總管府知事或上縣主簿等佐幕職。於同一案中，吏目趙
克讓與司吏張惟福所受笞刑同康、黃二人，而黜降方面皆為「罷見役，期年
後降等敍用」。其中「罷見役」與「期年」的意義已見前節，惟「降等敍用」
所降者似有疑義，流外職務雖同流內官，自有其任命形式（流內者為受宣勅，
流外者為受省箚），其職務亦有指揮層級之分，具有一定幹部地位者屬首領官
範疇之內，〔註113〕對吏員有指揮權。首領官又被稱作「賓幕」，〔註114〕係就
一官署內指揮層級所作的劃分，對上輔佐判署正官，對下則「統領六曹，職
掌案牘」，〔註115〕介於正官與吏員的中間，乃吏員的直屬長官。首領官可以參

〔註112〕《元典章》，卷54，〈刑部十六・雜犯一・違慢〉，「人民餓死，官吏斷罪」條，
頁430。

〔註113〕有關元代首領官制度的研究，專文有許凡，〈元代的首領官〉，《西北師院學報》，
1983：2，頁73～81、〔日〕大島立子，〈元朝の首領官〉，《明代史研究》，第30
期，頁47～56。另外還可參見〔日〕村上正二〈元朝統治形態〉，收入和田清編，
《支那官制發達史》，（東京：汲古書院，1973年），頁340～341、宮崎市定，〈宋
元時代的法制和審判機構：《元典章》的時代背景及社會背景〉，頁56～59、〔日〕
牧野修二，《元代勾當官の體系的研究》，（東京：大明堂，1979年），頁3。

〔註114〕〔元〕鄭玉，《師山集》，卷3，〈送鄭照磨之南安序〉，頁23（《景印文淵閣四
庫全書》第1217冊）。

〔註115〕《師山集》，頁23。

與各所屬官衙內裁決公事的「圓坐署事」程序。〔註116〕若對長官之裁決「所見不同，處決偏枉」，得「從正執覆」，且得「具由直行申部」，〔註117〕與「郡侯、別駕分庭抗禮」，〔註118〕其在官衙內的權責不可謂不大。論其品級，首領官是橫跨流內（如中書六部的主事，路衙的經歷、知事等）流外（州縣衙的吏目、典史）的，趙克讓所任的吏目即屬於流外者。假如所任之首領官屬流外者，與下轄吏員雖有指揮管制之關係，但就身分而言並無官階高低之區別，故考究趙克讓所降之職務應該是從銓選制度角度著手分析，可參考陞職爲吏目的程序將之逆轉回去。參《元典章》，卷9，〈吏部三·官制三·首領官〉，「江南提控、吏目遷轉」條：

> 大德四年八月，江西型省准　中書省咨該：吏部呈：「議擬到腹裏江南都吏目提控案牘陞轉通例」都省准擬，除外，開坐咨請依上施行。

> 江南提控案牘都吏目出身，照得：「腹裏至元二十五年呈准，各路司吏實歷請俸六十個月吏目，歷二考升都目，歷一考升提控案牘，兩考升正九品。若路司吏九十個月吏目，歷一考與都目，余皆依上升遷。」〔註119〕

以上所示，吏目是自地方官署最基層的司吏陞補上來的最低階流外首領官，若吏目趙克讓被降等敘用，應是降爲路司吏。而司吏張惟福亦可比照趙克讓的途徑，依據《元典章》，卷 12，〈吏部六·吏制·獄典〉，「獄典出身通例」

〔註116〕有關圓坐署事資料可參《元典章》，卷 13，〈吏部七·公規一·署押〉各條，頁 166。相關專文可參張金銑，〈元代地方圓署體制考略〉，《江海學刊》，1994：4，頁 118～122。以及宮崎市定〈宋元時代的法制和審判機構〉，頁 65～67，據其所稱，「圓署制」之淵源或許能溯源自宋代「聚錄制」，此外，北方民族的合議作風也可能有對其影響。關於宋代「聚錄制」，見同文頁 47～48
〔註117〕《元典章》，卷 13，〈吏部七·公規一·公事〉，「首領官執覆，不從，許直申部」條，頁 167～168。
〔註118〕《師山集》頁 23。
〔註119〕《元典章》，頁 123。另參《元史》卷 83〈銓法下〉，「凡省部令史、譯史、通事等」條：「又議：『已經改擬出職人員，各路司吏轉充提控案牘、都目，比同陞用，其餘直補人數，並循至元二十一年之例遷用。江南提控案牘、都吏目，至元二十五年呈准：『各路司吏六十月吏目，兩考陞都目，一考陞提控案牘，兩考正九。路司吏九十月吏目，一考轉都目，餘皆依上陞轉。江南提控案牘除各路司吏，比腹裡路司吏至元二十五年呈准例遷除。其餘已行直補，並自行保舉，自呈准月日立格，實歷案牘兩考者，止依至元二十一年定例，九十月入流。未及兩考者，再添一資遷除。例後違越創補者，雖歷月日不准。』」，頁 2070～2071。

的規定：「各路獄典轉補州司吏，府州獄典補縣司吏。」〔註120〕以此類推，張惟福可能會降爲路獄典。針對流外職與吏員的降敘案例相當罕見，一般情況下，適用是類人員的黜降處分通常以解見役、除名（罷役不敘）兩類爲主。

降敘的法律效果已見前述，係指在正從品秩十八等的架構下逐等遞降，再敘用時注授較低階職事的人事安排。與前節有關別行求仕程序的討論作綜合分析，被降敘的過程應如下面所述：被付懲戒人被科予「降先職○等敘用」，自判決之日起解除職務（解見任、役），由原任職官廳發給解由，填寫履歷資料及被黜降之緣由、處分結果，送交吏部審核，至期年後（或殿三年），據此授與較先職低○等的職務任用。

除了前述之降敘處分外，尚有所謂「削散官」處分。顧名思義，主要係針對散官作遞減的動作，所見案例多出現「職事如故」或「依舊勾當」等語，意即不解除職務。一般情況下，職事官品與用以敘階的散官品秩是對應的，假如有散官品高任較低品職事者，在唐代稱「行」，相反者爲「守」；〔註121〕在金代則散官高於職事稱「行」，職事高於散官一品稱「守」，高於兩品稱「試」。〔註122〕元代削散官處分施行的結果可能使被付懲戒人的職務成爲「守高品職事」的情況。

削散官的案例相當罕見，且多科予軍人身上，茲舉筆者所見數例如下：

1、《至正條格・斷例》，卷4，〈職制三〉，「草賊生發罪及所司」條：

元貞元年六月二十六日，御史臺奏准下項事理：

一件、「江南行臺咨：『昭州、賀州、藤州、邕州、豐洲路、全州路、衡州路、柳州路、贛州路、南安路、吉州路、上猶縣、攸縣，這十三處地面裏，草賊動蠻作耗，移虜百姓，劫掠財物。那田地裏鎮守軍官每，鎮守不嚴，着賊每走了呵，不敢去的，都取了招伏。』說來。這底每根底裏，不要罪過呵，更後頭怠慢了，怎生治呵是？這裏頭陸箇萬户府達魯花赤，更捌箇萬户、四箇千户、兩箇百户。俺商量來，各斷三拾七下，見受散官削降一等，職事如故，換受，依舊勾當，標附鎮守不嚴過名。這的每，這般斷了呵，應有軍官每都教省會，再有不嚴切鎮守犯着的，

〔註120〕《元典章》，頁164。

〔註121〕《唐六典》，卷2，〈尚書吏部〉：「凡注官階卑而擬高則曰『守』，階高而擬卑則曰『行』。」，頁28。

〔註122〕《金史》，卷55，〈百官一〉，頁1231。

一般要罪過呵，怎生？」奏呵。奉聖旨：「那般者。」

一件、「江南行省咨：『南安路、南康縣、衡州路、藤州路，這幾處四箇府官、三箇州官、三箇縣官，爲他每田地裏，草賊生發，教百姓沒入賊火裏去了。把截道子不嚴，教賊每出入劫掠，殺死百姓，劫奪財物。賊每入來呵，不申上司。他每撫治百姓不到，都取了招伏。』俺商量來，這的每，各打二十七下，見授散官削降一等，職事如故，換授，依舊勾當，標註有失撫治百姓過名。滿了的有呵，〔註123〕一體教遷轉，上外根底奏過呵，徧行省會，再有這般不用心撫治百姓，這般一體斷罪過呵，怎生？」奏呵。奉聖旨：「那般者。」〔註124〕

2、《元典章》，卷54，〈刑部十六・雜犯一・違枉〉，「枉勘死平民」條：

（大德七年七月）送本部（刑部）議得：「龍溪隘頭目蕭新等別無承准事主告劫文憑，輒將平人匡八捉拿拷勘，妄指伊兄匡十一三十餘人行劫周觔公、周十、向觔公、孟弓手家財，解赴武崗縣。當官該吏並不詳情磨問，止憑誣詞，約會軍官張千戶，將匡十一等非理煅煉，屈勘虛招。既勾問得所止事頭周觔公等三家狀招，不曾被盜，亦無追到可信贓仗，又無明白顯跡，即係無辜良民，理合隨即疎放。其元問官吏，依前枉禁匡八等一十一名身死，內羅道人等三名，召保在外病死。別無定奪外，禁死無辜匡八等八名，情罪非輕。以此

〔註123〕《元典章》原文本句爲「勾滿了底有呵」，指任期結束之意（頁414）。
〔註124〕《至正條格》，頁204～205。據頁204注5注文：「《元典章》，卷41，〈刑部三・諸惡〉，「謀叛・草賊生發罪例」同一條文。」依《元典章》此條文原型案牘爲行御史臺（似爲江南行臺）移咨御史臺請示，今遽以補完行臺箚付原文如下：
元貞元年行御史臺箚付：據各道申：
洞賊扇聚，殺死收捕軍民官，燒劫站赤馬疋、鋪陳，奪去縣印，刼掠良民，寇盜縱橫，相繼蜂起，無所忌憚，所在軍官，雖曰「追襲」，但離本境，便稱寧息等事。爲此，委監察御史與本道聯訪官，取到鎮守軍官鎮過不嚴，收捕怠慢，民官撫字不到，以致草賊生發，各各招伏。移准御史臺咨：議得：江南草賊生發，蓋是歸附之後，軍官鎮守不嚴，民官撫治不到，積弊日久，以致如此。若不懲戒，誠恐已後草賊滋蔓，利害非輕。欲依取到招伏黜罷，又恐觔誤公事。今擬：軍官，量決三十七下，民官，量決二十七下，遍行合屬，以警其餘。移咨上都御史臺，聞奏過下項事理。欽此。本臺除外，咨請依上決罪，遍行合屬，欽依施行。（頁413～414，此後大致同《至正條格》本條，無庸再列）

參詳：雖無取到元問正官招伏，却緣該吏蔡瑛等招指明白，見各人署押案卷可照，罪無可疑。欽遇釋免，量擬達魯花赤沙班、縣尹陳世榮、縣丞趙淵、主簿孫從、千戶張宣武，解見任，各降元職二等。典史（下疑脫人名）、司吏楊滋等俱各革罷不敍，通行標附。仍於元問官吏并把隘頭目（肖）〔蕭〕新等名下，均徵中統鈔八十定，給付苦主，充營葬之資，相應。」都省議得：「元問正官，量擬達魯花赤沙班、縣尹陳世榮、縣丞趙淵、主簿孫從，各降先職一等。軍戶千戶（疑脫漏「張」）宣武，削降散官一等。餘准部擬。除外，仰照驗依上施行。」〔註125〕

3、《元典章》，卷29，〈禮部二・禮制二・牌面〉，「軍官解典牌面」條：

皇慶二年五月，江西廉訪司承奉　江南行臺箚付：准　御史臺咨：承奉　中書省箚付：來呈：「周伴叔告：唐兀衛百戶即力尨尼剋落軍人口量，令史田擇狀首，本官將所帶銀牌分付，質當鈔定，令擇替伊承伏剋糧等事。取訖即力尨尼招伏，另行斷罪。外，看詳：金、銀牌面，所以著軍旅之符，昭尊卑之等，朝廷公器，法度所關，僕從懷插，尚且不許，擅自質當，褻棄名家。宜立禁令，以戒不虔。具呈照詳。」得此。行據刑部呈：「議得：金、銀牌面，乃國家之公器，著臣子之尊卑，軍官受之，子孫襲替，綿綿不絕，比之民職，特加優重。以此參詳，今後軍官敢有不虔，擅將所佩牌面解典職當者，取問明白，即將所質牌面追（給）〔收〕，仍斷五十七下，削降散官一等換受，依舊勾當。受質之家，減犯人罪二等科斷相應。具呈照詳。得此。」都省仰依上施行。〔註126〕

4、《元典章》，卷46，〈刑部八・諸贓一・取受〉，「軍官取受例」條：

大德五年，御史臺據監察御史呈：「……切見應管軍民官吏有犯其贓罪者，詳其輕重，或枉法因事，贓物多寡，欽依斷決，官吏頗皆畏避，百姓稍得安息。謂如屯戍征進軍人，久服勞苦，近者六、七千里，遠者萬里之外，每遇收捕出征，萬死一生，所需盤費、鞍馬、器杖，比之其餘差役尤重。其管軍官吏不恤軍力，百端科斂。已有廉訪司、監察御史體察，并軍人告發到官，追問贓仗明白，斷罷不

〔註125〕《元典章》，頁523。

〔註126〕與《至正條格・斷例》，卷2，〈職制一〉，「典質牌面」同一條文（頁175）。《至正條格》將該案的判決通例節錄下來。

敘、期年降等、解見役，別行求仕，不可勝數。看詳：民官雖有陞
轉，子孫止是照依元授品級高低磨敘。其軍官、元帥、萬戶、千戶、
百戶、彈壓，子孫弟姪，本等承襲承替，就帶元降虎符牌面，比之
民官，優寵甚重。莫若今後軍官，但犯一切不法不公罪名者，無分
輕重，依十三等例，與民官一體科斷。自有空閑窠闕，不妨相調銓
注。以使有所警惧，不惟革除前弊，軍人得養其力，實國家之福，
天下幸甚。具呈照詳，聞奏施行。」

得此。於大德五年七月初十日，本臺奏過事內一件：「監察每文書裏
說有：『在先，但是勾當裏行的人每要肚皮呵，他的罪過斟酌輕重，
依著十三個體例裏斷罪有來。在後，省官人每奏了：『軍官每若犯法
呵，斷罷不敘。不枉法呵，要了罪過，止教依舊勾當。若一年後，
合委付的有呵，一年的俸錢休與者。若合降等的呵，降了散官。』
麼道，奏呵。『那般者。』麼道，聖旨有來。如今，軍官每比在先要
肚皮的多了有。軍官不罷了，只依舊教管着他每的上頭，不敢告有。
爲那般，軍人每哏生受有。』俺商量來：管軍官每要了肚皮，交軍
生受呵，他的勾當不罷呵，告的人也不敢告有，軍人每大生受有。
依管民官的體例裏，他的罪過，斟酌輕重，合罷的罷了，依著十三
個體例裏斷罪呵，怎生？」麼道，奏呵。「那般者。」麼道，聖旨了
也。欽此。〔註227〕

5、《元典章・新集至治條例》，〈朝綱・公規・公務・行移〉，「呈省文書
不小書，削散官」條：

延祐七年五月二十六日，中書省奏過事內一件：「各衙門官員但凡
勾當裏呈省呵不小書，交以次下官人每小書着呈與俺每文書有，但
是行文書的盡是大勾當有。它每道『俺受的散官高』麼？呈省的文
字不小書有。」奏呵。奉聖旨：「那般體例那裏有，他每的散官寫
將來者，我覷着，削降他每的散官，今後都交小書呈省者。」欽此。

〔註128〕

例一可對照《元史》〈成宗紀一〉一節：「（元貞元年）六月戊申……昭、賀、
藤、邕、澧、全、衡、柳、吉、贛、南安等處蠻寇竊發，以軍民官備禦不嚴，

〔註227〕《元典章》，頁 455。
〔註128〕《元典章》，頁 586。

撫字不至，皆責而降之。」〔註129〕《元史》記載較簡略，僅「降之」一語無法判斷所降爲何，而參前引「草賊生發罪及所司」條則可得知係就散官更動。本案是因上述地區有蠻寇作亂，江南行御史臺彈劾當地牧民官（四位府官、三位州官、三位縣官）對轄區內道路管制不嚴，盜賊作亂又不即時申報上司，撫治百姓不周，又彈劾當地鎮守軍官（六位萬戶府達魯花赤，八位萬戶、四位千戶、兩位百戶）針對蠻寇不勇於追捕鎮壓，咨稟於御史臺，擬判牧民官笞二十七下，軍官三十七下外，不論牧民、管軍官皆「見受散官削降一等，職事如故，換受，依舊勾當」，並分別標注「有失撫治百姓」、「鎮守不嚴」過名。前述「見受散官削降一等，職事如故，換受，依舊勾當」一語，其中「職事如故……依舊勾當」表明了削散官的實態，即散官降等，但仍然任原職務，即不予以「解見任」。此案如此安排似乎爲了應付緊急事變的需要，不宜臨陣換將，而係略有薄懲，期以代罪立功。例二係大德七年武崗縣在證據不足的情況下監收拷問被疑爲盜賊的民人，後來在監禁期間陸續有人不堪苦痛而死。中書省終審判武崗縣牧民正官團（縣達魯花赤沙班、縣尹陳世榮、縣丞趙淵、主簿孫從）各降先職一等，也就是標準版的降敍處分。至於無權參予刑訊的管軍官千戶張宣武則被削降散官一等。例三削散官處分後亦有「依舊勾當」一語，證明即力嵬尼唐兀衛百戶職事不變。總結來看，削散官似乎偏向適用於軍人。據例三，刑部有稱：「軍官受之，子孫襲替，綿綿不絕，比之民職，特加優重」。元代軍職因爲有子弟直接「承襲」本職務的特性，有別於須降等另敍的蔭任，故對之黜降處分會有別於牧民官吏，以盡量不更動職務爲要，維持軍務的穩定以及保障軍人承襲特權。〔註130〕而這種辦法在金代已

〔註129〕《元史》，卷18，〈成宗紀一〉，頁394～395。

〔註130〕此外，據《至正條格・斷例》，卷4，〈職制三〉，「軍官奔喪」條亦指明，千户也先帖木兒奔喪違限，若比照牧民官奔喪違限例應當「勒停」（此語在宋代較常出現，其定義同解見任），但樞密院與刑部考量其「係世襲之職，似與遷轉民官不同」，若比例勒停「似涉太重」，故刑部決議僅停支違限期間俸祿略爲薄懲即可（頁206）。除軍官外，有承襲性質的職務還有雲南地區的土官，如《元典章》，〈新集至治條例・贓賄・取受〉，「土官取受，無祿同有祿人斷」條（頁635），案中所示延祐六年九月判決雲南建昌路張姓同知（名未詳）因事取受，杖七十七下，因其爲無祿人而減爲六十七，黜降部分則爲削散官二等「依舊勾當」，後來另有考量而不作殿降，但原來基於張同知爲「無祿」土官而獲得杖數減等的優免被取消。該案中書都省有提及該職係「承襲父兄的職事」，雖未明言承襲職位與削散官處分的關連性，但有鑑於張同知減罪前本應判處七十七下所示，依據《贓罪條例》，因事受財枉法自當除名不敍，即便受財後而尚未

有出現，金大定十七年，世宗謂宰臣：「郡縣之官雖以罪解，一二歲後，亦須再用。猛安謀克皆太祖創業之際於國勤勞有功之人，其世襲之官，不宜以小罪奪免。」〔註131〕但軍官犯罪一概僅削散官亦不適當，故另有例外，如例四所敘，元代「軍人」（相對於管軍官，此語指士兵）出征戍守，其兵器、鞍馬、盤纏皆須自備，比起一般民戶的差役不可謂不重，但有些軍官卻藉故剋落所屬士兵的自備物或是國家發給的軍餉，若僅削其散官而不予以解任，難保原受害士兵不受到長官報復，而促使受害者不敢檢舉。且軍官職務得「子孫弟姪，本等承襲承替」，比牧民官「優寵甚重」，因此御史臺才主張，斟酌特定犯罪類型（如贓罪），及犯罪主客體關係（軍士官與所屬士兵），不得不調整軍官僅「削散官」而「依舊勾當」的作法，使其如同牧民官般解見任。例五的情況又有不同，由於中書省認為其下轄官署上行文時不小書，對長官不敬，故皇帝決定以削散官的方式加以懲戒，可能是該行為情節並不嚴重，削其散官略為薄懲之意。

　　筆者以為「削散官」處分較降敘為輕，因為散官階陞降之計算較正從十八等更形細分，如武官從四品內由低到高分別為「懷遠大將軍」、「定遠大將軍」及「安遠大將軍」，若有同為從四品武官二員，其中一名的散官階為「定遠大將軍」，另一位為「懷遠大將軍」，兩者差別主要係前者任從四品以後年資較後者為久，但所任職事官的資格卻是對等的，因為職事官等次只依正從十八等分類，不如散官階細密。此外，由於受削散官處分者多不「解見任」，其散官階之削除幅度自不應達到正從十八等之「一等」以上，其「依舊勾當」纔能「資品相應」〔註132〕。若欲證明筆者此處論點，必須求得削散官處分實

　　　作出枉法舉措而構成不枉法罪，仍須「解見任，殿三年，降二等敘用」，但此處無論刑部還是都省的判決都有「依舊勾當」文字，可以證明如軍官、土官等得與承襲的職務，其任職者有不法行為，在黜降處分上都有盡可能不變更職務的特點，故改科與較輕之「削散官而不解任」的處分以示薄懲。
〔註131〕《金史》，卷7，〈世宗中〉，頁167。此外，金代廉察官吏制度的規定，對官員及猛安謀克之懲處亦有不同：「……污濫官第一等殿三年降二等，次二年，又次一年，皆降一等。詔廉問猛安謀克，……污濫者第一等決杖百，罷去，擇其兄弟代之。第二等杖八十，第三等杖七十，皆令復職。」（《金史》，卷54，〈志三十五，選舉四〉，頁1202）官員汙濫者無論降幾等皆「殿三年」，代表職務之解除，而猛安謀克即便罷去，仍由其兄弟遞補，代表著該職務具有家族世襲特性。
〔註132〕「資品相應」意指官員散官品秩達到擬任職事官秩規定，語見《元典章》，卷8，〈吏部二·官制二·選格〉，「遷調官員」條：「軍官、匠官、站官、醫

例中有明確指明處分前後之散官階名（如從八品的「登仕佐郎」、「將仕佐郎」等）者，且亦應求得削階幅度超越該品內最低散官階之例纔能反面證實未超越時仍得與現任職事官「資品相應」。可惜目前筆者所見實例皆不見其階名，又削階幅度僅僅一、二等，差距太小難以推斷，只能等待未來有新史料之發掘始能證實。但倘若削散官處分之遞削計算不依散官階而係依正從十八等架構遞降，則「削散官○等」與「降○等」實質上沒有區別，關鍵在於係前面冠上「解見任」抑或在後面接續「依舊勾當」字句，如此一來，前舉各例所提之黜降處分稱「降○等，依舊勾當」即可，無須特別註明「削散官」一語，因此筆者推論兩者之黜降幅度不等值。

降敘與削散官處分的內容已見前述，兩者皆對官吏的官階作降低的更動。差別在於，降敘會使職事官品秩隨散官品秩同步降等，故須以「解見任」為前置程序解除其職事官，待一定期限賦閒或停職，吏部再授其較前職品秩更低的職務。削散官的本質在於不變更職務，而僅就敘階的散官遞削。按前引「循行選法體例」規定，身為一外任官員若遭受降先職一等處分，除了品秩降低外，也代表九年（三年一考，三考升一等）的努力付諸東流。若被付懲戒人係遭受削散官一等處分，且其於同品秩內遷轉有兩階散官以上（意即該員陞該品已過六年以上），則僅僅失去三年年資，其品秩不會受到更動，故削散官之嚴屬程度較降敘為輕。

第五節　邊　除

「邊除」即「注邊遠除授」之意，若依〈贓罪條例〉所規定的「注邊遠一任」處分觀之，其黜降處分程序應為：自判決後解見任起，原任官署發給解由填寫履歷及黜降緣由申報吏部，停職三年後，吏部依據其判決結果授與前職品秩相等（本等敘）的邊遠職務。

邊除之意涵本身並無疑義，必須探討者在於其注授任職的「邊遠之地」為何處？日本「中國近世の法制と社會」研究班所譯註的〈元史刑法史譯注稿（一）〉第 64 條針對〈贓罪條例〉「注邊遠一任」，[註133] 該研究班據引《元

官、各投下人等例不轉入流，雖資品相應，不許銓注。」（頁 92）此處指前舉之各類官職在人事體係上與文資流官相互區隔，各自封閉，即便品秩相同亦不得銓調同品文官之意。

〔註133〕〈元史刑法史譯注稿（一）〉，《東方學報》，1995 年，第 67 期，頁 432。

典章》，卷 56，〈刑部十八‧闌遺〉，「李蘭奚牛發付屯田種養」條：「……況廣東係嶺外邊遠去處，又與江西不同。」〔註 134〕以及《通制條格》，卷 7，〈軍防〉，「口糧醫藥」條：「……即目多有摘撥占城、雲南、沿海兩廣、福建諸處鎮守出征當役，俱係煙瘴極邊重地。」〔註 135〕兩則資料供讀者參考，或許元代官方認定的「邊遠地區」是指閩粵滇等地。但前者是針對牛隻分付屯田事項，後者是針對軍人調度征發事項，都不是官吏邊除制度的直接證據。另舉《元典章》，卷 8，〈吏部二‧官制二‧選格〉，「犯贓官員除授」條爲例：

> （大德七年十月二十九日）禦史臺備監察禦史呈：照刷吏部大德六年下半年文卷，於內照出一宗：「柳州路同知不魯哈禿，爰自什物庫使柴炭同提舉會同館使。至元二十五年授奉議大夫、同知徵理司事，該陞正五。奉都省劄付□（該？）：徽裏司同知不魯哈禿、濟南路治中劉良佐等出首，用體究糧斛取受。議得：即係職官取受錢物，雖該出首，終犯贓雜，況到省出首月日係在按察司取勘之後，合注邊遠一任。至元三十年除充外職，散官如故。當年十一月禮任，至元三十一年三月，歷過七個月，未及滿任，因病作闕，赴北求醫。大德元年七月，欽授宣命饒州路餘幹州達魯花赤。大德五年十二月得替。部擬正五兩任須歷上州尹一任，如無窠闕，再歷正五一任，方入四品。參詳：不魯哈禿蒙古人氏，已歷正五兩考，合依上例遷用。係省除人員。具呈了當。」卑職照得：「職官犯贓邊除之法，即係通例，如不魯哈禿者，應命之任方歷七月，故生僥倖，不待任滿，稱病離職求醫，雖復改除，散官如故，優於近裏。以此看祥，於例未應，不惟容起奸門，倣此爲例，何以示畏？據本官所少邊除月日，欽遇詔赦，似難再理。今後似此人員若優求仕，止令元除地面，依例銓注。庶幾選法有守，以杜僥倖，使其犯者亦知有畏，此係爲例事理。具呈照詳。」……〔註 136〕

據上開不魯哈突之案例，有「職官犯贓邊除之法，即係通例」一語，故筆者視「邊除」爲與「注邊遠一任」同爲正式的，但更精簡的法律用語，作爲本節名稱，尚屬妥當。在此又可證明職官犯贓邊除的辦法作爲「通例」，尚早於

〔註 134〕　《元典章》，頁 537～538。
〔註 135〕　《通制條格》，頁 310。
〔註 136〕　《元典章》，頁 91～92。

〈贓罪條例〉的頒布，後者只是綜合吸納以前的辦法將懲贓法規系統化。前舉文中「至元三十年除充外職，散官如故」一語，可證明筆者前面所敘邊除是「授與同先職品秩相等的邊遠職務」的處分內容，是在指定任職地區條件下的職務變更，其品秩、散官則不作更動。本案雖未敘明邊除所除之邊遠地帶爲何，但其中「未及滿任，因病作闕，赴北求醫」表明，其任職地應該在南方，若元代國內地理區劃爲各行政事項所通用，則「中國近世の法制と社會」研究班推論邊遠地指閩廣滇地區是有可能的。另外，筆者試從銓選制度的角度來尋得邊除地區的線索。《元典章》，卷9，〈吏部三‧官制三‧流官〉，「銓選官從元籍保勘」條：

> 至大三年三月，行臺准御史臺咨：來咨：浙西廉訪司申：「今後遷除官員，合無除犯罪黜降應任邊遠，及自願注入閩廣等選者，依例定奪外，據江南江北道腹裏地面聽除官員，及父母年老，別無侍丁，應任邊方者，依驗前資何得品職，從公鄰近銓注，似望當世仕官之人各安其分。」准此。呈奉尚書省剳付：送吏部：議得：「常選流官各有應任地方，其有年近致仕者，省部聽除之際，亦嘗量依近哩，果有親年七十以上，別無以次侍丁，若便憑准本官自具詞因，一例近便遷除，中間恐有不實，因而壅塞腹裏窠闕，不能遷調，深爲未便。以此參詳，合從元籍官司自下而上保勘明白，至日斟酌銓注，若有詐冒，從監察御史、廉訪司體察，似爲相應。具呈照詳。」都省：准呈，仰依上施行。〔註137〕

據上開資料，此處浙西道廉訪司將「犯罪黜降應任邊遠」、「自願注入閩廣等選者」並列，可作爲邊除之法所除地帶爲閩廣的直接證據。又據吏部所稱「便憑准本官自具詞因，一例近便遷除，中間恐有不實，因而壅塞腹裏窠闕，不能遷調，深爲未便。」顯然元代大部分的官吏都不太願意往閩廣任職，而係竭盡所能地往腹裏窠闕求敘，且不惜欺瞞吏部，因此強制注授閩廣確實有懲戒效果。據《元典章》卷9「遷調官員」條是有關遷調閩廣的人事作業處理辦法，內即列有「諸犯贓經斷應敘人員，照例銓注」〔註138〕一語，說明了邊除處分的實行辦法，將犯贓邊除者列入遷調閩廣窠闕的候選人之一種。相反地，元代政府對自願前去閩廣任職者採較開放、歡迎的態度。〔註140〕又

〔註137〕《元典章》，頁102。
〔註138〕《元典章》，頁92。
〔註140〕南北統一之初，對於前宋占領地的管理亟需用人之際，元廷對人員調度采開

據「犯贓官員除授」例之處分文字爲「注邊遠一任」（〈贓罪條例〉亦同），代表邊除效力之延續力僅此一任，即「經一考」之意，據「循行選法體例」規定一考爲實歷三年，〔註141〕故注邊遠一任依例爲期三年。大德七年以前邊除處分除任職地限定外，一概與一般人事規定相同，不魯哈突藉由至元八年所定之例：「在任官員患病，經百日外作闕，擬自離職住俸日爲始限，一十二箇月後聽仕」〔註142〕讓邊遠任期自動終結，別行告敘，求得非邊遠之他職，在法律形式上邊除處分已然生效並已執行，但懲罰功能卻遭受規避而未能貫徹，且過程合法。故御史臺認爲，爲防止邊除者藉故作闕〔註143〕離職而規避邊遠職任，主張該人員作闕事由消滅後，仍須授予邊遠職務，以確實貫徹邊除處分的懲戒功能。

關於邊除的評價，可參酌王惲〈論州縣官經斷罰事狀〉：

> 切爲禮義廉恥，國之四維；諺又云：「無暇者可以戮人。」今切見仕途之間，廉恥道喪，贓濫公行。自立部以來，州縣職官往往贓濫不公。經值斷罰者，每選不下數人，例皆遷敘，不過降等邊遠而已。參詳爵祿者勵世磨鈍之具，據見行降遠格例，係亡金弊法，固非懲惡勸善之道，似不足取。兼州縣字（宇？治？）民之官，務要宣明教化，禮義興行，乃所任責。彼身經斷罰，處民之上，豈惟內懷慚德，先不自安，部內之民將何化服？欲望四善具、五事備，〔註144〕難矣。照得唐例：「職官任終，驗所犯輕重，有數年停勒之法。」合無依倣

放態度，參《元典章》，卷9，〈吏部三·官制三·流官〉，「遷轉閩廣官員」條：「至元二十八年九月二十七日，江西行省准中書省咨，該：「奏准遷調福建行省官員，咨請與都省差去官照依下項事理定奪事。」准此。除外，內一項：「接連地面已經任滿有解由官員，願遷兩廣福建者，依例升等擬注。」准此。省府合下仰照驗，若有廣東福建曾勾當南北官員，已經任滿、得替、給到解由，省會各人並赴行省求敘。即近裏曾經仕宦，即目閒居，雖非兩廣福建人員，願於彼處勾當者，亦聽自揀（薦之誤？）。南人亡宋時曾仕宦或歸附亦曾歷仕，通識治體之人，願仕廣東福建者，親齎文憑，赴省求敘。」（頁101）由此可見，對於任職閩廣即將任滿而想繼續任職該地者，或是任職腹裏即將任滿自薦前往閩廣者，甚至是前南宋官員願赴閩廣者，元廷都相當歡迎。

〔註141〕《元典章》，卷8，〈吏部二·官制二·選格〉，「循行選法體例」條，頁89。

〔註142〕《元典章》，卷11，〈吏部五·職制二·作闕〉，「病假百日作闕」條，頁135。

〔註143〕「作闕」，指官員因患病、侍親等事由而未能赴任或請假不在職，若不署事達一定期間則自動解除職務關係，成爲賦閒人員，等待下次注闕。參《元典章》，頁135～136

〔註144〕「五事」，參《通制條格》，頁259。

定奪，如贓濫不公，罪應罰俸至幾貫以上，及經斷及若干者，今後
進行停殿。庶幾懲一勸百，遠去甚者，不致敗群；使士興廉恥之風，
俗被肅清之化。四維張皇，內外之職修矣。〔註145〕

王惲認爲，州縣官員務要「宣明教化，禮義興行」，無論任職何處皆當選賢與
能，否則「內懷慚德，先不自安，部內之民將何化服」，調任違法犯例者至特
定地區臨民署事，對該地區人民亦不公平，因此職官黜降應以停職、殿年爲
佳，將不適任者暫行遠離職務即可產生「懲一勸百」的效果。又據其所稱，
犯贓邊除之法係繼受於金代，這與元初引進大量前金官吏任職的背景有關，
目前筆者檢索出《金史》有關史料一則：

世宗大定元年，上謂宰臣曰：「朕昔歷外任，不能悉知人之優劣，每
除一官必以不稱職爲憂。夫薦賢乃相職，卿等其各盡乃心，勿貽笑
天下。」又曰：「凡擬注之際當爲官擇人，勿徒任親舊，庶無曠官矣。」
又曰：「守令之職當擇材能，比聞近邊殘破多用年老及罪降者，是益
害邊民也。若資歷高者不當任邊遠，可取以下之才能者升授，回不
復降，庶可以完復邊陲也。」邊陲之制，蓋始於此。〔註146〕

上則資料是金世宗與宰臣討論地方官員任用的議題，世宗認爲邊區守令多以
年老或因罪黜降者擔任，此措施係「益害邊民」之法，應當擇材能之士任職。
除此之外，筆者尚未從《金史》搜尋出罪降邊區守令的規範條文，但可據此
得知，貶降邊除制度的建置最晚不超過世宗朝。在更早的時代，如宋代有稱
作「責授安置」的降格蟄居處分，〔註147〕其實質就是具有貶黜意味（責授）
的人事任命，並且將被付懲戒人的人身自由限制於任所（安置）。〔註148〕通常
所責授之職皆爲各州行軍司馬、節度副使、別駕等，這些都是唐末五代藩鎮
的屬員，到了宋代卻都成爲沒有實際職能的崗位，另外在責授處分作成後都
會加一條「不得簽書本州公事」的附款，而不具有職權。就這點而言，元代
邊除處分卻截然不同。誠如前述，元代當局對自願赴閩廣任職的人員採開放

〔註145〕〔元〕王惲，《秋潤先生大全集》，（臺北：臺灣商務，四部叢刊本），卷89，
〈烏臺筆補〉，頁862～863。另參《元代臺憲文書匯編》，頁356～357。

〔註146〕《金史》，卷54，〈選舉四·省選〉，頁1197～1198。

〔註147〕〈刑は大夫に上らず：宋代官員の處罰〉，頁246、268～274。

〔註148〕受責授人須定期向所在州衙報到，州衙亦須常切關注轄區內責授人的行蹤。據
《慶元條法事類》，卷74，〈刑獄門〉有規定：「諸責降安置，及編配羈管人，
所在州常切檢察，無令出城及致走失。仍每季具姓名申尚書省。」（頁522）

態度，又特別安排被付懲戒人強制敘用於該地，就證明當地行政事務是亟需人手的。宋代責授具有「體面的自由刑」特質，在不剝奪官吏身分地位的情況下限制其行動，且不賦予公權力，假如元代邊除與宋代責授性質相當，則無法達成補充人力的目的，兩者除了「貶謫地方官職」表面相似外，實質面完全不同，因此元代的邊除處分應沿革自金代無疑。

第六節　雜職敘用

某些懲戒案例係科與「雜職內敘用」，即將被付懲戒人從原所屬之牧民官體系調任到被稱作「雜職」的官僚體系，以茲懲罰。

在此須先釐清「雜職」的定義與範疇。據元末官員蘇天爵所稱，除中書省（牧民官系統）、樞密院（軍方）以及御史臺（監察系統）及其下轄官署以外的官僚系統即屬雜職，如宣政院或資政院等。〔註149〕宣政院乃秩從一品官廳，專「掌釋教僧徒」及「吐蕃之境而隸治之」，基本上就是宗教管理機構以及吐蕃地區行政事務的主管機關，元初稱「總制院」，由西僧八思八國師署理，後來因參考唐代觀見吐蕃特使於宣政殿之典故，更名宣政院。當吐蕃地區遇有大征伐，得與樞密院會商，地位不可謂不崇。〔註150〕關於「資政院」的資料，筆者未在《元史百官志》尋獲，但有所謂「資正院」，據載，應為後宮專屬財賦機構，可能任用宦官主掌。〔註151〕宣政院與資正院功能南轅北轍，根本無從界定雜職官的範疇，若以「中書省、樞密院、御史臺以外的機關」來賦予反面定義亦不能解決問題。日本「中國近世の法制と社會」研究班認為「雜職」係「負責商稅、專賣、倉庫管理等業務之下級財務官總稱。與宋代監當官相當。且元代與宋代類似的地方在於，相對於『親民官』而言，這類人員地位比較低。」〔註152〕參考其觀點，筆者試圖透過其他資料，且不限於元代，幫助雜職官的界定，舉例如下：

1、《宋史職官志序》：

……外官則有親民、釐務二等，而監軍、巡警亦比親民。〔註153〕

〔註149〕《滋溪文稿》，頁448。
〔註150〕《元史》，卷87，〈百官志三〉，頁2193～2194。
〔註151〕《元史》，卷92，〈百官志八〉，頁2331及《元史》，卷204，〈宦者‧朴不花傳〉，頁4552。
〔註152〕〈元史刑法志譯註稿（一）〉，第104條譯註2，頁445。
〔註153〕〔元〕脫脫等，《宋史》，（北京：中華書局，1975年），卷161，〈職官志一〉，

依前引所言，外官有兩種，親民官與釐務官，這是就差遣性質不同的分類。據梅原郁〈刑は大夫に上らず：宋代官員の處罰〉一文所稱，釐務官又稱「監當官」，乃監臨物務官的總稱，〔註154〕爲地方上處理財務關係的小官，宋代政府時常將違紀官員「責授」而任此類職務，是針對差遣職更動的左遷處分，如史料上出現「責監某某州酒稅務」等即是。〔註155〕宮崎市定另有指出：「在茶、鹽、酒、商稅等課入較多的地方，由州特別派遣監當官員負責財政，……不過他們與知縣不同，並非直接支配人民的親民官，而被稱作釐務官，比親民官地位低。」〔註156〕或許可從宋代「監當官」身上看出元代「雜職官」的影子。

2、《金史百官志》：

> 皇統五年，以古官曰「牧」、曰「長」，各有總名，今庶官不分類爲名，於文移不便。遂定京府尹牧、留守、知州、縣令、詳穩、群牧爲「長官」，同知、簽院、副使、少尹、通判、丞曰「佐貳官」，判官、推官、掌書記、主簿、縣尉爲「幕職官」，兵馬司及它司軍者曰「軍職官」，警巡、市令、錄事、司候、諸參軍、知律、勘事、勘判爲「釐務官」，應管倉庫院務者曰「監當官」監當官出大定制，知事孔目以下行文書者爲「吏」。〔註157〕

金代將釐務官與監當官作切割，這種分野似乎始於世宗朝（前文小書「監當官出大定制」），監當官在金代被界定爲「管倉庫院務者」。與宋代不同的地方在於，金代警巡被列爲釐務官，但在宋代此職則比照「親民官」。

3、《元史百官志序》：

> ……其總政務者曰中書省，秉兵柄者曰樞密院，司黜陟者曰御史臺。

頁3769。

〔註154〕《宋史》，卷167，〈職官志七〉有監當官的定義：「掌茶、鹽、酒稅場務征輸及冶鑄之事，諸州軍隨事置官，其征榷場務歲有定額，歲終課其額之登耗以爲舉刺。凡課利所入，日具數以申於州。……凡交割必置曆以稽其剩欠，合選差文臣處，更不差武臣。」，頁3983。

〔註155〕〈刑は大夫に上らず：宋代官員の處罰〉，頁246。

〔註156〕〔日〕宮崎市定著，于志嘉譯，〈宋代官制序説：宋史職官志的讀法〉，《大陸雜誌》，78：2，頁16。另外，雷家聖先生的博士論文〈宋代監當官體系之研究〉亦曾將監當官界定爲「在中央與地方從事生產製造、專門性是監督管理、以及從事商業經營活動的基層官僚體系。」頁8。他還指出，任爲監當官有時可作爲一種貶降處分，見該文頁196～199。

〔註157〕《金史》，卷55，〈百官志一〉，頁1230～1231。

體統既立，其次在內者，則有寺，有監，有衛，有府；在外者，則
有行省，有行臺，有宣慰司，有廉訪司。其牧民者，則曰路，曰府，
曰州，曰縣。……〔註158〕

《元史百官志》內並無雜職官的描述，亦無出現前代監當、釐務官等名詞，
前開史料就文意上，元代似乎只將路府州縣地方官署的人員界定爲「牧民
官」，這或許代表除外者即爲「雜職官」，但其上司中書省即便不被視爲牧民
官，也不可能居牧民官之下，其地位當然比所謂雜職高。與中書省暨所屬官
署功能並立的樞密院（負責軍事）以及對前兩者負矯正監督權的御史臺，即
便不被歸類於牧民官，亦是居於同等之地位而凌駕於雜職官之上。

4、《大明律集解附例・名例》「文武職官犯私罪」條纂註：

「流官」，謂正務親民之官，如內而六部、都察院等；外而布、按二
司及府、州、縣之類。「雜職」，乃閒散不親民之官，如大而鹽運司、
太僕寺提舉司，及小而倉場庫務之類，皆以有品級者。〔註159〕

對照宋代的「親民官」與明代的「流官」，或許範圍略有不同，但應爲相似概
念，即「正務親民之官」。又將都察院歸於親民官，按明初去元不遠，故元代
視監察系統於牧民官範疇內亦有可能，兩朝認知應差異不大，前文沿用「雜
職官」一詞可證。明代「雜職官」因同樣有「閒散不親民之官」的性質，而
與宋代「釐務官」類似，從宋代「監某某州酒稅務」或明代「鹽運司」等即
可看出，是類人員並不代表國家統治人民（親民）。

大致確定雜職官的特性後，筆者再更精確的找出何種官職屬之。節錄大
德四年更定的廳敍格例如下：

一、諸職官子孫蔭敍：

正壹品子正伍品敍　　　從壹品子從伍品敍

正貳品子正陸品敍　　　從貳品子從陸品敍

正參品子正柒品敍　　　從參品子從柒品敍

正肆品子正捌品敍　　　從肆品子從捌品敍

正伍品子正玖品敍

正陸品子

流官於巡檢內用

〔註158〕《元史》，卷85，〈百官志一〉，頁2119～2120。
〔註159〕《大明律》，頁214～215。

> 雜職於省箚錢穀官內用
> 從陸品子近上錢穀官
> 正柒品子酌中錢穀官
> 從柒品子近下錢穀官〔註160〕

據前引格例，相對於正六品流官之子弟得於巡檢廳敘，正六品雜職官子弟僅能廳敘省箚錢穀官，據《元史百官志》記載，巡檢司是縣轄機關，秩九品，任巡檢者將在同一職務上由省箚陞為從九品，而成為「祗授勅牒人員」，自然比「受省箚人員」地位高。〔註161〕在同樣品秩下，雜職官比流官卑微已見證實，但本格例尚未明確指出雜職官的範疇，或許與錢穀官有密切關聯。另舉《通制條格》，卷6，〈選舉〉，「蔭敘錢穀」條：

> 延祐元年十二月，中書省。江西行省咨：「照得：腹裏從陸至從柒品流品子蔭授院務等官，俱有陞轉定例。江南平定日久，南北通除，歷仕官員廳敘，正陸品官子巡檢內任用，漸次轉入流品。從六品子止於近上錢穀官，雖任數十界，別無入流之例，不分允除係腹裏、江南歷仕人員，但除南方者一概如此。且如根腳係江南入仕超陞之人，俱經回降，既將正陸品以上子孫，依腹裏歷仕人員例，於流官內廳敘。惟有從陸品至從七品人員子孫，止令錢穀官內委用，不許陞轉，誠為偏負。如准與腹裏從六品以下廳敘錢穀官，一體於雜職資品內流轉，其於選例歸一。」吏部議得：「江南歷仕從陸品至從柒品官員，其致仕、身故之後而子孫承廳者，若擬不申（應為陞），事涉不倫，亦合比例腹裏廳例，一體移咨各處行省，將前項應蔭之人，依例監當差使，滿日於從玖品雜職陞用」都省准擬。〔註162〕

前開史料是補充大德四年廳敘格例的規定，原來從陸品以下人員子弟廳敘錢穀官後，將難以陞遷，永沉流外省箚人員，為提高激勵效果，開放讓是類人員得以入流品，但仍舊屬於雜職資品，在此可以看出錢穀官與雜職概念的銜接。據徐元瑞《習吏幼學指南》，〈錢糧造作〉，「錢穀」條：

> 《禮》注：「錢，泉也。」其藏曰泉，其行曰布，取各流行，無不遍也。穀者，天產五穀也。又管庫曰錢，管倉曰穀。如歷倉庫者，謂

〔註160〕《通制條格》，頁268～271。
〔註161〕《元史》，卷91，〈百官七〉，頁2318。
〔註162〕《通制條格》，頁286。

曾任錢穀也。〔註163〕

因此錢穀官是管倉庫之官，與金代監當官「管倉庫院務者」、明代雜職官「小而倉場庫務之類」定義相合。又蔭敘錢穀官者「別無入流之例」〔註164〕可窺知該職爲流外的雜職。江西行省稱「腹裏從陸至從柒品流品子蔭授院務等官」，而又爲江南蔭敘人員請命比照腹裏相當人員辦理「一體於雜職資品內流轉」，似可表明院務官是雜職官的一種。以下再參考《元典章》有關倉庫官的資料：

1、《元典章》，卷9，〈吏部三·官制三·倉庫官〉，「雜職依前考第品級遷陞例」條：

> 流官內選用者，任迴理流官月日。
> 元擬雜職人員，任迴雜職遷陞。
> 平准行用庫官，任迴減一資歷。
> 鹽場司令丞管勾，任迴減一資。
> 通州等倉官，陞一等減一資。
>
> 　　通州七倉　李二寺直沽二倉　河西務七倉。
> 京畿等十五倉，陞一等。
> 豐潤等三倉，減一資。
> 各衙門選用人員，任迴本衙門所轄敘用。
> 匠官院長至從五品，止於匠官遷陞。〔註165〕

2、同書同卷「當辦錢穀官諸雜職人員例」條：

> 至元二十一年九月定：
> 一、辦課分爲三等：
>
> 　　上等充提領　中等充務使　下等充都監
> 一、辦課官陞轉一周歲爲滿
>
> 　　都監三陞務使　務使三界陞提領，三界陞受省箚錢穀官，又歷三界，於從九錢穀官內任用。
> 　　諸雜職人員比付院務官一體陞遷。
> 　　鹽鐵副管勾　相副裝查批引等官　諸衙門倉庫鹽敎等監支納大

〔註163〕《吏學指南》，頁116。
〔註164〕《通制條格》，頁286。
〔註165〕《元典章》，頁112。

使〔註166〕

上引各該資料已大致列出雜職官的範疇，除了例一所稱「流官內選用者，任迴理流官月日」相當於宋代差遣職不計外，其他所列人員均屬雜職官無疑，種類有：倉官、庫官、鹽鐵場務官、辦課人員、管匠局院官（掌管匠戶之官，受工部管轄）等，基本上都不具有「親民」、「牧民」的性質。例一亦稱「元擬雜職人員，任迴雜職遷陞。」可證明，若身爲「實授」雜職官（「元擬雜職人員」，相對於「流官內選用」），其遷轉途徑基本上是封閉的，〔註167〕不出前引各類。雖說雜職並非皆爲流外職，但陞遷機會終將侷限於此，失去治理人民的機會。被除授雜職的官員以及本來就以雜職出身的官員（如前引蔭敘爲雜職者）與牧民官被臨時調派擔任雜職的情形不同。比方說至元二十四年頒行至元寶鈔時，負責來往各地運送鈔本的人裏，除了庫官外，各省會另差見任或是剛替閑，且「無粘帶過犯」的職官人員擔任提領、大使赴各地平准行用庫房取貨押送，對這些人員而言，此職相當於差遣，所任職務會與原任牧民官的品秩對應，且任務結束後會「照見定資品」回任牧民官，〔註168〕此即前引「雜職依前考第品級遷陞例」條所稱「任迴理流官月日」之意，且有「任迴減一資歷」的獎勵，加速年資的累計以利陞遷。但反觀吏部正式敘爲雜職以及雜職出身者就沒有此種優待，敘於是類職務，代表其仕宦生涯永久打入冷宮，失去社會的尊榮感，作爲黜降處分的一種似比邊除更爲嚴厲。〔註169〕

〔註166〕《元典章》，頁112。

〔註167〕如《元典章》，卷9，〈吏部三・官制三・局院官〉，「局院匠官遷陞」條：「尚書省咨：「至元二十七年四月十一日奏過事內一件：「在先哈赤哈剌奏來：『管匠官教遷轉呵，造作或好、或歹、或短少呵，難尋覓的一般有，不交遷轉呵，怎生？』奏呵，『是也，休教遷轉者。』聖旨有來。如今江淮省官人每沙不丁那的每與將文書來：『管匠官常川教管匠每，不教替換呵，匠人每、管匠官每偷盜了錢物呵，一個一個根底廝拿着罪過。不告有，管匠官三年滿呵不交管民，這局裏的官人每那局裏，那局裏的官人這局裏，止教管匠的勾當裏遷陞的。』說將來有。俺與工部官商量得，依他每說將來的，三年依體例遷陞呵，怎生？』麼道。「那般者。」聖旨了也。欽此。」，頁116。

〔註168〕《元典章》，卷9，〈吏部三・官制三・倉庫官〉，「平准庫官咨品」條，頁113。

〔註169〕但就《大明律》「文武官犯私罪」條觀察，似乎與元代不同，其規定「凡文武官犯私罪，……具解見任。流官於雜職內敘用，雜職於邊遠敘用。」就字句編排，雜職似比邊除爲輕，元代的情形已見本文，牧民官受邊除者仍以牧民官任用，就陞遷途徑而言應比雜職爲優，如果明代的規定是依筆者以下推論，或可解釋《大明律》的規定架構：流官犯私罪，於雜職敘用，已爲雜職者再犯，除邊遠敘用，此「邊遠」應指設於邊遠地帶的雜職官。實情待考（頁213）。

科與雜職敘的事由爲何，目前筆者尚未找出成文依據，但在宋代，剝奪親民官地位而改任監當，是有過判斷準據的頒布：

> 高宗性仁柔，其於用法，每從寬厚，罪有過貸，而未嘗過殺。知常州周杞擅殺人，帝曰：「朕日親聽斷，豈不能任情誅僇，顧非理耳。」即命削杞籍。大理率以儒臣用法平允者爲之。獄官入對，即以慘酷爲戒。⋯⋯後詔：「用刑慘酷責降之人，勿堂除及親民，止與遠小監當差遣。」〔註170〕

監當差遣職性質跟雜職相當，已見前述。此處宋高宗對於不適格親民者的判斷準據在於施展刑罰權是否有過當、濫用。以下略舉元代雜職敘案件數例，來判斷元代的科與雜職敘的標準爲何：

1、《元典章》卷41，〈刑部三・諸惡・不孝〉，「張敏不丁母憂」條：

> 延祐二年五月日，承奉　行省箚付：⋯⋯
>
> 監察御史呈：「追問得三原縣尹張敏狀供：『皇慶元年八月二十日，繼母党氏身故，若便一槩丁憂，伏慮躭誤官事，又恐差池，移關本縣，備申上司照詳，未蒙明降，依舊管事到今，是實。』看詳：張敏所供，繼母義同嫡母，當終三年之服。撫字之官，有傷風化，如將本官解見任，期年後，降先職一等敘用，標附過名，相應。」⋯⋯
>
> 送刑部議（疑脫「得」字）：
>
> 「張敏繼母党氏，係父張世英以禮求娶，義同親母。本官職居縣尹，表率下民，不即丁憂。原其所犯，量擬：候終制，注邊遠一任敘用，標附過名。緣事干通例，如令禮部講議，相應。
>
> 得此。送據本部呈：約會到禮部官，一同再行議得：
>
> 縣尹張敏繼母党氏，係父張世英以禮求娶，義同親母。合依已擬，候終制，注邊遠一任敘用，標附過名。如蒙准呈，遍行照會，相應。具呈照詳。」
>
> 得此。（都省）議得：「縣尹張敏所犯，敗壞風化，難任牧民。擬降一等，雜職內任用，餘准部擬。」⋯⋯〔註171〕

〔註170〕《宋史》，卷200，〈刑法二〉，頁4991。另參考雷家聖〈宋代監當官體系之研究〉，頁196。

〔註171〕《元典章》，頁408。

本案被付懲戒人三源縣尹張敏繼母党氏過世，被付懲戒人認爲繼母非親生母，且公務繁忙，無須一概丁憂，並依法定程序申禀上司。原審監察御史認爲繼母義同嫡母，亦應終三年之服，張敏身爲撫字之官，卻對繼母有差別對待，有傷風化，量擬「解見任，期年後，降先職一等敍用，標附過名。」該案因尚未有通例，故申禀中央。因事關禮法疑義，刑部會同禮教主管機關禮部審理，得出結論爲：張敏繼母党氏是其父親以禮娶之，義同嫡母，不丁其憂，難以表率下民，故擬丁憂期滿，邊除一任，標付過名。由於六部的職能主要在審理係屬案件，但審理結果皆須呈由中書都省發布始爲有效的法律行爲，在這過程中都省也可能修改原主管部的審理結果，本案中，都省認爲張敏的行爲有傷風化，「難任牧民」，故「降一等，雜職內任用」，就是比照縣尹資品更低一等的雜職官敍用。

2、同書卷 46，〈刑部八・諸贓一・取受〉，「犯贓再犯，通論」條：

> ……御史臺呈：「福州路同知（上路同知總管府事，從四品）小雲失，大德二年先任興化路總管（下路總管府總管，從三品），犯贓至一百餘定，擬作枉法，斷罪降敍。今居是職，因監造哨舡，取受司吏石良璧等鈔定。（前疑有脫漏）御史臺所擬，若擬再犯不敍，却緣初犯係在定例巳前；若復以牧民之職，未盡公議。殿年滿日，於雜職內任用。」

〔註 172〕

本案主要爭點在於再次犯贓者，其前一次犯贓若於大德三年詔書「再犯不敍」規定頒布前犯行，是否應當列入計算。此非本處要討論者。本案中，御史臺認爲小雲失取受之行，若再授以「牧民之職」則「未盡公議」，故擬於雜職內任用。與例一對照，會被雜職敍者，是因爲御史臺認爲被付懲戒人已不適合代表國家治理人民（牧民），故與雜職任用。筆者推論，雜職敍用與否在於「牧民」之適任與否。

3、同書，卷 54〈刑部十六・雜犯一・違枉〉，「打死換作磕死」條：

> 大德八年三月初十日，御史臺咨：
>
> 廣西道廉訪司申：「刷出廣西宣慰司文卷：靜江路申：古縣備富祿巡檢司牒：『梁壽二告：何福慶因欠軍人王買驢、楊聚竹席，被各人將木棍決打身死。古縣不將行党人王買驢歸問，却將何福慶妻何阿盧扣喚元供，作「伊夫與王買驢相扯跌倒，被竹根磕着陰囊身死。」

〔註 172〕《元典章》，頁 459。

將王買驢踈放等事。』取到簿尉史玉、達魯花赤月赤蒙古各各招詞。

議得：月赤蒙古擬合解任、摽附過名，別行求仕。史玉，解見任，降先職二等，雜職內任用。除將各人離職，羈管聽候，着落追徵燒埋銀兩給付苦主外，咨請照詳。」……

送刑部議得：「王買驢將何福慶用棒捌死，屍狀無疑，招伏明白。簿尉史玉不思人命為重，聞知有詔，使令司吏扣換元招，却作自磕身死，故出其罪。擬降二等，雜職內任用。達魯花赤月赤蒙古不合隨從情犯，解任，別行求仕，摽附相應。」……〔註173〕

本案被付懲戒人古縣達魯花赤月赤蒙古，以及簿尉史玉（元代下縣員額少，主簿、縣尉併為一職）對鬥毆致死案件處理不公，命令司吏改換苦主證詞，使鬥毆致死變成意外死（跌倒時陰囊被竹根碰到而死），而讓加害人逍遙法外。刑部判決月赤蒙古解任別敘，史玉降二等並雜職敘。刑部認為史玉身為簿尉，針對轄區內案件，「不思人命為重」。相反的，月赤蒙古官階雖比史玉高，但在本案中是「隨從」者，故判決較輕。

4、同書同卷「刑名枉錯斷例」條：

大德九年九月，福建廉訪司承奉　行臺劄付：近據海北廣東道廉訪司申：「廉阿羅狀告育男廉酉保被平山站劉提領決打身死，惠州路陳總管等改換屍狀等事。取到總管陳佑等各各招詞。議擬，申乞照詳。」……

一名、陳佑狀招：「欽受宣命、武節將軍、惠州路總管，兼管內勸農事職役。……」廉訪司先議得：「總管陳佑即係牧民之官，不以人命為念，輒憑經歷薛瑜言語，令司吏趙賢輔將歸善縣達魯花赤初檢得廉酉保生前被打身死退回，作因病身死，違錯，罪犯，欽遇赦恩釋免。擬將陳佑解見任，別行求仕，摽附過名。緣本官欽授宣命人員，誠恐所擬未應。」刑部議得：「總管陳佑所招，不合將歸善縣元申檢驗到廉酉保被打身死文解，令本縣換作病死。罪經釋免，量擬解見任，期年後，降先職一等，雜職內任用，摽附。相應。」

一名、董瑞狀招：「欽受宣命，同知惠州路總管府事職役。於大德五年八月二十六日招伏相同，罪犯是實。」廉訪司議得：「同知董

〔註173〕《元典章》，頁522。

瑞所招，不詳廉酉保身死，事干人命，二次信從司吏趙賢輔，朦朧
署押檢驗廉酉保身死文解，違錯。罪經釋免，又兼本官已行得代，
先已除受廣東道宣慰副使，僉元帥府事，即目年及七十，例應致仕，
若將董瑞標附過名。」刑部議得：「董瑞所招情犯，如准行臺所擬，
相應。」

一名、薛瑜狀招：「祗受敕牒，從仕郎，惠州路總管府經歷職
役。……」（廉訪司原擬被刑部推翻，略）刑部議得：「經歷薛餘
所犯，將歸善縣元申廉酉保身死文解退回，換作病死，罪經釋免，
量擬解見任，期年後降先一等，雜職內任用，標附。相應。」……
〔註174〕

筆者並未將所有被付懲戒人名單陳列於上，另有惠州路下轄歸善縣達魯花赤
阿都赤，及路、縣司吏各一員，待關吏員一員。本案為一毆打致死的案外案，
死者廉酉保被平山站提領劉玉決打，二十天後傷重不致，本案屬歸善縣審
理。歸善縣所屬上司係惠州路總管府，該府經歷薛瑜受宣慰司劉經歷（兇手
劉玉親屬）所託要照顧兇手，故會同歸善縣達魯花赤阿都赤，指使涉案吏員
將毆打致死身死文解（驗屍單）竄改為病死，以致劉玉得以脫罪，在元代的
用語為「刑名違錯」。故本案除毆打致死部分外，助人脫罪一事的主謀是薛
瑜，元承案者阿都赤、涉案吏員是共犯。在案中，薛瑜的長官惠州路總管陳
祐、同知董瑞並非涉案當事人，其中陳祐身為惠州路總管，在案發過程中，
依從薛瑜之言「認定」廉酉保是病死的，故已預見其犯行，卻未與以阻止，
依職權命令廉酉保案體覆人員依照元承辦歸善縣文解改作病死，且將之署
押，雖非主謀，但有連帶責任。董瑞對於假造的身死文解不詳究竟，朦朧署
押，故有連帶責任，責其不明察秋毫，但本造假文解案付諸審理時該員已得
替，且年過七十，依規定必須退休（致仕），毋須負擔懲戒處分。本假造文
解案案發後，海北廣東道廉訪司認為陳祐身為牧民之官，卻不「以人命為
念」，刑部據此判陳祐「解見任，期年後，降先職一等，雜職內任用，標附」。
薛瑜與陳祐的懲戒結果一樣，但本判決文中並未敘明薛瑜被雜職敘的理由。

　5、同書同卷同條審理中刑部據引斷例：

廣西道廉訪司申：「劉子開告：『大德五年六月內，弟劉子勝買到香
貨，至八月二十七日經過遠江務，被吳讓使用手執木拐將劉子勝決

〔註174〕《元典章》，頁525～526。

打身死。』初復檢驗官臨桂縣尹張輔翼、錄事司達魯花赤禿哥，俱

各驗作服毒身死。取訖各各招伏。大德六年四月初四日，欽遇釋免。

除將犯人吳讓欽依釋免，追徵燒埋銀兩給付外，據張輔翼等職役，

令合干部分議擬，相應。」

送刑部議得：「縣尹張輔翼、達魯花赤禿哥所招，務官吳讓將劉子勝

決打身死，虛作服毒身死回報。罪經釋免，擬合依例解見任，期年

後降先職一等，放雜職內任用，標附相應。」……〔註175〕

本案是例四案件中，刑部審理時引用的斷例。被付懲戒人臨桂縣尹張輔翼及錄事司達魯花赤禿哥將劉子勝死因捏造爲服毒身死，犯罪行爲亦是「刑名違錯」，兩人皆降一等、雜職敘。

6、同書同卷「縣官扯謔部民妻」條：

……至大四年七月刑部呈准：「脩武縣達魯花赤伯不花，將部民妻阿

土扯捽戲謔，決六十七下，罷見役（可能是紀錄錯誤，應改爲罷見

職、罷見任），降二等，雜職內敘用。」〔註176〕

本案內容簡短，被付懲戒人伯不花對轄區內人妻戲謔輕薄，是屬於私德問題，應與下例參看。

7、同書同卷「縣官強娶部民小妻」條：

……延祐元年十月，刑部議得：「瑞昌縣達魯花赤屯屯，不憑媒妁，

令梯己人春奴前去故張州判妻阿尚家，求娶伊夫小妻馬望兒爲妻。

爲是不從，帶酒自行前去求問，扯定求奸，甚失牧民之體，決五十

七下。遇免，解任，雜職內用。」都省准擬。〔註177〕

被付懲戒人瑞昌縣達魯花赤屯屯不經媒妁之言，欲強娶已故張州判之小妾馬望兒爲妻，且試圖姦淫馬望兒，刑部認爲屯屯「甚失牧民之體」，故雜職敘。

8、同書卷57，〈刑部十九・諸禁・禁賭博〉，「職官賭博，斷罷見任」條：

元貞元年七月，福建廉訪司准行御史臺箚付：……得此。爲係爲例

事理，移准　御史臺咨該：本臺照得：「各官所犯，難任親民之職，

擬合降等，別行定奪。相應。」……送刑部議得：「趙檜、谷禧所招

賭博錢物，罪已斷訖，難任親民，量擬解見任，期年之後，於雜職

〔註175〕《元典章》，頁525。
〔註176〕《元典章》，頁530。
〔註177〕《元典章》，頁530。

內定奪,依例摽附,相應。」都省:准擬,仰照驗依上施行。〔註178〕

被付懲戒人雷州遂溪縣尹趙檜、雷州路司獄谷禧身爲牧民官,涉足賭場賭博,御史臺與刑部皆認爲二人「難任牧民」,原來御史臺建議降敘,刑部改爲雜職敘。

9、同書《典章新集至治條例》,〈刑部・巡捕・不獲賊〉,「馬縣尉不即拿賊」條:

> 延祐五年五月　日,江西行省准　中書省咨:據侯澄告:係龍興路司獄得代,延祐四年十月十六日將馬一疋、驢二頭、行李鈔絹等物來大都求仕,至二十二日到清池縣卜老橋北店,有達達三人騎馬前來,用箭射傷澄胳膊、腰脇,及打傷馬三,強劫訖行李鈔定,止存下馬疋驢畜,當日告到清池縣馬縣尉,本官帶酒不理,發怒,拿出環刀道:「我砍你!」不肯理問。至二十七日,才令醫工驗傷,告到清池縣并滄州,亦不取問,馬縣尉不及受理被劫詞情。乞施行。……
>
> (都省)議得:縣尉一職專一警捕,其馬德不爲用心巡防,以致盜賊生發,事主侯澄告報中傷被劫,不及受理,反行穢罵,詳此所爲,難任牧民,已招罪犯,擬笞三十七下,解見任,於雜職内敘用。余准部擬。都省咨請遍行曉諭施行。〔註179〕

被付懲戒人清池縣縣尉馬德負有維護治安責任,卻不用心於巡防,以致盜賊猖獗,又執勤時間飲酒,對搶劫受害人報案不及受理,還作勢拿環刀威嚇報案人不准再煩他,刑部認爲他「難任牧民」,故雜職敘。

10、同書《典章新集至治條例》,〈刑部・諸殺・檢驗〉,「丘縣尹將病死人檢驗取受」條:

> 延祐五年六月　日,袁州路准江西廉訪司牒:准分司牒,該:「……
> 議得:縣尹丘恢所招,不應將陳氏慶一身屍違例開棺檢驗,接受劉元八中統鈔五定入己,已經隔月余纏令應徐兒回付,不曾到主,罪犯,量笞三十七下,解見任,別行求仕。」斷遣間,欽遇釋免。……
> 送據刑部呈:「議得:縣尹丘恢所招,不合輒憑司吏鍾鼎審責鄭茂珍元告狀外浮詞變易情節,將劉元八病死妻陳氏慶一違例開棺檢驗,暴露死骸,受要劉元八中統鈔五定。爲見分司下馬,却行分付

〔註178〕《元典章》,頁549。
〔註179〕《元典章》,頁626～627。

　　過錢人應徐兒回主不到，詳其所犯，難居牧民，罪遇原免，擬合解
　　見任，於雜職內敘用，相應，具呈照詳。」都省：准擬，仰依上施
　　行。〔註180〕

縣尹丘恢聽憑墓主親友之言，稱墓主死因不明，違例開棺。事後丘恢之「跟
隨人」（應爲非正式職務關係的僕從）向墓主鰥夫劉元八索賄轉與丘恢。後來
江西廉訪司分司官巡按至此，丘恢擔心劉元八檢舉，又命跟隨人將錢還回去，
但來不及了。嚴格來說，除了違例開棺，丘恢的行爲已涉及取受，依據延祐
二年「知人欲告，回錢」條刑部所定例：「……其知人欲告，回主，及有自首，
蓋因事不獲已，即非悔過，合依已擬，減罪二等科斷。……」〔註181〕故判決
上，笞杖刑部分會與以減等，但本案卻未對枉法與否部分作認定。此外，刑
部認爲他「難居牧民」，故解見任後於雜職內敘用。

　　11、同書《典章新集至治條例》，〈刑部・雜犯・違犯〉，「牧民官誣執平
民打死馬疋枉勘陪價」條：

　　至治二年二月初九日……河南廉訪司申：「據王成等狀告：延祐七年
　　三月，内村西園種穀苗二十四畝，有房兄王胡係濟源縣孟縣尹佃户，
　　與本官帶養馬一疋，日夜撒放於内，食踐約五畝，爲是房兄縣官馬
　　疋，難違面情，不曾陳告，將穀割刈般戴上場，其馬因病倒死了。
　　當至九月初二日，有祗候小吳勾承、王瑞赴縣公廳跪下，孟縣尹獨
　　坐，司吏王文瑞等言道：王胡告王三打傷馬疋，王瑞指你證見，成
　　道不曾打傷，喝使祗候人等將成兩腳揹踏住，踏下大拇趾甲皮，拍
　　子打訖三十余下，爲王瑞不肯証説，用皮拍子打訖五十余下，昏迷，
　　噴甦，又用荊棒亂行敲打數十余下，又行昏迷不覺，穀道内糞出難
　　禁，凌虐打拷不免，遂伊虛指招承用木橛扎傷，枉禁，勒陪馬價一
　　十二定，取訖各各招詞。看詳：縣尹孟大中酷法枉勘平人，勒陪馬
　　價入己，情罪尤重，擬合計贓以不枉法定論，殿降，似此殘忍，難
　　任牧民，仍於雜職內敘用。宜令合干部分定擬。相應。具呈照詳。」
　　得此。送刑部呈：「議得：濟源縣尹孟大中所招，撫將自己黃馬一疋
　　分付伊家佃户王成牧放，其馬被傷倒死，不合教令王胡証執房弟王
　　成打傷，虛立王瑞作証，就於私宅喚到書狀人王文中捏寫告狀，將

〔註180〕《元典章》，頁629。
〔註181〕《元典章》，卷47，〈刑部九，諸贓二・回錢〉，「知人欲告，回錢」條，頁466。

平民王成、王瑞勾追到官，獨員取問，爲不承伏指証，喝令獄卒人等將各人髮鬢揪提蹚踏，用皮拍子法外拷打，致將王成腳指甲脫落，王瑞二次昏迷用水噴甦，勒令虛指，枉禁七日，屈陪馬價一十二定，罪犯。以此參詳，縣尹孟大中不思撫字，反肆貪殘，証執平民打死馬疋，枉勘賠價，原其所犯即與取受何殊？擬合以王成一主中統折至元鈔一百貫爲重，依不枉法例，五十貫以上至一百貫，杖斷六十七下，殿三年，降先職一等，難任牧民，雜職內敘用，相應。具呈照詳。」得此。除外，都省合下仰照驗依上施行。〔註182〕

本案被付懲戒人濟源縣尹孟大中因所擁有的馬倒死，任情捉拿佃戶濫權拷打，勒陪馬價至元鈔一百貫，行爲並非構成〈贓罪條例〉所認定之取受，但這種藉刑訊強行索賠與取受無異，因此河南廉訪司與刑部仍決定依據〈贓罪條例〉不枉法贓罪科處「殿三年，降一等敘」，且認定孟大中貪肆殘暴，「難任牧民」，故廉訪司與刑部皆擬與雜職敘。科與雜職敘的案件並非罕見，但其本身並不在〈贓罪條例〉所規定的黜降處分中，刑部此種判決完全是基於判定被付懲戒人「難任牧民」，故法外加重黜降，以扼殺其陞遷機會。

上舉各案，其中第一、七、八、九、十、十一等例皆有明確表明被付懲戒人「難任牧民」或「失牧民之體」，所以授與雜職官。例二不正面表明，卻婉轉的稱小雲失「再復牧民之官，難盡公議」。第三、四、五、六例都沒有明確提及牧民之適格與否，但其中三、四有表明身爲牧民官須以人命爲重，不以人命爲重者自然「不適任於牧民」，而第五例是第四例的引用判例，或許「刑名違錯」在當時亦是牧民適格的考量因素。第六例則與第七例類似，侵犯婦女，於本身公務無關，屬於私德上的瑕疵。以上除了最後一例與宋代高宗詔令相合外，其他事由皆南轅北轍。元文宗至順年間有一例：

至順三年二月，刑部議得：「河南府路永寧縣達魯花赤塔海帖木兒，因爲涉疑部民楊榮祖等，劫伊財物，私將本人非法拷訊，勒要各家牛隻、房舍、地土、鈔定，內以張順一主中統鈔折至元鈔一伯三十貫爲重，依不枉法，杖斷柒拾柒下，解見任，降先職二等敘用，標附。元要楊榮祖等牛隻、房舍、地土文憑，追給各主。」都省議得：「塔〈每〉〔海〕帖木兒拷訊平民，勒陪己家被盜財物，准要地土、

房舍、鈔定，殘忍貪污，難任牧守，餘准部擬。」〔註183〕
前引案例被付懲戒人河南府路永寧縣（下縣達魯花赤，從七品）達魯花赤塔海帖木兒，懷疑所部百姓劫其財物，非法刑訊，勒取牛隻、房舍、土地、鈔兩，情形與前舉「牧民官誣執平民打死馬疋枉勘陪價」案類似，但處分更重。刑部依贓罪不枉法例判處杖七十七下，解見任，降二等敘用，標附。依刑部所擬，塔海帖木兒雖降先職二等敘（可能會擔任縣尉，從九品），仍擔任牧民官。後來都省認為被付懲戒人行為「殘忍貪汙」，故「難任牧守」，卻又稱「餘准部擬」，雖然史料沒有完全批露，但據上文引用其他案件常見「難任牧民」等評語，可知都省打算將被付懲戒人從牧民官行列裏排除，將會授予雜職官，綜合「餘准部擬」一語，最後黜降結果應為比照原職務降二等資品的雜職官。

綜此，授與雜職敘的準據在於審判者對被付懲戒人適合牧民與否判定，從上述各例來看，難任牧民的理由相當廣泛，倘若元代確實不存在用於斷定牧民官適格的法律規定，則可能係屬於審判者的裁量權力空間，同時也反映出元代法律建制體系的特徵。〔註184〕

第七節　黜降處分之附款——殿敘

本節標題應拆成兩部分來看：「殿」者，殿年；「敘」者，敘用。先就殿年加以探討。以筆者管見所及的元代法規，僅大德三年「牧民官受財，斷罪」條以及納入前條規範的大德七年〈贓罪條例十二章〉定有不枉法「須殿三年」的明文規定，因此在現存各元代法律文書中所看到的判決文有「殿三年」等文字者，基本上都是適用〈贓罪條例〉的不枉法贓規定所作成的判決，若是據此條例所作成判決而無特別標明「殿三年」者亦只是省文。至於殿三年的意思，據「中國近世の法制と社會」研究班所稱，為「持續三年期間的職務停止處分」，〔註185〕簡而言之，「殿」者之意就相當於讓「解見任」處分附帶有期間的「附款」。〔註186〕而於期間終了後「別行求仕」，亦即殿年終了後告

〔註183〕《至正條格‧斷例》，卷4，〈職制三〉，「被盜勒民賠償」條，頁201。
〔註184〕相對於《唐律》及大致上延續《唐律》體系的朝代而言，元代法典建制較不健全，亦影響元代司法人員工作的方式，仁井田陞曾評價元代司法程序具有「罪刑擅斷主義」的特點，參〈元代刑法考〉，《中國法制史研究‧刑法》，頁526、529～537。判斷牧民適格的準據亦可能受此影響。
〔註185〕〈元史刑法志譯註稿（一）〉，第64條譯註5，頁432
〔註186〕「附款」（德文：Nebenstimmungen）係借用近代行政法學下行政處分內容的

敘，即「殿敘」之意涵。

據筆者所見，殿年作為黜降處分之附期間附款的稱呼，始於金代，舉《金史選舉志》所見數例如下：

1、《金史》，卷 54，〈選舉四〉：

廉察之制，……大定三年，命廉到廉能官第一等進官一階陞一等，其次約量注授。污濫官第一等殿三年降二等，次二年，又次一年，皆降一等。……〔註187〕

2、《金史》同卷：

二十一年，以舊制監當官並責決，而不顧廉恥之人，以謂已決即得赴調，不以刑罰為畏。擬自今，若虧永及一酬以上，依格追官殿一年外，虧永不及酬者，亦殿一年。〔註188〕

3、《金史》，卷 52，〈選舉二〉：

凡銓注，必取求仕官解由，撮所陳行績資歷之要為銓頭，以定其能否。其有犯公私罪贓污者，謂之犯選格，則雖遇恩而不得與。舊制，犯追一官以至追四官，皆解任周年，而復仕之。承安二年，定制，每追一官則殿一年，凡罷職會赦當敘者，及降殿當除者，皆具罪以聞，而後仕之。……〔註189〕

綜此三例，世宗大定三年規定廉問官（監察官）所廉出之汙濫第一等者須「殿

概念之一，據吳庚先生所說，附款「係來自民法上法律行為附款之概念，附款之作用在於補充或限制行政處分之效力。」「附款乃行政機關以條件、負擔、期限或保留廢止權等方式附加於行政處分之主要內容的意思表示。附款基本上非獨立之意思表示，但附款之計載亦未必係附記於主要內容之外，而可能直接與處分內容一併敘明，成為行政處分之主要部分（wesentlicher Bestandteil）……」我國「行政程序法」第九十三條第一項規定：「行政機關作成行政處分有裁量權時，得為附款。無裁量權者，以法律有明文規定或為確保行政處分法定要件之履行而以該要件為附款內容者為限，始得為之。」此處指一般得為附款的行政處分須為有裁量權的「裁量處分」，至於無裁量權的「羈束處分」則須有法律明文規定得為附款者為限，故並非所有行政處分皆得為附款。（以上資料參考自《行政法之理論與實用》，頁 353～355）本文此處探討的「殿三年」係依據〈贓罪條例〉不枉法贓規定所作成，且為伴隨於「解見任」等各類黜降處分之後，而「非獨立之意思表示」（即無法單獨存在），故相當於前述「有法律明文規定得為附款者」。

〔註187〕《金史》，頁 1201～1202
〔註188〕《金史》，頁 1210。
〔註189〕《金史》，頁 1157～1158。

三年，降二等官」，汙濫第二等者則殿二年降一等，汙濫第三等殿一年降一等。
大定二十一年的規定，若監當官就其業務有所虧損（虧永），則須追官殿年。
章宗承安二年制定，每追一官殿一年，追官與殿年呈正比。在更早的唐宋二
朝之相似概念皆以「期」、「載」爲稱呼，就筆者所見史料，尚未尋得以「殿」
稱呼相似之概念，故筆者認爲此語使用始於金，而爲元代所繼受。

　　有關殿年源流尚有另一說法，吳海航先生《中國傳統法治的嬗遞：元代
條畫與斷例》一書曾聲稱其源於宋代科舉制度。若貢舉成績不甚理想，該名
舉人將於日後被禁止參加考試若干次，此制稱作「殿舉」，〔註190〕按《宋史選
舉志》載：

> 乾德元年，詔曰：「舊制，九經一舉不第而止，非所以啓迪仕進之路
> 也；自今依諸科許再試。」是年，諸州所薦士數益多，乃約周顯德之
> 制，定〈諸州貢舉條法〉及〈殿罰之式〉：進士「文理紕繆」者殿五
> 舉，諸科初場十「不」殿五舉，第二、第三場十「不」殿三舉，第一
> 至第三場九「不」並殿一舉。殿舉之數，朱書於試卷，送中書門下。
> 〔註191〕

據上引史料所示，宋初科目之一「九經」科僅能參加一次，落第者不得再次
報考，宋太祖認爲此規定非「啓迪仕進」之道，故九經得比照諸科准許再試。
不過此舉卻導致各州所貢之舉人大幅增加，於是又仿效周世宗顯德年間的辦
法，訂定〈諸州貢舉條法〉及〈殿罰之式〉，對進士科、諸科成績不佳的舉人
科與次數不等之「殿舉」，其各該舉人應殿之數將送中書門下備查。筆者參閱
《舊五代史》、《新五代史》周世宗朝資料皆未提及任何有關殿舉制的法規名
稱及內容，但搜尋《舊五代史》周世宗本紀兩次開科記錄，或可作爲旁證，
茲舉如下：

　　1、《舊五代史》，卷115，〈周書六‧世宗紀二〉：

> （顯德二年）三月……壬辰，尚書禮部貢院進新及第進士李覃等一
> 十六人所試詩賦、文論、策文等。詔曰：「國家設貢舉之司，求英俊
> 之士，務詢文行，方中科名。比聞近年以來，多有濫進，或以年勞
> 而得第，或因媒勢以出身。今歲所放舉人，試令看驗，果見紕繆，

〔註190〕吳海航，《中國傳統法治的嬗遞：元代條畫與斷例》，（北京：知識產權出版社，
　　　　2009年），頁76。
〔註191〕《宋史》，卷155，〈選舉志一〉，頁3605～3606。

須至去留。……其嚴說、武允成、王汾、閭丘舜卿、任惟吉、周度、張愼徽、王肅、馬文、劉選、程浩然、李震等一十二人，藝學未精，竝宜勾落，且令苦學，以俟再來。禮部侍郎劉溫叟失于選士，頗屬因循，據其過尤，合行譴謫，尚視寬恕，特與矜容，劉溫叟放罪，其將來貢舉公事，仍令所司別具條理以聞。」〔註192〕

2、《舊五代史》，卷118，〈周書九・世宗紀五〉：

（顯德五年三月）庚子，詔曰：「比者以近年貢舉，頗是因循，頻詔有司，精加試練，所冀去留無濫，優劣昭然。昨據貢院奏，今年新及第進士等，所試文字，或有臧否，爰命辭臣，再令考覆，庶涇、渭之不雜，免玉石之相參。……郭峻、趙保雍、楊丹、安玄度、張昉、董咸則、杜思道等，未甚苦辛，並從退黜，更宜修進，以俟將來。知貢舉、右諫議大夫劉濤選士不當，有失用心，責授右贊善大夫，俾令省過，以戒當官。」先是，濤于東京放牓後，引新及第進士劉坦已下十五人赴行在，帝命翰林學士李昉覆試，故有是命。〔註193〕

顯德二年進士科及第者凡十六人，其中嚴說等十二人被世宗認爲「藝學未精，竝宜勾落」，應當「且令苦學，以俟再來」，意指要求其回去精進，下次再來應舉，且令「所司」（應指尙書禮部）立定條理以備將來貢舉事。顯德五年進士科及第者十五人，由於世宗正親率大軍征伐南唐而不在東京（汴梁），故知貢舉劉濤引該科及第者赴行營觀見世宗，後來世宗命翰林學士李昉覆試及第者，其中郭峻等七人被認爲成績未臻理想，故將其黜落，以俟將來。此舉應依據三年前所定「條理」辦理。雖然該「條理」具體內容未詳，但可能係宋乾德元年〈殿罰之式〉內容的仿效對象（約周顯德之制）。

除了應貢舉成績不理想而可能面臨殿舉處分外，由於對貢舉人報考資格定有限制，對此亦有引進殿舉處分。據《宋會要輯稿》載：

（宋仁宗慶曆）四年三月十三日，翰林學士宋祈等言：「近準敕〈詳定貢舉條制〉：……進士、諸科舉人每三人爲一保，所保之事有七：一、隱憂匿服；二、曾犯刑責；三、不孝不悌，跡狀彰明；四、犯條憲兩經贖罰，或未經贖罰，危害鄉里；五、籍非本土，假戶冒名；

〔註192〕（宋）薛居正等撰，《舊五代史》，（北京：中華書局，1975年），頁1527～1528。
〔註193〕《舊五代史》，頁1570～1571。

六、祖、父犯十惡四等以上（謀反、謀大逆、謀判、惡逆）〔註194〕
罪；七、身是工、商、雜類（吏員、娼優）〔註195〕及曾爲僧道者，
並不得取應。違者，本人依條行遣，同保人殿兩舉。〔註196〕

據〈詳定貢舉條制〉規定，有上述七類人將被排除在應舉資格外，且每三名舉人須相互作保，證明彼此未有上述七類人士，一經查獲，除本人「依條行遣」外，爲其作保之二人亦將面臨殿舉二次的處分。

元代將殿舉制引進於科舉及國子監學規之中。據《元典章》所收仁宗皇慶二年十月二十三日頒布之〈科舉程式條目〉有規定：〔註197〕

一、舉人於試場內毋得喧嘩，違者治罪，仍殿二舉〔註198〕。

一、舉人與考試官有五服內親者，自須迴避，仍令同試官考卷。若應避而不自陳者，殿一舉。

一、鄉、會試若有懷挾及令人代作程文及代之〔註199〕，漢人、南人居父母喪服應舉者，並殿二舉。

以上分別就試場秩序、迴避原則、作弊行爲及服制等事項祭出殿舉處分。此外，仁宗延祐二年八月又以趙孟頫、元明善等人之意見所定立之〈國子學貢試法〉有「黜降科條」：

應已補高等生員，其有違戾規矩者，初犯殿試一年，再犯除名……
〔註200〕

以上就是綿延後周、宋代及元代的殿舉處分。無論是科舉、學校制度的

〔註194〕依據唐宋以降刑律所定之「十惡」排序，第四位乃「惡逆」，指「毆及謀殺祖父母、父母，殺伯叔父母、姑、兄姊、外祖父母、夫、夫之祖父母、父母」，而前面三項分別爲謀反、謀大逆、謀叛。參《唐律疏議》，頁 6～8。十惡入律之創制，乃隋代損益北齊規定而生，見〔唐〕魏徵等撰，《隋書》，（北京：中華書局，1973 年），卷 25，〈刑法志〉，頁 711。
〔註195〕〔日〕荒木敏一，《宋代科舉制度研究》，（京都：東都大學東洋史研究會，1969 年），頁 78。
〔註196〕《宋會要輯稿》，頁 4273。
〔註197〕《元典章》，卷 31，〈禮部四·學校一·儒學〉，「科舉程式條目」條，頁 329。
〔註198〕《通制條格》此處書「殿二年」（頁 226），實質意義等同殿一舉，倘若條格爲正，則此處「二」字下面乃一畫乃誤，實爲「殿一舉」。但對照《元史》，卷 81，〈選舉志一〉（頁 2022），筆者以爲《元典章》爲正。
〔註199〕對照《通制條格》（頁 226）以及《元史》（頁 2023），《元典章》此處「及代之」三字疑衍。
〔註200〕《元史》，卷 81，〈選舉志一〉，頁 2031。

「殿舉」或「殿試」，抑或〈贓罪條例〉的「殿三年」，其「殿」字均有「延遲」之意，〔註201〕但將其概念引入官吏黜降處分中，仍以金代「選格」〔註202〕規定爲始。

殿年是依條例作成之黜降處分的附款，至於爲何用殿敍一詞作本節標題，乃參考蘇天爵〈論臺察糾劾辨明之弊〉文中「至論其罪，則有殿、降敍，不敍之別」〔註203〕一語以及下引《元典章》「職官殿年，自被問停職日月計算」條中「依例殿敍」、「殿敍不見合自幾年月日爲始」以及「如准告發年月理算殿敍」三句，筆者以爲該詞應爲元代對殿三年後別行求仕的最精簡稱呼，故加以使用。

在殿敍概念界定清楚後，據管見史料可引出三個問題：一、殿年起算之始期；二、殿年起算之終了；三、告敍程序在其中的變化。

有關殿年起算之始期，元代人已注意到相關爭議。如延祐三年湖廣行省曾發咨文與中書省，提出以下問題：

> 照得：職官人等犯贓，有枉法、不枉法十二章科格。其殿年、黜降、遷敍罪名，三年爲滿。緣犯事之人，自被問停職住俸，比至斷罪，中間遠近不等，未審從何月日准算。往往此等人員，多以停職月日爲始，取給解由。爲無定期，侣（「似」古字）有窒碍。〔註204〕

一開始湖廣行省引用〈贓罪條例〉之規定，殿年以三年爲滿，爭議點在於應以何時起算。由於涉嫌贓罪之人一但事發，將會被「停職住俸」（暫停職務以及停止支俸）後進入審理程序，至程序終了（在元代稱「獄成」）、罪名成立並作成判決（斷罪），此期間是難以預知的。此類人員至懲戒處分生效後，多主張以事發停職進入審理程序之日爲「殿三年」起算之始期，至第三年要求原任官署發給解由狀，進行告敍。湖廣行省認爲這尙有模糊空間，故咨請中書省定奪通例，加以規範。湖廣行省之疑在於：究竟殿年應以不枉法贓罪成立、解見任處分作成之日起算，抑或如該被付懲戒人所主張，在處分作成後，

〔註201〕《通制條格》，頁 236 注 63。

〔註202〕金代官吏懲戒法規置於銓敍制度之內，故官員有犯公罪追官、私罪解任、及犯贓污、廉訪不好併體察不堪臨民者，被稱作「犯選格」，見《金史》，卷 52，〈志三十三・選舉二・文武選〉，頁 1157 以及〈選舉三〉，頁 1179。

〔註203〕《滋溪文稿》，頁 448。

〔註204〕《元典章》，卷 46，〈刑部八・諸贓一・取受〉，「職官殿年，自被問停職日月計算」條，頁 456。

溯及既往視停職住俸日爲殿年始日？

　　中書省將咨文送刑部審查，刑部檢索出大德十年河東宣慰司之間就前潞州襄垣縣簿尉賈德仁的殿敘始期提出疑議的關文，以及該部與都省的討論，該案緣由如下：

　　　河東宣慰司關：……「照會官員數內，前襄垣縣主簿賈德仁，授將
　　　仕佐郎、平陽路襄陵縣主簿，守王文義大德十年二月缺，仰行移照
　　　會之任。行據本縣申：准主簿王將仕牒：『照得：晉寧路指揮：奉河
　　　東宣慰司箚付：「照會到前潞州襄垣縣簿尉賈德仁，代當職（王文義
　　　自稱）大德十年二月滿缺，本官欲行之任。襄垣縣主簿兼尉時，爲楊
　　　英告『摭拾（拾取之義）姪改山放火公事，取受楊改山父楊才中統鈔
　　　二定』取訖招伏，大德八年十一月內，依不枉法例，二十貫以下，
　　　斷訖三十七下，殿年求仕。」府司（河東宣慰司）議得：主簿賈德
　　　仁，殿年未滿，祗受敕牒，除免襄陵縣主簿，照會到路，巳及交代，
　　　合無令本官之任？乞照驗事。得此。又據本路申：「賈德仁於二月二
　　　十九日禮任署事。當司除巳行下晉寧路聽候外，關請照驗。」准此。
　　　〔註205〕

替闕人員賈德仁，前任爲潞州襄垣縣簿尉，在本關文發出時已祗受敕牒，授文散官將仕佐郎、職事官平陽路襄陵縣主簿，以替即將於大德十年二月任滿的現任主簿王文義。但王文義發牒指出，賈德仁在襄垣縣簿尉任內，爲檢舉人楊英所告「摭拾姪改山放火公事，取受楊改山父楊才中統鈔二定」一事遭斷罪。或許賈德仁雖已受贓，但並未作成違法對價行爲，故以〈贓罪條例〉不枉法例斷之，於大德八年十一月作成笞三十七下，解見任，殿三年，別行求仕（本等敘）的判決，訖大德十年二月，尚未滿三年。看前引資料的行移流程，河東宣慰司在稍晚不久，已得到所轄晉寧路述說賈德仁已經跟王文義交代過、禮任署事的申文，而宣慰司卻對是否讓其禮任有疑慮，故提出關文向刑部詢問。刑部對此作出以下回應：

　　　（刑部）議得：「簿尉賈德仁所犯，廉訪司既以斷罪，依例殿敘。如
　　　及殿年，難碍求仕，別無過犯。請照驗。」〔註206〕

意即：賈德仁此前所犯，已經該管廉訪司判決確立，依〈贓罪條例〉殿敘，

〔註205〕《元典章》，頁456。
〔註206〕《元典章》，頁456。

如果殿年期已滿，且中間別無其他違法行爲，則不妨礙他任職。河東宣慰司接到刑部以上回答，大致同意，但也提出「殿敘不見合自幾年月日爲始，難便照勘」，請刑部再作確認，又得出以下回答：

> （刑部）議得：「簿尉賈德仁大德六年六月二十七日在任，因事受楊才中統鈔二定，當年十一月得替，才於大德七年十二月內，楊才赴廉訪司告發，大德八年十一月斷決。若依被斷年月殿敘，緣在替閑之後發露，經隔一年有餘，方行歸結事理。以此參詳：賈德仁所犯，如准告發年月理算殿敘，侶爲相應。外，據其餘在任官吏，亦合自被問停職月日計算，殿年滿日，依例求仕。然後通例，具呈照詳。」
> 〔註207〕

據刑部詳查，賈德仁於襄垣縣簿尉任內取受楊才鈔兩，但在大德七年十二月才被楊才向廉訪司告發，賈德仁早已於大德六年十一月任滿替閑，事隔一年有餘，將近一年審理才結束。刑部認爲，應以告發日起算殿敘。除外，並立下「通例」：其餘在任官吏於任內涉贓被問，其判決作成後之殿敘亦溯及既往地以被問停職日爲始，滿日後告敘。賈德仁因爲是在替閑期間被人告發，自然「無職可停」，故以告發日比照見任官員停職日，作爲殿敘始期。延祐三年刑部再次強調以下規定，以解湖廣行省之疑：

> 諸職官及有出身人等，因事受財斷罪，殿年期限，已有呈准，自被問停職月日計算，殿年滿日，依例求仕定例。〔註208〕

按賈德仁大德六年十一月得替，隔年十二月內爲人告發被廉訪司審問，大德八年十一月斷決，若依被審問日起算，至大德十年二月經革二年三個月整，在此衍生出第二個問題：殿年終了日爲何時？筆者據引《唐律》「除免官當敘法」條中敘復年限規定以茲參考：

> 諸除名者，……六載之後聽敘，依出身法。

> 【疏】議曰：稱「六載聽敘」者，年之與載，異代別名，假有元年犯罪，至六年之後，七年正月始有敘法，其間雖有閏月，但據「載」言之，不以稱「年」要「以三百六十日」爲限。「一依出身法」，犯除名人年滿之後，敘法依選舉令：………〔註209〕

〔註207〕《元典章》，頁457。

〔註208〕《元典章》，頁457。該規定於《元史》，卷102，〈刑法志一‧職制上〉有一條：「諸職官被罪，理算殿年，以被問停職月日爲始。」（頁2615。）證明此規定至元末至順年間仍存。

〔註209〕《唐律疏議》，頁58～59。該疏文之「不以稱『年』要『以三百六十日』爲

免官處分復敘辦法為三載，降先品二等敘。免所居官與官當則降一等，依期年，故與一般敘用程序等同，無須再述。上引《唐律》條文所稱，即受除名處分者於六載之後依出身法重新敘官（於〈選舉令〉規定，茲不贅述），其中「六載」與元代的殿年概念類似。據前引疏議所稱「假有元年犯罪，至六年之後，七年正月始有敘法……但據『載』言之，不以稱『年』要以三百六十日為限」，用現代口語說法如下：「假如有某人於元年（不計何月何日）犯罪，至六年以後，於（某年號）七年正月開始敘用程序。……其中律文所謂的『載』字概念，不比照『年』須以三百六十日為滿限。」所以，相對於期年須實歷三百六十日整，除名與免官處分後之敘復以每次過年為計算基準，每遇過年算經一載。〔註210〕元代之殿年，其名詞雖源自金代，亦無直接證據證明殿年與《唐律》相當規定有淵源，但就其性質雙方相似，故筆者暫且比照。賈德仁於大德七年十二月被廉訪司審問，審問日為殿年始期，一個月後進入大德八年正月計為「殿三年」之中的第一年，次年正月為第二年，最終於大德十年正月春節「殿年滿日」，吏部授以代襄陵縣主簿王文義該年二月闕。

最後探討在殿敘處分中，告敘程序的變化。據大德三年「牧民官受財，斷罪」條有「不枉法贓，須殿三年，方聽告敘」一語，揭櫫其文，應為殿年終了後，才得以開始告敘程序。針對這個問題，筆者據引《元典章》，卷11，〈吏部五·職制二·給由〉，「殿罷官員即與解由」條加以析論：

> 大德十一年二月，江浙行省准　中書省咨：來咨：「腹裏遷轉人員授除福建、川、廣、雲南遠方，或有貪吏奸民搜羅小過，雖不枉法，罪在殿年，既已罷職，必然還家聽候。若不就給解由，再候三年，復去任所給由，往復生受，誠可哀矜。今後，但犯合殿官員，經斷之後，即令任處依例給由，殿限滿日注授。相應。咨請照驗。」准此。〔註211〕

以上咨文不知為何處官廳所發，但就所提人員類別，又有「貪吏奸民搜羅小

限」一節，劉俊文校點之《唐律疏議》原句讀為「不以稱年，要以三百六十日為限」，劉俊文著《唐律疏議箋解》又將中間逗號去掉（頁 227），對照免所居官及官當規定之「期年之後」疏文「稱『年』者，以三百六十日」（頁228），《唐律疏議箋解》句讀較為合理。另外，筆者為求文義更加明確，又加三個雙引號於引文中。

〔註210〕《宋刑統》「以官當徒除名免官免所居官」條有關規定與《唐律》同，頁41。
〔註211〕《元典章》，頁139。

過，雖不枉法」一語，應係指受前述第五節「邊除」處分之人。就文中所及，是類人員於此前贓罪斷罪後，必定先解見任，還家聽候，此後三年處於殿年期。原任職官廳不得於斷罪之日發給解由狀，而解由狀之發給、填寫並申覆係告敘程序開始之要件。俟三年殿滿，再回去原任官署索取解由。該咨文認為如此往返，備感「生受」（蒙漢硬譯文體，痛苦之意），於是為其請命，提出判決作成日起即令被付懲戒人之元任官署發給解由開寫申覆中書吏部，而吏部方面則候其殿年滿日直接授予新職。筆者以為，咨文原意在於當下施行的「須殿三年，方聽告敘」規定將會使被付懲戒人停職期間必然超越三年。但從刑部以下回文顯示，似不核准該咨文之提議：

> 送刑部照得：「大德三年正月初八日，欽奉詔書內一款節該：「諸牧民官，不先潔己，何以治人？今後因事受財，除依例斷罪，犯枉法贓，即不敘用；不枉法贓，須殿三年，方聽告敘，再犯，終身不敘。」欽此。大德七年三月，欽奉聖旨節該：「近年所定贓罪條例，互有輕重。特勑中書集議，酌古準今，為十二章云云，全文見元部贓則類。」欽此。本部議得：遠方除授官員，任內犯贓，既是依例斷罪，所據殿敘一節，擬合欽依施行。具呈照詳。」得此。都省：咨請照驗依上施行。〔註212〕

刑部將大德三年詔書與〈贓罪條例〉複述一遍，呈與中書都省發布，其殿敘規定令原咨文者依例施行。乍看其文，答非所問，實則刑部堅持告敘程序開始應於殿年滿日之後，使得行之。

以上刑部釋函所揭櫫的規定，似與前舉賈德仁案有不合之處。按賈德仁大德十年正月起始得告敘求仕，訖二月二十九日已禮任襄陵縣主簿一職，乍看之下其告敘解由行移以及吏部照勘、注闕作業的效率似乎很高，〔註213〕實則不然，參《通制條格》，卷6，〈選舉〉，「到選被問」條：

> 至元二十四年七月，尚書省。御史臺呈：「紹興路達魯花赤嚴忠祐取

〔註212〕《元典章》，頁139。

〔註213〕就《元典章》所收「病假百日，作闕」條觀之，並非如此：「至元八年四月，尚書吏部照得：依准舊例：『職官之任違限，及病患各過百日，並自病求醫、親老告侍，勘當別無窺避，並作闕，期年聽仕本部。』似此官員告敘，若是止照元行作闕部符到日為始理算期年，却緣州縣官員病患事故百日之後始自司縣申州、州申總管府、府申省部，比至呈省准申作闕，直候符文到日為始，近則三、五月；遠到半年之上，更有近遠州縣必待十餘月，准申作闕符文纔到，雖稱「期年聽仕」，實不下一年半、二年之上，方得告敘。」頁135。

受金少保錢物，却行奏准僉江浙等處行中書省，追問得刑部令史傅
若弼狀招：『押過關吏部根勾嚴忠祐文字，本官親行囑託，以此相躭
玖拾肆日，以致除充。』本人斷訖罷役外，本臺看詳：臺察所按不
公人員，具呈到省，雖令刑部勾問，仍送吏部照會。比及追問明白，
不許銓除。」都省准擬。〔註214〕

前舉係世祖朝末年御史臺查辦嚴忠祐〔註215〕取受案，時忠祐已先奏准除受江
浙行省僉事，在刑部開啓審理過程前，本人先行囑託刑部令史傅若弼將緝捕
狀稽遲九十四日不行關文吏部，使忠祐順利除充行省僉事。後御史臺將傅若
弼罷役，並提出有關臺察彈劾之人員，案件具呈中書省，請都省令刑部將之
拘提到案，且亦應關會吏部，倘偵訊審理尚未終結，吏部不得授予新職。賈
德仁案應與此情形類似，其前任所犯取受案雖於大德七年十二月受審，但此
時他已是替閑官，其襄垣縣簿尉一職於大德六年十一月任滿，故得替時已取
得解由業中覆到部，後案發被問，其求仕程序的暫停是在吏部照勘作業期間，
殿年滿期後直接重啓作業程序授予職務。

　　綜上所述，殿年作爲解見任等各類黜降處分的附款，使得「別行求仕」（告
敘）的時間被強制延後，而附有殿年之黜降處分之所以又稱作「殿敘」，係包
含殿年期滿後的告敘而言。受殿敘者與一般任滿得替或受不附殿年之黜降處
分去官者不同，後兩者是任滿之日或解見任之日起即向原任官廳取解由，填
寫申部，還家聽候，吏部就該解由考核其資品、行止、年深，並與各部照會
其功過，待期年後授予該員新職關。至於殿敘者，迄殿年滿期後，前述程序
纔得以發動，比方說被付懲戒人任內或任滿但尚未提領解由而爲人所檢舉，
其告敘之權將被凍結至殿年滿日。但經告敘後纔被處以附殿敘之黜降處分者
（如賈德仁），吏部方面自殿年滿期起授予該員新職。

第八節　黜降之連帶處分——標附過名

　　元代懲戒案例中，於笞杖主刑、黜降處分之後，常出現「標附」、「標附
過名」或「標附○○過名」等文字，受同一處分者不止一人時，則會出現「通

〔註214〕《通制條格》，頁300～301。
〔註215〕據方齡貴考證，嚴忠祐乃金蒙之際漢軍世侯東平行臺（行尚書省事）萬戶嚴
　　　　實之幼子，見《元史》，卷148，〈嚴實傳〉，頁3507。

行標附」字樣，又犯行較輕而無主刑、黜降，亦可能仍會標附其過。案例極多不甚枚舉，以下僅就重要者舉之。

標附之意可參考《元典章》，卷 11，〈吏部五・職制二・給由〉，「官員給由開具過名」條：

大德七年六月初五日，江西行省准中書省咨：

刑部呈：「……參詳：今後諸衙門應有斷過官吏，并應當怯薛，同職官子姪人等罪名隨即具寫所犯事理、斷訖情由，行移本管官司置簿標附，專委文資正官提調，須於解由保申文解內備細開寫。仍標付提調正官、首領官吏姓名。如解由保申到部，查照得卻有隱漏，定將當該提調官、首領官吏取招斷罪。所具廉訪司斷過有招官吏，須於贓濫冊內明白開具呈報，無致似前隱漏。仍令監察御史、廉訪司常加糾察相應，具呈照詳。」

都省議得：「各道廉訪司應有斷過官吏，隨即開具備細，行移各管官司照驗標附簿。首領官如法收貯。其余諸衙門斷過者一體附簿。凡任滿給由人員，必須子細照勘備細回報，解由內明白開寫。廉訪司官每遇巡按，與文卷一體照刷，其經監察御史斷者，申臺呈省。余准部擬。咨請依上施行。」〔註216〕

據上所知，官員任滿皆須發給解由，填寫後申覆吏部告敘求仕，若任內有過犯，皆須如實開寫，吏部將行移刑部作對照，〔註217〕審酌權衡依此黜陟。凡官吏犯罪經監察官斷決，須將所犯事由、斷決結果，交由原任職官廳內所置「標附簿」上登記，該簿須委任一首領官提調管理，且管理人員姓名亦須標註於簿上以示負責，每季廉訪司官巡按轄區並且照刷（透過檢察卷宗以觀各該公事有無遲漏、違法）轄區內各官廳卷宗時，標附簿亦在照刷之列。而廉

〔註216〕《元典章》，頁 139。

〔註217〕《元典章》，卷 11，〈吏部五・職制二・給由〉，「整治給由事理」條：「大德元年三月初七日，中書省奏准下項事理：一件、外任官員解由到吏部呵，為照過名，行移刑部；為照粘帶俸月，行移戶部；為辨驗宣勅文憑，行移禮部。似此這般行移，各部回轉與吏部中間，為這般行移，求仕人生受有。在先，待更改行的不是不曾尋思來，從前這般細意行來的勾當，如今不細意，逕直行有，麼道，恐有人說的上不曾更改來的緣故是這得。如今欽奉聖旨，眾人商量來：『正合關防的是吏部，不須行移各部，為照過名，止行移刑部者，吏部裏置立文簿，將各人歷過月日，但有合關防事，標附在簿子上，就照了定奪呵，較疾也者，這般商量來。』奏呵。奉聖旨：『是也，那般者。』……」頁 138～139。

訪司本身亦置有所謂「贓濫冊」，〔註218〕將該司審理過的懲戒案件之被付懲戒人的招詞、黜降緣由、追到贓款開寫其中。官員任滿發付解由，須與原任官廳標附簿、該管廉訪司贓濫冊仔細照勘，標寫於解由狀申覆省部，吏部將解由行移刑部照勘過名，作爲銓注職務的依據。所謂標附過名作爲處分之一種，其具體動作在於前開程序中登記過名於各主管官廳標附簿、贓濫冊上，換句話說，標附過名之意義相當於近日「記過」。筆者以爲此類處分不能僅以「標附」二字定名，爰應標附者非只有「過名」，「功績」亦須標附，以作爲吏部對各該人員銓衡之準據。〔註219〕

　　被付懲戒人經斷後標附過名於原任官廳標附簿登載，任滿後發起解由對照之，將其開寫於解由狀內，其開寫格式如下：

　　皇帝聖旨裏，某州府准某官關牒或據ㄙ司縣申該：

　　　　准某官公文，除在前歷仕外，於某年月日欽／祗受宣命／勅牒某散官充前職，自幾年月口禮任署事，至幾年月日有某官到任替訖或因病假等故作闕，通閏實歷請俸勾當過幾個月，中間并無侵欺、粘帶、一切不了事件，請／乞依例勘會給由事。

　　　　得此。

　　　　尋勒六案，并該管司屬、倉場、庫務、坊里正人等照勘得：本官自到任至得替日或作闕，中間別無公私過犯、侵欺借貸係官錢糧、粘帶一切不了事件，及無被勘住職、曠闕虛閑月日、諸般違礙公事如作闕，須云有無規避。若有功過、粘帶，由頭內略說緣故，後須（疑爲「項」之誤）內備細開申。就令本官召到知識保官某人，委保某人前職，別無詐冒，委自首領官某人憑籍比照得：某官實歷請俸勾當過幾個月日，并無爭差，依例審保，相同，及將宣命／勅牒辨驗無僞，抄錄在前。今用ㄙ字號半印勘合書填前去，并將本官年甲、籍貫、歷仕腳色同應合申事件逐一開具於後，

〔註218〕有關贓濫冊，可參《元典章》，卷48，〈刑部十‧諸贓三‧回錢〉，「造贓濫冊」條：（大德七年）刑部呈：「諸衙門官吏任滿，皆由本部照過。今照得：臺察造到贓濫冊內，多無備細招詞、擬斷點降緣由。擬合箚付御史臺，遍行各道廉訪司，將犯人備細招詞、緣由、追到贓罰，隨即行移有司照會，各官解由內明白開寫，依上咨報，抄連造冊體式。仰行下合屬，依上施行。」頁470。

〔註219〕《通制條格》，卷6，〈選舉〉，「選格」：「奏准至元新格：……諸官員功罪並送吏部標注，到選之日，於應得資品上，視其功罪，斟酌議擬。有蔽匿其罪、增飾其功者，從監察御史糾彈。」頁253。

官吏保結是實，合行申覆，伏乞照驗施行。……

一、照勘得：本官在任實勾當過幾個月日，通請到俸鈔若干，中間并無公私過犯，亦無被勘住職、曠闕虛閑月日。若有公私過犯，備□（此處已模糊不堪，疑爲「細」）開寫所犯根因、招斷罪名。如曾被勘，亦云年月緣故住職，如何□（疑爲「斷」）決，在後曾無復任。除被勘月日外，實勾當過若干月數，及住職月日曾無支給俸錢，逐一開申。如無，不須聲説。如有軍功實跡，立款開申。……〔註220〕

任滿官吏須檢察原任官廳標附簿，將任內所犯過名開寫於前開格式「照勘得：本官在任實勾當過幾個月日，通請到俸鈔若干」文句後，其中須一一開申：一、犯罪行爲與罪名（所犯根因、招斷罪名）；二、如果曾受到審訊審理（如曾被勘），須注明住職（指「暫行停職」之意，此外，通常審訊期間，月俸亦將停止支付，稱「住俸」）日月；三、判決結果（如何斷決）；四、審理終結後是否繼續任職（在後曾無復任）；五、除審理期間外之任職月日（除被勘月日外，實勾當過若干月數）；六、審理期間可曾支領月俸，即「住俸」與否（住職月日曾無支給俸錢）。七、任內有軍功事跡，須注明其中（軍功實跡，立款開申），若有其它「過犯罪名」，得以此「功過相抵」。〔註221〕實務上，吏部會將該解由行移刑部及戶部照驗前開各項，審核完畢後回文吏部作爲銓選作業之依據。

某些過名較輕，若處分已施行且不影響銓注結果，無須開寫標明，如大德十年刑部曾作出下列決定：

大德十年三月，……刑部呈：「所掌官吏過名文冊，於內多有稽違、斷罪罰俸、免罪，不礙銓注，罪遇原免，止依常例依前照勘議擬，虛致文繁，停滯求仕。本部議得：前項官吏稽違公罪過名，已經革撥，不須開寫。」都省准擬。〔註222〕

「稽違」即稽遲與違錯，前者指公務不依期限達成，後者指文卷內登記資料錯誤，經風憲臺察官（監察系統）分巡照刷官廳卷宗，如有發現上項情事，於卷宗刷尾標寫「稽遲」或「違錯」字樣。通常此類情事，在元代被視爲「公

〔註220〕《元典章》，卷11，〈吏部五・職制二・給由〉，「解由體式」條，頁136～137。
〔註221〕詳見本文第三章〈懲罰減免制度〉第一節「『八議』制之存續」有關功過相抵之研究。
〔註222〕《通制條格》，卷6，〈選舉〉，「公罪」，頁294。

罪」，〔註223〕對承行該案的官吏皆科與較輕之懲處，如罰俸或笞五到三十七下，並即刻執行，而稽遲事由之過限僅六日以下者，得以免罪。〔註224〕以上事由並不影響省部銓選之結果，故刑部主張該管過名冊無須一一登記。但此處係就銓選作業已進入省部的程序而言，不代表被付懲戒人於任所標附簿內無須標附或解由內免開寫，如《元典章》，卷11，〈吏部五・職制二・給由〉，「給由開公罪名」條：

> 大德三年三月，江西行省據左右司呈：「官員公錯罰俸、輕罪未審，合無於解由內開寫？」移准中書省咨該：送刑部照擬得：「職官之過，贓雜私罪應有解降者，已有定例。緣公致罪不至解降而罰贖者，若不於解由內開寫，其於銓選之際，無以可考殿最。擬合移咨行省，依上施行。相應。」都省：准擬請照驗施行。〔註225〕

以上係指被付懲戒人之懲戒結果若不致黜降處分，且犯行屬公罪中較輕而罰贖者（以金錢抵免笞杖刑，詳後章），仍須開寫於解由，申覆省部，作為銓選殿最的裁定依據。乍看之下，前引大德十年刑部呈函與此處在態度上似有矛盾，實則不然，刑部主張較輕過名仍應於解由內開寫，係認為官吏任滿替閑對其任內實績表現應當據實以報，以供吏部銓選作業之考量，但不代表刑部職掌的過名文冊亦須具載，此舉在減輕刑部業務負擔，亦提高吏部作業效率。

有關標附所標之「過名」，元代懲戒案例有註明為何種類者並不多見，以下先舉有註明者數例：

1、《元典章》，卷54，〈刑部十六・雜犯一・違枉〉，「拷無招人致死」條：

> 江西行省准中書省至元二十三年八月二十七日咨：……廣東道按察司申：「潘先告廣州路官吏，因為長李、趙二等強拖人口，指兄潘興知情，有羅總管、嚴治中將兄法外拷訊，就牢身死。取到總管、治中、司吏洗泳等并初、復檢官吏招伏。」都省議得：「總管羅仔、治中嚴桂所招：『據羅成之等告男并小廁上山採柴，被人拿住。勾到干連人馬富詞因，指出潘興曾對劉二說稱「山上多有採柴小廁，令劉二拿兩個來賣」語句，有潘興等不招，自合研窮磨問，伺候劉

〔註223〕《元典章》，卷6，〈臺綱二・照刷〉，「稽遲的罰俸，不須問審」、「違錯輕的罰俸，重要罪過」條，頁73。另參《元代臺憲文書匯編》，頁235～236。

〔註224〕參《元典章》，卷6，〈臺綱二・照刷〉斷例表格，頁71。另參《元代臺憲文書匯編》，頁230。

〔註225〕《元典章》，頁139。

二到官，指證明白，將潘興依理鞫問，却不合不候劉二到官，使令
牢子張瑞等將潘興當廳縛倒，用獄具沿身拷打，以致因傷身死情
罪。』各量決三十七下，解見任，別行求仕，標附公罪過名。咨請
委官與按察司官一同依上斷決。其餘有招人數，就便量情斷決施
行。」〔註 226〕

例一所標附者爲公罪過名，廣州路總管羅仔與治中嚴桂受理羅成之兒子上山
拾柴被人拐帶案，因聽信干連人〔註 227〕馬富所稱潘興曾對劉二說「山上多有
採柴小廝，令劉二拿兩個來賣」一語，將潘興捉拿於官廳審問，初不招，候
劉二到案說明，即令牢子張瑞用刑拷打，以致身死，都省判羅、嚴二人各量
決三十七下，解見任，別行求仕，標附公罪過名。

　2、《元典章》，卷 47，〈刑部九・諸贓二・侵使〉，「縣官侵使課鈔」：

至元二十八年十一月，御史臺呈奉　中書省扎付：……都省議擬于
後：「正犯人達魯花赤忽察忽思狀招：不合於至元二十三年六月二十
五日，爲買房屋，令本家胡二於李押牢見收本縣徵到酒課錢內，借
訖鈔三定。又招：在後買房不成，自合隨即還官，不合經隔三個月
餘，知得察知，私下回還李押牢收管。罪犯，招伏是實。

　　前件議得：忽察忽司所招，不合借用官錢，罪犯。依准部擬：
　　量決一十七下，依前勾當，摽注私罪過名。
　　干犯人縣尹宋鼎狀招：既是司吏符應於鼎處說知宣差於官錢內
　　借訖鈔三定，自合隨即追徵，不合因爲江水犯漲防水，不曾管
　　問追理。招伏是實。部擬：罰俸半月，摽注公罪過名。
　　前件議得：縣尹宋鼎所招，雖知達魯花赤忽察忽思借使官錢，
　　緣忽察忽思係同僚長官，兼宋鼎因爲隄防江水泛漲公事相妨，
　　不曾管問，量情似難責罰。
　　典史張國寧、司吏符應、鄉司鄧明德等各各招伏罪犯。
　　前件議得：依准部擬，從本臺行下按察司就便施行。」〔註 228〕

例二標附者公、私皆有。犯人縣達魯花赤忽察忽思爲購屋，令僕役胡二向負
責監收該縣徵酒課錢的李押牢借酒課錢三定。後來因故購屋不成，卻未及時

〔註 226〕《元典章》，頁 520。
〔註 227〕《吏學指南》「干連」條：「謂無罪被累者。秦有知見連坐法。《梁商傳》曰辭
　　　　所連染也。」據徐元瑞說法，應指連保制度下的主首之類人員。頁 99。
〔註 228〕《元典章》，頁 464～465。

返還酒課錢，至三個月後知他人覺察而私下返還。刑部判決忽察忽思一十七下，不變更職務，標附「私罪」過名。該縣縣尹宋鼎曾聽司吏符應檢舉「宣差」〔註229〕忽察忽思私借官鈔事，但當下因忙於江水犯濫堤防公事，未暇追討，刑部判決宋鼎罰俸半月，標附「公罪」過名。中書都省就宋鼎部分認為，忽察忽思身為縣達魯花赤，對宋鼎而言係同僚長官，其立場不好追問，又因忙於提防公事未暇理會此事，故修改刑部原擬，判決結果為無罪。

3、《至正條格》，〈斷例・卷四・職制〉「草賊生發罪及所司」條：

> 元貞元年六月二十六日，御史臺奏准下項事理：
>
> 一件、「……（案發地該鎮守軍官）各斷三拾七下，見受散官削降一等，職事如故，換受，依舊勾當，標附鎮守不嚴過名。」
>
> 一件、「……俺商量來，這的每，各打二十七下，見授散官削降一等，職事如故，換授，依舊勾當，標註有失撫治百姓過名。滿了的有呵，一體教遷轉，……」〔註230〕

例三係直接開寫其罪責。該案案由已見第三節，本案是因上述地區有蠻寇作亂，江南行御史臺彈劾當地牧民官對轄區內道路管制不嚴，盜賊作亂又不即時申報上司，撫治百姓不周，又彈劾當地鎮守軍官針對蠻寇不勇於追捕鎮壓，咨稟於御史臺，擬判牧民官笞二十七下，軍官三十七下外，不論牧民、管軍官皆「見受散官削降一等，職事如故，換受，依舊勾當」，並分別標註「有失撫治百姓」、「鎮守不嚴」過名。此例為直接標註所犯之過。另外，捕盜官（如縣尉、巡檢等）若於具結之期限內未將盜賊捕獲，亦須標附「違限不獲」過名。〔註231〕

前舉例一與例二涉及中國法制史上有關「公罪」與「私罪」之問題，須

〔註229〕元代漢人對「達魯花赤」的漢譯，宋元之際陳元靚所著之《事林廣記》，內收有〈至元譯語〉，其中「君官門」譯達魯花赤為「宣差」（見《事林廣記》，〔北京：中華書局，1999 年〕，頁 456）。此義應指該職稱於忽必烈建政前的性質較為恰當，但已約定俗成，為當代慣用語，具有欽差、鎮守之意。另可參札奇斯欽，〈說元史中的達魯忽赤〉，收於氏作《蒙古史論叢》，〔臺北：學海出版社，民國 69 年〕，頁 465～469，以及姚從吾，〈舊元史中達魯花赤初期的本義為「宣差」〉，《臺大文史哲》，第 12 期，1963，頁 1～20。

〔註230〕《至正條格》，頁 204。

〔註231〕《元典章》，卷 51，〈刑部十三・捕盜三・獲盜〉，「捕盜功賞」條，內稱：「其（捕盜官）失過起數，違限不獲，標附過名，任滿，解由內開寫在任功過事跡。如有隱蔽，罪在當該給由官吏，到（吏）部照依功過黜陟。」頁 497。

稍做解說。〔註 232〕公罪與私罪的分野僅適用於特殊行爲主體之罪行，該主體即從事公務之官吏，因主觀上之動機而有不同，公罪係指從事公務者出於過失導致執行結果不合乎要求，並無不純正動機之罪，即所謂「無私曲」者。〔註 233〕相反的，私罪則是出於不純正動機，雖係處理公務，但卻意有阿曲者、假公濟私者。〔註 234〕目前筆者尚未尋得元代繼受前代律令有關公私罪界定之法律條文的證據，但在有關提刑按察司糾察事項之相關規定內，有屬於元代自身創制的公私罪規定，茲舉《元典章》，卷 6，〈臺綱二·體察〉，「察司合察事理」（至元二十五年三月頒布）第七條：

> 今後若有民戶逃亡，盜賊滋殖，鈔法澀滯，錢穀有虧，文案不完，
>
> 公事廢墮，其在任官員坐視不治者，雖無私罪，當以慢公失職糾彈。

〔註 235〕

本條係規定按察司官對其「按治地面」〔註 236〕之見任官員於上述有關民戶、治安、貨幣、錢穀等業務發生異常卻不即刻處理者，將以「慢公失職」罪名提起糾彈案。雖未直言「公罪」一辭，但既與「私罪」作相對之概念，則官員因「坐視不治」而導致「公事廢墮」所構成之「慢公失職」結果，其意涵等同於公罪，故此條算是元代有關公罪定義的成文規定。

以前述公私罪標準觀之，例一羅仔、嚴桂二人負有偵訊嫌疑犯之責，雖無貪污取受事由，但刑訊過當以致嫌疑人身死廳下，故標注「公罪」過名。

〔註 232〕有關公、私罪，可另參柏樺，〈公罪與私罪〉，收於氏作《中國古代刑罰政治觀》，（北京：人民出版社，2008 年），頁 18～36。

〔註 233〕公罪又稱「公坐」，節錄《唐律疏議》，卷 2，〈名例〉「官當」（總 17 條）「若犯公罪者」律文後注：「公罪，爲緣公事致罪，而無私、曲者。」其疏議稱：「私、曲相須。公事與奪，情無私，雖違法式，是爲『公坐』。」頁 44，「同職犯公坐」（總 40 條）疏議稱「公坐，謂無私曲者。」頁 110。《大明律》，卷 1，〈名例律〉，「文武官犯公罪」條纂注謂：「公罪不止公事，凡無私曲而犯者皆是。……」頁 210。無論範疇是否有變動，公罪之本質皆在於「無私曲」，謂並無不純正動機。戴炎輝先生稱公罪相當於「行政犯」，私罪則爲「刑事犯」，見氏作《唐律通論》，頁 8。

〔註 234〕私罪又稱「私坐」，節錄《唐律疏議》，卷 2，〈名例〉「官當」（總 17 條）疏議稱：「『私罪』，謂不緣公事，私自犯者，雖緣公事，意涉阿曲，亦同私罪。……」頁 44。《大明律》，卷 1，〈名例律〉，「文武官犯私罪」條纂注謂：「『私罪』，謂事不由公，以私取罪者是也。……」，頁 214。

〔註 235〕《元典章》，頁 67。斷句參考《元代臺憲文書彙編》，頁 218。

〔註 236〕此爲蒙漢硬譯文體，意爲監察官「負責之監察區域」，語見〔元〕唐惟明編，《憲臺通紀續集》，「越道彈劾」條，收於《元代臺憲文書彙編》，頁 109。

例二之中，忽察忽思因個人購屋需求，私下向看管官鈔者挪借官錢，構成侵使之罪。個人購屋與達魯花赤之職務無關，其侵使行為當然構成私罪。宋鼎雖已知悉同事之行，但因堤防公事分身乏術，故刑部將其未立即追討借款之行為認作公罪，與前舉「察司合察事理」第七條內對「錢穀有虧」而「坐視不治」定義頗合。例三直接針對被付懲戒人之執行公務結果簡約寫成「鎮守不嚴」、「有失撫治百姓」過名，與公、私罪之認定無關。

筆者以為，除了「公罪」與「私罪」可能延續前朝概念外，元代並未制定一套「過名」類別總目，無法將一切行為簡約收納，故大多數懲戒結果有「標附」文字的個案中並未註明其過名，據此，是類案件之標注應如同前開「解由體式」般直接開寫所犯根因緣由，《元典章》或《至正條格》在抄寫該型案件時則予以省文不錄。

第九節　因黜降所造成之其他結果

本節專探討因黜降處分作成後，除被付懲戒人官職身分更動外，是否有其他隨之影響的權益變更。以下僅就筆者所見，分服色、付身（告身），以及職田收益三項簡析。

（一）身分表徵：服色

服色，舉凡服裝、首飾、器皿、車輿、帳幕、鞍轡等物之款式，在傳統中國社會下皆依人員身分地位而有不同規定，作為自身在社會上的標籤，不得踰越，此處僅就元代官吏有關者作探討。《元典章》，卷29，〈禮部二·服色〉，「貴賤服色等第」：

> 延祐二年二月，欽奉聖旨：諭內外百官大小官吏軍民諸色人等，朕臨寶御，勵志儉勤，思與普天同臻至治。比年以來，所在士民，靡麗相尚，尊卑混殽，僭禮費財，朕所不取。貴賤有章，〔益明〕（據元史相關紀事補）國制，儉奢中節，可阜民財。命中書省立定服色等第于後：
> 一、蒙古人不在禁限，及見當怯薛諸色人等，亦不在禁限，為不許服龍鳳文。龍謂五爪二角者。
> 一、職官，除龍鳳文外，一品、二品，服渾金花；三品，服〔金〕荅子；四品、五品，服雲袖帶襴；六品、七品，服六花；八品、

九品，服四花。職事官、散官從一高。繫腰，五品以下，許用銀并減鐵。

一、命婦：

衣服，一品至三品，服渾金；四品、五品，服〔金〕荅子；六品以下，惟服銷金并金沙荅子。

首飾，一品至三品，許用金珠寶玉；四品、五品，〔用〕金玉珍珠；六品以下，用金，惟耳環用珠玉。同籍不限親疎，期親，雖別籍并出嫁同。

一、器皿謂茶酒器，除鈒造龍鳳文不得使用外，一品至三品，許金玉；四品、五品，惟臺盞用金。六品以下，臺盞用鍍金，餘並用銀。

一、帳幕，除不得用赭黃龍鳳文外，一品至三品，許用金花刺繡紗羅；四品、五品，用刺繡沙羅；六品以下，用素紗羅。

一、車輿，除不得用龍鳳文外，一品至三品，許用閒金粧飾銀（虫离）頭，繡帶青慢；四品、五品，用素獅頭，繡帶青慢。六品〔至〕九品，用素雲頭，素帶青慢。

一、鞍轡，一品許飾以金玉；二品、三品，飾以金；四品、五品，飾以銀；六品以下，並飾以（金俞）石銅鐵。

一、內外有出身考滿應入流見役人員服用，亦與九品同。

一、授各投下令旨、鈞旨有印信見任人員，亦與九品同。

一、庶人，除不得服赭黃，惟許服暗花注絲、絲繡綾羅、毛毳。帽笠，不許飾用金玉。靴，不得裁置花樣。首飾，許用翠毛并金釵（金阜）各一事，惟耳環用金珠碧甸，餘並用銀。酒器，許用銀壺瓶、臺盞、盂鏇，餘並禁止。帳幕，用紗絹，不得赭黃。車輿，黑油齊頭平頂皂慢。

一、諸色目人，除行營帳外，其餘並與庶人同。

一、諸職官致仕，與見任同。解降者，依應得品級。不敘，與庶人同。

一、父祖有官，既沒年深，非犯除名不敘之限，其命婦與子孫，與見任同。

一、諸樂藝人等服用，與庶人同。凡承應粧扮之物，不拘上例。

一、皂隸、公使人，惟許服紬絹。

一、娼家出入，止服皂褙子，不得乘坐車馬，餘依舊例。

一、今後，漢人、高麗、南人等，投充怯薛者，竝在禁限。

一、服色等第，上得兼下，下不得僭上。違者，職官解見任，期年
　　後，降一等敍。餘人，決五十七下。違禁之物，付告捉人充賞。
　　有司禁治不嚴，從監察御史、肅政廉訪司糾治。御賜之物，不
　　在禁限。〔註237〕

從上開聖旨條畫可得知，官員服色會依官品而有不同，其配偶、家屬亦有相
應規範。據前開條畫第十二條，職官致仕後，其服色與任職時同，若受解見
任後降敍者，必須隨應得品級規定，但受除名處分者須依照庶人規定。第十
三條規定，父祖（直系尊親屬）曾任官職，過世後，除生前受有除名處分外，
其遺孀、子孫（應指直系卑親屬）之服色與現任官員之配偶子孫同。第十八
條，指位尊者在服色款式方面參用位卑者不受限制，但相反之情形則爲條例
所不允，若職官踰越，處解見任，期年後降敍一等，但御賜之物不受限。本
條禁令委任臺察憲司官糾察。第一條乃除外規定，蒙古人及充怯薛（蒙古大
汗侍從團，不在一般官僚體系之內）者除不得使用繡、繪有龍鳳圖騰之物外，
不受本條畫拘束。但第十七條又特別將漢人、高麗、南人排除在第一條充怯
薛者規定之外，亦指該族群充怯薛者仍須受本條畫第一條以外各條之約束，
故第一條實爲蒙古人專有之特權。第八條指未入流之吏員若達成一定年資而
獲得出職爲官資格者，在尚未授官以前依祗受勅牒九品官規定。第九條指各
投下貴族所任命之屬官家臣，其服色准九品官規定，條文中所謂「令旨」、「鈞
旨」者，前者指皇太子與各地受封的王公諸侯（投下即采邑）；後者係宰相級
官員，皆以個人名義所作成之意思表示，〔註238〕故受此旨令所任用之人員爲
其所屬家臣，不能與國家任命的官吏等同。以上第十八條規定在元順帝至正
年間再次被強調，且收入《至正條格》之中。〔註239〕

（二）法律身分憑狀：付身

「付身」，〔註240〕即唐宋金以來所謂「告身」、「官誥」也，其格式雖有

〔註237〕《元典章》，頁309～310。另參〔日〕「元代の法制」研究班校注，〈《元典章・
　　　　禮部》校定と譯注（二）：禮制二（服色・印章・牌面・誥命）〉，《東方學報》
　　　　第82冊，頁174～175。
〔註238〕〈元典章文書の研究〉，《田中謙二著作集》，頁372。
〔註239〕《至正條格・斷例》，卷三，〈職制二〉，「服色等第」條，頁190。
〔註240〕在《慶元條法事類》已見有「付身」用語，見該書卷13，〈職制門十・敍復〉，

變遷，但皆指授予或任命官爵的文狀。徐元瑞稱付身為「給授其文也」，似乎具有動詞之意涵，〔註241〕但本文為免徒生疑義，不採此說，僅以名詞概念下的付身作探究。元代付身又被稱作「誥命」，但大部分資料皆不採用此名詞。付身以從五品、正六品為界限，分宣命與敕牒二種，代表任命權層級之不同。除宣、敕外，尚有所謂「受省部劄付」者，其任命層次則又比祗受敕牒官更低，非屬流內官、朝廷命官之列。所謂「省劄」包含中書省與行省之劄文而言，如各級官廳未達從九品的首領官、〔註242〕各地官學除教授（祗受敕牒）外之學官皆屬受省部劄付者，〔註243〕是類人員的任用狀亦屬付身的一種，惟其法律功能與宣敕有何差異仍須另外考究，但與本文無關尚不贅敘。各人員可將歷次所受付身（含職事官、散官、勳官以及爵位）收藏，以作為自身地位之憑證，任滿卸任僅須繳納在任時用已發號施令的牌印虎符即可，若受官後未及赴任而身故者，據世祖至元八年之規定，其付身仍會給付其家屬收貯，〔註244〕而依法得承廕之子孫亦可持長輩歷任付身并自身由所屬路衙保申文解申覆吏部，取得任官資格。〔註245〕

元代付身與前代最大不同之處在於受黜降後毋須繳回，據《元典章》，卷29，〈禮部二‧誥命〉，「官員付身不追」條：

（世祖）至元二年八月，欽奉聖旨〈立總管府新定條畫〉內一款節

頁189。

〔註241〕《吏學指南》，頁36。

〔註242〕如各路首領官之一的提控案牘，在大德十年以前其任命規定，腹裏地區受吏部劄付，其他地區由行省劄付任用，後來吏部考量替閒九品人員及吏員考滿出職者眾多，在原有編制員多闕少的情況，將提控案牘一職從流外提升為九品職事官，以吸納前開人員供職，見《元典章》，卷9，〈吏部三‧官制三‧首領官〉，「敕牒提控案牘」條，頁123。

〔註243〕《元史》，卷81，〈選舉志‧學校〉：「中原州縣學正、山長、學錄、教諭，並受禮部付身。各省所屬州縣學正、山長、學錄、教諭，並受行省及宣慰司劄付。」頁2033。又《元典章》，〈典章新集至治條例‧吏部‧儒官〉，「正錄教諭直學」條：「延祐四年正月⋯⋯除教授祗受敕牒，學正受中書省劄付，學錄、教諭並受吏部付身。」頁588。另參《《元典章‧禮部》校定と譯注（二）》，頁209。

〔註244〕《元典章》，卷29，〈禮部二‧誥命〉，「宣敕給付子孫」條，頁314。

〔註245〕《通制條格》卷6「廕例」‧第147條：「至元五年二月⋯⋯中統元年以後去任、致仕、身故官員，如取廕人齎到本路保申完備文解到部，照勘本官前後歷仕根腳所受付身，合行敘用，定奪資品，依上廕敘。」頁264。另參《《元典章‧禮部》校定と譯注（二）》，頁209。

該：「今後大小官員，如遇罷職，其所受宣命、付身，不須追收。有
牌印者，止納牌印」〔註246〕

本規定出於世祖至元二年，按元刊本《元典章》似乎增修至英宗至治初年可
知，該規定最遲至元代中葉仍爲有效，文中所謂「罷職」與解見任概念相當，
第三節已敘明。雖然至元二年距世祖建政未遠，一切法制仍屬草創，無法斷
定此處罷職確切意涵爲何，但應爲「除名」以外的黜降處分無疑。相對於唐
宋時期黜降處分皆須依處分之種類、幅度繳回告身以註銷，元代此種辦法施
行之結果會遇到類似下列弊端：

（順帝）至元二年十月，〔註247〕刑部議得：「今後諸衙門官吏人等，
但犯公事之罪，曾經解任、殿降，匿過朦朧求仕者，合以不應爲坐，
笞參拾柒下，依前殿降敘用。隱匿不敘過名，笞肆拾柒下，依舊除
名。已除者，追奪所受并支過俸給。當該吏貼，失於照勘，決貳拾
柒下。官吏知而故縱者，與犯人同罪。受贓者，以枉法論。」都省
准擬。〔註248〕

元代官吏任滿皆須填寫解由申覆吏部告敘求仕，前已述及，在解由之內須辨
驗前任所受宣勑之眞僞，其格式節錄如下：

皇帝聖旨裏，某州府准某官關牒或據厶司縣申該：

准某官公文，除在前歷仕外，於某年月日欽／祗受宣命／勑牒某散
官充前職，自幾年月日禮任署事，至幾年月日有某官到任替訖
或因病假等故作闕，通閏實歷請俸勾當過幾個月，中間并無侵欺、
粘帶、一切不了事件，請／乞依例勘會給由事。

得此。

尋勒六案，……及將宣命／勑牒辨驗無僞，抄錄在前。今用厶字
号半印勘合書塡前去，并將本官年甲、籍貫、歷仕腳色同應合
申事件逐一開具於後，官吏保結是實，合行申覆，伏乞照驗施
行。……

一、本官根腳元係是何出身謂承襲、承繼、蔭敘、吏員、儒業、軍功等，直

〔註246〕《元典章》，頁314。
〔註247〕世祖與順帝皆曾有過「至元」年號，學者通稱後者爲「後至元」以資辨別，
　　　　此處鑒於出現「殿降」一語，可推知應出於成宗朝大德七年〈贓罪條例〉頒
　　　　布之後，故爲順帝至元二年事。
〔註248〕《至正條格・斷例》，卷2〈職制一〉，「匿過求仕」條，頁185。

云入仕緣由。出任厶處。幾年月日欽／祗受宣命／勑牒，或祗受省部院箚，幾年月日到任，至幾年月日得替，實勾當過幾年月日有無功過，畧其事由。給到厶處官司幾年月日解由到部，曾無陞降次任，依上開仍具所帶散官；三任、四任，依上開，若不係應敘職名，不須開。……〔註249〕

上開節錄之內容須將所受付身提出加以辨驗。〔註250〕另外解由狀在宋代亦有類似之文狀格式，稱「敘用家狀」，專用於受黜降處分者重新任官（敘復）時繳納，今節錄部分內容以與元代解由作比較：

准敘格應投狀追官勒停人如已經敘用者即稱「未復舊官人」。敘用狀准此姓名已有官者具官

……

一、某年月日因某事蒙恩授某官，或及第出身通仕郎之類，各具事因。

一、初任某年月日授差遣宣或勑告箚子，任某處，某年月日到任，某年月日因某罷兩任以上准此。

一、任某處係罷任云「任某處替罷戶」到選待闕云「在選待闕」為某事略具所犯准某處奏勘到准某年月日勒斷某罪，追若干任官勒停「不追官」或「特勒停、免追官」或「降官、不勒停」亦同告身曾與不曾追毀。經斷後來別無罪犯如經斷或已經敘後再有罪犯亦准此開具。

一、某見在某處非見任人仍據家屬住某處

……

〈敘用狀〉

准敘格應投狀追官勒停人姓名

　　右某伏覩

　　令或格云云某自降斷

　　勑後來已經取（疑為敘之誤）用云「自敘理後來」至今其年月日已滿若干期非次赦合理期者亦具該赦事因合敘用。即非尋醫、侍養、持服人

〔註249〕《元典章》，卷11，〈吏部五·職制二·給由〉，「解由體式」條，頁136。

〔註250〕在告敘程序中須將歷仕付身鈔錄申部，在推行解由狀前已是如此。見《元典章》，卷10，〈吏部4·職制一·告敘〉，「告敘本路保申」條有「仍錄連節次所受付身，保結申部，委有體例擬定可任名闕，呈省定奪」一語，頁124。

> 數。今召到保官某人等三員保狀已經敘者不用保狀并歷任狀及出身
> 以來文字錄用者仍云「錄到」共若干道，謹隨狀投納，伏乞依
> 條施行。謹狀。……〔註251〕

以上提及授與差遣職的「宣勅告箚子」、告身、「出身以來文字」（可含括差遣告箚及更爲正式的告身）等，其意義皆同屬授予官爵的任用文狀，與元代的付身功能等同，但宋代官吏受貶黜須將是類文狀繳回追毀，故敘復時用以憑驗者僅存未受追毀者，作爲敘復官品銓衡的依據。元代付身於受黜降後既不追奪註銷，則填寫解由告敘時，自可提出高於應受資品的歷任付身，並隱瞞前任黜降事由，使敘用結果同於未受處分，此即所謂「朦朧求仕」、「匿過求仕」。據第二節所述，受黜降處分中最嚴重之除名者，其所受付身須全部追奪，故除名者朦朧求仕情形理論上會比受其他處分者來得少，但據前引後至元二年刑部決議規定「隱匿不敘過名，笞肆拾柒下，依舊除名」可知，類似案例仍時有所聞，亦有取締之必要。

（三）職　田

職田是除了月俸之外，國家支付官吏的另一收入，依據官員職稱資品，在公田內撥付相應畝數租佃，〔註252〕於收獲時一次性給付與官員。但公田有限，並非人人皆能享有配給，故成宗朝提出辦法，按月支付未領有公田之官吏俸米若干（實物），至武宗立尚書省，月俸則全部改支至元鈔（幣值爲中統鈔五倍），對于原配有職田者其職田一律收回，全改以俸米支付。仁宗繼位又改弦更張，廢除其兄在位尚書省之種種政策，俸給制度爲有職田者支領中統鈔兩，無職田者全以至元鈔支付。〔註253〕本文僅以官員所配職田於受黜降後之安排作介紹。據引《元典章》，卷 15，〈戶部一・祿廩・職田〉，「犯罪罷職公田不給」：

> 元貞元年八月　日，行御史臺：江南湖北道廉訪司申：「湖北湖南
> 等處轉運司運使李羅，自至元二十九年六月爲始，因事停俸聽候，
> 卻令在職辦課勾當，至元三十年六月繳方罷職。種過三十年公田，

〔註251〕《慶元條法事類》，卷 13，〈職制門十・敘復〉，頁 191～192。
〔註252〕有關元代官吏職田撥付規定，見《通制條格》，卷 13，〈祿令〉・「俸祿職田」第 255 條有至元二十一年路以下地方官員職田頃數規定，頁 373～379。
〔註253〕以上俸祿職田制度之描述參考陳高華、張帆、劉曉等校，〈《元典章・戶部・祿廩》校釋〉一文，《中國社會科學院歷史研究所學刊》，第三集，頁 329～367。

占穀二百五十三石五斗五石八合二勺，已作闕官子粒還官，合無給付？」事。得此。照得：先據本道申：「漢陽府達魯花赤囊家歹因事被問，停職月日似難支俸。據本官三十年職田下種子粒三百石，省府盡數給付了當，未審合無追徵？」事。參詳：得替并身故官員職田，皆以下種收租，已有定例。外，據有罪解任并被問停職、當年不曾還職，不應支俸者，其職田雖拋下種，合無收租。為係通例，移准御史臺咨，具呈中書省照詳。外，據李羅係犯贓斷罷人數，在先停俸，在職辦課，本年職田合無收租，亦係為例事理，移准御史臺咨：呈奉中書省箚付：送戶部：議得：諸官員犯罪罷職，元請公田雖已下種，其子粒似難給付，擬合沒官。外，停職被問，辨證得或被誣枉，或所犯不該解任，如本年還職，所種子粒合行給付。如經隔年，亦合沒官。都省照得，即係元貞元年五月初八日以前事理。除已移咨湖廣行省依例施行外，仰照驗施行。承此。咨請照驗。准此。亦已行下本道照驗。今准御史臺咨，照得先准咨文：「漢陽府達魯花赤囊家歹，亦為被問停職月日不應支俸，職田下種合無收租？」呈奉中書省箚付：送戶部：議得：諸官員犯罪罷職，元請公田雖已下種，其子粒似難給付，擬合沒官。」已咨貴臺依上施行。

今准前因，合行回咨，請照驗施行。〔註254〕

本案被付懲戒人湖北湖南等處轉運使李羅於至元二十九年六月因事受到江南湖北廉訪司之調查，但仍在職辦理原任公務，卻不支俸，即住俸不停職，訖三十年六月纔判決罷職。在此期間，李羅所受職田穀米已於罷職年度由省府支付給他，因此，廉訪司提出是類人員該年度職田收獲是否應當予以給付，抑或沒官。輾轉申覆至中書戶部，該部提出成宗元貞元年五月定立的通例：官員因犯罪而被判處罷職（解見任、殿敘、降敘等），若該年度職田已下種，其收獲擬沒官。至於官員因事受偵訊而停職，證實是被冤枉或判決結果不該解見任，倘若該年度內能順利復職署事，其收獲應當給付。若已逾年纔行還職，則仍不予給付。〔註255〕

〔註254〕《元典章》，頁178。另參〈《元典章‧戶部‧祿廩》校釋〉，頁357句讀。
〔註255〕有關該案解說，可參〈《元典章‧戶部‧祿廩》校釋〉，頁358。

第十節　黜降以外之處分──罰俸

　　「罰俸」，即罰其俸祿，有別於前述諸多黜降處分係針對官吏之官職身分作不利更動者，此類懲戒則係針對財產。罰俸之型態主要以官吏法定月俸額爲基準，輕者可縮減爲半月，重者可達二月、三月，更爲細分者有如罰十日、二十日俸額，故官職越高，則俸給越高，在罰俸時數（日、半月、月、數月）相等的情況下，其所罰越重。由於筆者尚未尋得罰俸併同黜降處分之個案，藉此推測罰俸係科處於毋須黜降之案件，相對於應黜降之案，其犯行亦較輕微，如監察人員每季照刷轄區內各官廳文卷，若發現「稽遲」與「違錯」情事，事輕者則予罰俸處罰。如以下所稱：

1、《元典章》，卷6，〈臺綱二・照刷〉，「稽遲的罰俸，不須問審」條：

　　大德二年十月，江西行省：

　　准中書省咨：

　　來咨：「廉訪司奉行臺箚付照刷出稽遲違錯應合罰俸事理，合准就便施行。已咨未准回示。」都省議得：「……今後照刷出稽違，若必合責問職官罰俸事理，依准所擬，仍令本道廉訪司就行各處官司照會，申呈合干上司施行。」已咨本省，箚付御史臺照會去訖。今又據御史臺呈：「七月十三日，奏過事內一件：江州彭澤縣水渰了田禾，本路王總管等不曾檢踏。取了招伏，合審了斷，那不合審了斷？説將來。俺商量來，百姓被災傷，不檢踏底，體例裏合有罪過。這王總管根底，從行臺斟酌罰俸者。……」〔註256〕

2、同書同卷「違錯輕的罰俸，重要罪過」：

　　至大元年十月，……

　　近奉　中書省箚付：「本臺今後因公事錯了底，若不問事體輕重，一概罰俸，實爲不便。」本臺官奏：在先，內外諸衙門有稽違的公事，依着聖旨條畫斷罪過來。在後，有省家文字裏説：「若因公事文字錯了的，罰俸錢外，別各做罪過的，驗事輕重要罪過。」這般聖旨有來。如今，俺尋思得，因着公事文字裏稽遲違錯，輕的也有，重的也有。若是輕的，交罰俸錢；事重的，依着在先聖旨體例裏要罪過呵，怎生？奉聖旨：「不索尋思。依着在先體例裏行者。」欽此。〔註257〕

〔註256〕《元典章》，頁73。另參《元代臺憲文書匯編》，頁235～236。
〔註257〕《元典章》，頁73。另參《元代臺憲文書匯編》，頁236。

《元典章》部分章節開頭所繪表格顯示，各該案件應科處罰俸之斷例，其罰俸一列置於五刑中最輕的「笞七下」之上（意指比笞刑為輕），比方說卷 13〈公規一〉表格所稱「應係有祿官吏人等，無故勾當不聚會」初犯即為罰俸，第二次則笞七下，第三次十七下。左排「各處長官專一提調，嚴切首領官吏須要盡職奉公，幹辦官事。如有違慢」初犯罰俸，再犯「的決」（執行笞刑）。〔註258〕據以看出元代司法人員的認知裡，「罰俸」係與笞、杖等正刑併列類比，做為比笞杖刑更輕的「薄懲」項目而存在。〔註259〕茲舉下列二例：

1、同書，卷 13，〈吏部七·公規一〉，「行移公事程限」條：

（至元八年二月）今後小事限七日，中事十五日，大事三十日，若令史遲慢，斷決令史。說到檢正、都事、主事、經歷、知事以下官員，遲慢中事罰俸，三犯的決，大事但犯的決。以上首領官并其餘官吏，小事呈省罰俸，大事聞奏。……〔註260〕

2、同書，卷 51，〈刑部十三·諸盜三·失盜〉，「失盜的決，不罰俸」條：

皇慶元年三月，江西行省准中書省咨：

皇慶元年正月十一日，野納院史傳奉聖旨：「聽得『這周回賊盜多了有。外頭強盜生發，往來行的人每根底，百姓每底并官頭口好生偷盜了。』說有。各處捕盜官有在前他每管的地面裏賊盜生發，拿不獲呵，罰他每俸錢來。為這般輕的上來，不肯用心捉獲那。今後休罰他每俸錢，斷決者。交各處行文書者。」慶道，傳聖旨來。欽此。……

〔註261〕

案例一規定公事稽遲的罰則，將公事分小、中、大三等重要性，各立程限（完成案件之期限）不等，案中所列如檢正等首領官若有稽遲案件為「中事」者則罰俸，連續三次稽遲纔處「的決」，但稽遲者若為「大事」，則不論次數一概的決，反觀更基層的令史無論事之大中小，但凡稽遲一概的決。案例二，元仁宗認為捕盜不力僅科處罰俸，如此則「為這般輕的上來，不肯用心捉獲那」，故主張「斷決」以加重懲處，督促捕盜官員。從上舉二例中可看出罰俸

〔註258〕《元典章》，頁 165。
〔註259〕參考自梅原郁，〈罰俸制度の展開：旧中国における懲戒〉，收於佐竹靖彦、斯波義信、梅原郁、植松正等編《宋元時代史の基本問題：中国史学の基本問題》，（東京：汲古書院，1996 年），頁 111。
〔註260〕《元典章》，頁 167。
〔註261〕《元典章》，頁 500。

在元代官吏懲戒處分體系甚至範圍更大的刑罰體系中的定位。

筆者檢索罰俸資料時，發現元初有另一懲戒處分名稱與罰俸並存，即所謂「停俸」，此種現象是否如同「解見任」與「罷職」等黜降處分般，爲當代法律用語不統一而產生的義同字異現象，抑或確實爲兩種不同之處分，以下將試圖做分析。

《元典章》所收科處停俸之案例，時間最早爲中統五年：

> 中統五年八月初四日，欽奉聖旨條畫內一款節該：若有失盜，勒令當該弓手立定三限收捕每限一月。如限內不獲，其捕盜官，強盜，停俸兩月，切盜一月。……〔註262〕

在至元十年，則有出現「罰俸」、「停俸」並用的情形：

> 至元十年閏六月，中書兵刑部：爲博州路申：「荏平縣尉羅旺比承捕限，交替代官劉源，難同任內失盜罰俸事。」省部議得：捕盜不獲，失過盜賊，未及限滿承替，既係去官，合行勿論。其後官亦非界內違限，正合捕捉賊人，難擬停俸。其弓手人等依例斷決，相應。緣係爲例事理，呈奉中書省判送，准擬施行。〔註263〕

從前舉案件觀之，罰俸與停俸似乎是義同字異的同一種處分。筆者再舉數例以茲分析罰俸或停俸的內容：

1、《元典章》，卷51，〈刑部十三·諸盜三·失盜〉，「捕盜官身故，難議追罰」條：

> 至元七年十月，尚書刑部：據益都路申：莒州備莒縣申：「事主趙閏等被盜訖財物。爲三限不獲賊人，取到簿尉孫玉招伏，合停八月俸給，本官已行關支。擬候停罰九月分俸鈔間，有孫玉於八月初八日身故，乞照驗事。」省部相度：簿尉孫玉生前不獲失過賊徒，既已身死，難議追罰。合下仰照驗施行。〔註264〕

2、同書卷11，〈吏部五·職制二〉，「官員患病曹狀」條：

> （至元八年五月）都省與尚書省官、御史臺官一同商議得：「據假告事故官員不報曹狀，罪犯。一次，罰俸八兩。再犯，依上罰俸。若

〔註262〕 《元典章》，卷51，〈刑部十三·諸盜三·失盜〉，「失過盜賊責罰」條，頁499。

〔註263〕 《元典章》，卷51，〈刑部十三·諸盜三·失盜〉，「交替，捕盜官不停俸」條，頁499。

〔註264〕 《元典章》，頁501。

三犯者，近上官員，聞奏；近下人員，從各衙門就便的決。外據無
故落後（指跟隨車駕巡幸上都事）官員，驗實日全尅俸祿，再犯依
前尅除，三犯依上施行。」〔註265〕

3、《元典章》，卷51，〈刑部十三・諸盜三・失盜〉，「權官止依捕盜官停
俸」條：

至元九年四月，中書省箚付該：先爲刑部呈：據益都路申：捕盜正
官遇有被差，暫委餘官兼管，其間失過盜賊，違限不獲，未審停罰
何官俸給事。送吏禮部與兵刑部講擬，回呈：移准兵刑部關該：當
部公議得：縣尉遇有差故，合令請俸正官、權官捕盜。其間失過強
切盜賊，違限不獲，依縣尉合停俸祿鈔數停罰。若縣尉并權官失盜
月日相捗違限，止依縣尉俸鈔一十二兩，止驗各各該捕月日均罰。

都省准呈，仰照驗施行。〔註266〕

例一案中，莒縣簿尉孫玉因三限不獲賊人，本應「停八月俸給」，但孫玉本人
已領取該月俸額。莒縣縣衙本擬「停罰九月分俸鈔」作爲補罰，但孫玉已於
八月初八身故，故中止執行。在字面上，「停」與「停罰」似乎具有「停止支
給」的意涵。例二主要係針對官員有患病事故欲請假卻不提交「假告曹狀」，
或本應服侍皇帝移駕上都卻無故脫隊情形，必須科處「罰俸」。據其中「驗實
日全尅俸祿」一語，在字面上解讀即爲依據落後日數於應得俸祿內扣除，減
額支付，而文中「罰俸八兩」一語意指從原應得俸額內扣除八兩後支給被付
懲戒人。例三案由乃益都路申文提問負有捕盜職掌的正官（如縣尉）若因差
委它務而須暫委他官代理時，倘若遇有違限不獲盜賊情事，應停罰何官俸祿，
此爲前舉中統五年「失過盜賊責罰」條所收聖旨條畫規定的適用問題，對此，
刑部作成的決議是「依縣尉俸鈔一十二兩」且「驗各各該捕月日均罰」，意即
俸額是依本職捕盜的縣尉月俸爲準，而實際科罰則是考量該捕盜案當下負責
人爲準，故上級發出捕盜命令以前，元補盜官已暫行委託他人代理，應由代
理官受罰，若是執行捕盜期間中途委託他人，則由兩人按所占月日比例均攤
受罰。其中「合停俸祿鈔數停罰」表示與前二例一樣以「停支俸給」之方式
執行處罰。綜此三例，無論罰俸或是停俸，其執行方式皆係透過「停止或減
額支給被付懲戒人本應領取之俸祿」以達成，這點與後來清代的罰俸處分意

〔註265〕《元典章》，頁132。
〔註266〕《元典章》，頁499。

義相當。〔註267〕但在元代末年，罰俸的概念卻已與前述大不相同，據《至正條格・斷例》，卷4，〈職制三〉，「罰俸令人代納」條：

> 至順三年三月，刑部議得：「婺州路永康縣尉潘壽，因爲方瑞被盜，三限不獲正賊，罰俸一月中統鈔一十二兩。令弓手杜清出備解納。既非因事受財，合准不枉法例，笞四十七下，還職標附，替納鈔兩追給。」都省准擬。〔註268〕

本案被付懲戒人婺州路永康縣尉潘壽被罰一月份俸祿中統鈔十二兩，其法規依據爲大德五年十二月頒布之「強切盜賊通例」第十一條：「諸失過強切盜賊，違限不獲，當該捕盜官兵並依已行斷例決罰。……三月不獲……捕盜官，強盜，罰俸兩月；切盜，罰俸一月。」〔註269〕爰所罰僅一月，故原案應爲「切盜案」，而非強盜案，但潘壽卻令其手下杜清代爲「出備解納」，此行依〈贓罪條例〉以不枉法贓論處。罰俸令他人代納之罰則始規定於大德七年：

> （大德七年十月）山東道廉訪司申：講究到防禁便益，送刑部議擬到各項事理，都省逐一區處，咨請依上施行。內一項：捕盜官，雖有定例罪賞，止是將來任滿，照依失過已未獲強切盜賊添減資歷，陞將品職。自前捕限，依舊罰俸，多係勒令當該弓手代替出備。罪不加身，財不輸己，所以不肯用心緝捉。……今後遇失過盜賊，事主告發到官，應捕官兵人等畫時粘蹤追捉，飛申本管上司，仍勒須要限內全獲正賊，違者，欽依已降聖旨條畫，責罰斷罪。其捕盜官合罰俸給，勒令弓手人等代替出備者，擬同枉法受財定罪，相應。
>
> 〔註270〕

前舉刑部議擬事項有指出，緣於之前規定捕盜官違限不獲科與罰俸，往往勒令所轄弓手代納，故對此行爲刑部決定准用〈贓罪條例〉之枉法受財贓定罪，前舉至順三年案顯然依此決議判處，但又認爲此行爲畢竟非「因事受財」，故擬作不枉法贓論處。從大德七年刑部決議以及後來依此做成的至順三年判例可見，倘若此時的「罰俸」處分仍然以前述「停支或減支俸祿」之方式執行，則完全屬於國家預算支出控制的範疇，故毫無「勒令弓手人等代替出備」之

〔註267〕筆者參考清代罰俸之定義乃「罰其應得之俸」，見《欽定大清會典》，頁127。
〔註268〕《至正條格》，頁204。
〔註269〕《元典章》，卷49，〈刑部十一・諸盜一・強竊盜〉，「強切盜賊通例」，頁474。
〔註270〕《元典章》，卷51，〈刑部十三・諸盜三・失盜〉，「失盜，添資降等」條，頁498～499。

可能，代表此時的「罰俸」與之前的概念（與「停俸」互通）有完全不同的意義，雖然都是對被付懲戒人科與「財產上之負擔」，﹝註271﹞但在操作上，前者係「勒令被付懲戒人依本身月俸額度計算之金錢支付國家作為處罰」，與後者係「停止或減額支給被付懲戒人本應領取之俸祿」顛倒。前者係勒令被付懲戒人做出支付行為，後者國家逕可單方面作成，無須考慮相對人（被付懲戒人）之意思。

事實上，前舉至元十年「交替，捕盜官不停俸」條已是「罰俸」、「停俸」二辭並存最晚的案例（就筆者管見範圍），此後再無見到「停俸」或是二辭互用的情形。前已敘及罰俸處分內涵的變化，大概是在世祖與成宗二朝之間產生變化，但至元十年至大德七年共三十年，筆者尚未發現在此期間有關元代當局對罰俸處分執行方式提議改變的資料，僅僅提及受罰俸處分的案例亦無從得知其處分執行方式之細節，故筆者無法進一步研究其變遷的過程。另外，在罰俸內涵已成為「勒令做成支付」的形式之後，被科與罰俸者，其當月本應領取之俸祿，國家是否仍會支給？倘若答案係肯定的，則稍嫌多此一舉，不如由國家先行剋扣俸祿在程序上更為經濟；倘若答案係否定的，則被付懲戒人等同受到判決書上指定俸額「乘以兩倍」的科罰，此問題仍有待未來再作突破。

小　結

本章分別就懲戒處分之黜降處分及非黜降處分各各敘述，考其實質意涵，筆者在此將其置於懲戒制度框架下，試圖拼湊其關係架構，以茲總結，

﹝註271﹞此語借用近代行政法學概念下的「干涉行政」之內涵。干涉行政德文為"Eingriffsverwaltung"，或譯為「侵害行政」，指行政機關以強制手段作成諸如徵稅、徵兵、禁制的處置，此種行政行為係基於維持社會秩序而對人民之自由或權利（含財產）作成侵害之效果，干涉行政對外表現之方式多屬「負擔處分」（belastender Verwaltung）。參考吳庚，《行政法的理論與實用》，頁17～18。另外，懲戒處分在近代亦屬「負擔處分」之一種，據我國銓敘部於民國88年作成之「銓敘部88.12.21.（88）臺甄二字第1833126號函」（現已停止適用）其本文第二點開宗明義指出「『免職』處分性質上係屬負擔處分」（參考試院全國人事法規釋例資料庫檢索系統：http://weblaw.exam.gov.tw/SorderContent.aspx?SOID=90554），雖然「免職處分」係屬於〈公務人員考績法〉之內容，而非屬〈公務員懲戒法〉之處分種類，但司法院大法官會議解釋第583號曾指出「（依考績法）所為之免職處分，實質上屬於懲戒處分」，故可以此類推，懲戒處分係負擔處分之一種。在此筆者借用近代法律的概念，稱元代的罰俸處分是「科與財產上之負擔」。

而其架構特點如下：

一、黜降處分依被付懲戒人任官資格存續與否，分「除名」處分與「以
　　解見任開始」之一切黜降處分。前者效果與前代除名相當，追奪歷
　　任告身（任命狀暨身分憑狀），開除於仕版、仕籍之外，貶爲一介平
　　民，且效力延續終身（此較唐宋嚴厲之處），但因功受賞官爵得以抵
　　抗除名之存續；解見任之本質乃解除職務之任用，除本身即爲處分
　　之一種外，且爲除名以外之黜降處分的前置作業程序。

二、解見任者，其再次任官約於處分後一年以上，稱「期年後」，此期間
　　規定與因任滿得替、病故告假、親老侍養等「以理去官」程序相同，
　　吏部方面注闕時間不會另行安排。若依〈贓罪條例〉不枉法贓罰則
　　所作成之判決，不論再敘用官職、品秩爲何，其前置之解見任處分
　　皆有「殿三年」之附款，於解見任生效之日（判決作成日）起至「生
　　效後第三次過年」以前不得告敘求官，若告敘動作先於案發受審時
　　間者，在受審期間及附殿年之黜降處分殿期屆滿前，吏部依例暫停
　　注闕程序，俟殿年滿期重啓，不須再次填寫解由告敘。

三、降敘處分係於解見任後，於期年或殿年限滿時，其資品依流內正從
　　十八等之架構降低若干品秩，最後授予職品相應之窠闕（職事）。削
　　散官處分通常在不解見任、留職署事的情況下，削除已受散官階若
　　干。由於各品秩內皆有二、三階散官，故筆者推測削散官之嚴厲程
　　度約在降敘一半以下。

四、邊除處分係於解見任後，於期年或殿年限滿時，在原資品不削降的
　　情況下，授與相應之福建、廣東等地官職。在〈贓罪條例〉頒布後，
　　該處分通常適用於構成其規定的案件。由於元代當局亟需人力投入
　　當地，故歡迎任何具任官資格者自願調派閩廣，並以資品陞等作爲
　　酬賞，以加快其陞遷速度。與此相較，邊除處分則可視爲「具強制
　　性的遷調閩廣之人事令」。

五、雜職敘處分係於解見任後，於期年或殿年限滿時，在不更動資品或
　　與降敘併同的情況下，授予相應職品的雜職官。雜職作爲官僚體系
　　之一類，獨立於牧民官、臺察官及管軍官之外，其種類有錢穀官、
　　匠局院官等，其人事體系封閉，進入該類職務者難以回到其他體系。
　　但牧民官因差遣暫時擔任該職者除外，且能獲得類似前項所述自願

赴任閩廣者的陞等、減資作爲酬賞。〔註272〕是否科處雜職敘用往往決定於被付懲戒人牧民適格之與否。

六、標附過名相當於近代之記過，可與各類黜降處分或笞杖刑併科，亦可能單獨科處，在單獨科處的情況下，其過名仍可作爲吏部評定考課或授予何種新職的銓衡標準，雖非直接造成官職更動之結果，但仍可能有所影響，筆者視之爲與黜降有連帶關係之處分。

七、黜降處分會影響官員之服色款式，使其社會標籤連帶更動。除了除名處分外，其它黜降處分基本上不追奪付身，使得被付懲戒人有機會欺瞞吏部，而僥倖構成等同未黜降之敘用結果，並影響銓敘作業。官員的職田每年播種，於收穫時支給祿米，但若受到須解見任的黜降處分、或是雖不會解見任，但在停職被偵訊的期間錯過收穫期，則不予支給。

八、罰俸處分係依據被付懲戒人所任職務之月俸額爲準，依所科月、日數科罰，其執行方式在元初一度爲國家單方面「停止支付或減少俸額」以完成，但後來卻演變成「勒令被付懲戒人作出支付行爲」，其過程及改變理由目前無法得知。又，罰俸通常係作爲比笞刑更輕的「薄懲」方式供立法者或審判者裁量科處。

〔註272〕《元典章》，頁112。

第三章　懲罰減免制度

　　本章以元代施行法規中官吏懲罰（含刑罰與懲戒處分）之減免規定為探討主題。相關議題筆者參考自戴炎輝先生就「除免當贖」及「議請減贖」兩類議題分別所撰之文，[註1] 按兩者之適用主體大致為貴族、官吏等階層，故戴先生稱其為「官人處罰上之特例」。其中前者乃懲戒制度中「施與懲戒」的部分，後者則屬於「懲罰減免」之辦法，兩者關係如同懲戒制度的陰陽兩面。惟此二分法之精準度仍待商榷。以「除免當贖」論，除名、免官與免所居官確屬懲戒處分之類別，並無疑議，惟其中「當贖」一項，即所謂「以官當徒」（以下簡稱官當）者，具有以官職身分抵免刑責的特點，參酌戴炎輝的說法，即官當之「第一義的性格係贖刑」，同時兼具懲戒處分與懲罰減免之性質，不能全然歸類於某一方。「議請減贖」裡所謂的「議」者，全名為「八議」，指被付懲戒人可能擁有之八種特殊身分而言；[註2] 「請」者，則為「上請」，適用對象為皇太子妃的「大功以上親屬」、符合前述八議之人的「期以上親及孫」以及「官爵五品以上者」。[註3] 議、請二者適用對象雖有不同，但在操作上卻有三項共同點：一、犯死罪時須條列其罪行以及被付懲戒人所符合的

[註1]　戴炎輝，〈唐律上除免當贖制之遡源〉，收於《律令制諸問題：瀧川政次郎博士米壽紀念論集》，（東京都：汲古書院，昭和 59 年），頁 795〜830；〈唐律上議請減贖制之溯源〉，收於中央研究院編《第一屆國際漢學會議論文集》，頁 183〜197。在其經典之作《唐律通論》一書裡，亦將「議請減贖」、「除免當贖」各立專章，見第二編第三章〈議請減贖：官人官親之殊遇〉（頁 213〜236）及第四章〈除免當贖：官人處罰之特例〉（頁 237〜273）。

[註2]　《唐律疏議》，頁 16〜19。

[註3]　《唐律疏議》，頁 32〜34。

身分（即「應議之狀」或「應請之狀」），奏請皇帝裁決；二、若所犯之罪爲流罪以下者，刑等減一等；三、其犯罪行爲乃特定重罪時不得適用（律文內稱「不用此律」）。其中第一點係審判管轄的轉移，屬於程序性規定，不直接產生懲罰減免之效果；第三點重點在罪名，亦與本章所論無關，故僅第二點纔係懲罰減免效果之規定。「減」者適用對象爲七品以上官，以及「官爵得請者（符合前述「請」者）之祖父母、父母、兄弟、姊妹、妻、子孫」於犯流刑之罪時，其刑等減一等；「贖」之定義係以支付金錢（贖銅）抵免刑責，類似近代刑法之「易科罰金」，其適用對象乃九品以上官員，因此與議、請、減適用者有所重疊，比方說符合減者之官員（從七品以上），刑等減一等後仍得繼續以贖刑方式遞減其刑責，但正八品以下官員卻僅能使用贖刑減免。〔註4〕除了「議請減贖」外，「除免當贖」裡的「以官當徒、流」（以下簡稱「官當」）係將歷任官爵回溯性地追奪並加以註銷，以抵免徒、流刑，且優先於贖刑，故官員犯罪，其刑責達徒刑以上者，須先以官當方式抵免，必然造成官階降低的效果。由於官當類似贖刑具有「對刑責抵減」即「易刑」的性格，〔註5〕故戴炎輝稱其「第一義性格係贖刑」。〔註6〕爲此，筆者以爲官當可以和議請減贖並立爲懲戒減免制度之一環，意即「對官人、官親之恩典」或「官人官親之殊遇」。〔註7〕最後，具有對一般人所受懲罰有普遍效力的減免的恩赦制度，亦可一併收入本章探討之。

　　本章將就所見元代史料內的懲罰減免規定作出介紹，分八議、減刑、贖

〔註4〕　由於適用對象之重疊，在實務上可能發生官爵尊高之被付懲戒人同時適用議、請、減章之情事，戴炎輝稱其爲「議請減者之減罪競合」，揭櫫〈名例律〉總十四條前段：「諸一人兼有議、請、減，各應得減者，唯得以一高者減之，不得累減。」倘若被付懲戒人官居三品，所犯亦非排除適用之特定重罪，則會產生議請減之競合，此種情況下，不得同時享有該三條文之「流以下，減罪一等」累計爲「減罪三等」之效果，即所謂「不得累減」，僅能「以一高者減之」，因此只能適用議者之減刑。但若構成前開條文後段：「若從坐減、自首減、故失減、公坐相承減，又以議、請、減之類，得累減。」意指從犯比正犯減等、犯後自首減等、因過失而比故意犯減等或因職務層級關係之連坐責任所生之遞減刑等要件該當，且與議、請、減其中之一發生競合，則可以累計減等。參《唐律通論》，頁235～236。

〔註5〕　《唐律通論》，頁216。

〔註6〕　《唐律通論》，頁244。

〔註7〕　此二語分別借自戴炎輝，〈唐律上除免當贖制之溯源〉，頁795、《唐律通論》第二編第三章副標題，頁213。

刑、官當以及恩赦等五節，針對其內容、功能及存續作探討。由於尚未見到元代有關「請」之史料，且除了適用對象稍異外，其操作上與符合八議者之審理過程類似，故略而不論。此外「議」、「請」條文內有關審判管轄權之移轉，屬於懲戒程序範疇，非本章探討範圍。

第一節　「八議」制之存續

自周以降，對士人、官吏或貴族犯罪行為，有盡量不科刑罰，而是以禮責之的思想，可用《禮記・曲禮》所謂「禮不下庶人，刑不上大夫」一句涵括之。〔註8〕其相關實踐方法有如後代所謂「八議」之制，該制本源於周代「八

〔註8〕 李學勤主編，十三經注疏標點本第六輯，《禮記正義》，（北京：北京大學，1999年），卷3，〈曲禮上〉，頁78。對「刑不上大夫」之研究，有黎明昌，〈刑不上大夫攷〉，（中國文化大學史學研究所碩士論文，民國92年）一文，該文從經學、法學、人類學、訓詁學等角度著手，彌補史料的不足，對「刑不上大夫」做出完整宏觀的研究成果。筆者參考該文整體觀點作以下簡介：就史實而論，先秦時代的「刑」是會「上大夫」的，因此單純字面意義上的「刑不上大夫」並非事實，而是春秋、戰國至漢代以來部分人士針對刑罰適用對象範疇的理念提倡，並且係對士人應具有更高自省能力的期許，如荀子稱：「由士以上則必以禮樂節之，眾庶百姓則必以法數制之。」（清・王先謙輯，《荀子集解》，北京：中華書局，1988年，卷10，〈富國篇〉，頁178）或如漢初賈誼所稱：「廉恥節禮以治君子，故有賜死而無戮辱，是以黥劓之罪不及大夫。」（〔漢〕班固，《漢書》，（北京：中華書局，1962年），卷48，〈賈誼傳〉，頁2254）等。由於有學者認為《周禮》是漢代劉歆所作之偽書，因此有可能係將漢代趨於成形的理念以假托於西周故實的形式加以提倡。承黎明昌先生之觀點，筆者以為，自曹魏、西晉起，八議始入律典，而《唐律》之八議規定，其疏議據引《周禮》、《禮記》之文，算是一種立法上的宣示理由，而其減死、減等規定纔是將「刑不上大夫」付諸實現。因此在不考慮當代刑律制定者對先秦史實的認識有多深，僅從字面解釋而論（不對士大夫科刑），魏晉至唐宋的期間纔算是真正實現了「刑不上大夫」（即便並非無條件地免除一切刑罰）的時代。此外，據滋賀秀三對「刑不上大夫」的觀點，其事實上是一種具理想主張的格言，研究該思想應該關注的係其對後世影響的程度，而非著眼於考證其淵源的古老性。參考〔日〕滋賀秀三著，姚榮濤譯，〈中國上古刑罰考：以盟誓為線索〉，收入《日本學者研究中國史論著選譯》，（八），（北京：中華書局，1993年），頁22～23。另外還有馬小紅，〈「禮不下庶人，刑不上大夫」〉一文（收入楊一凡主編，《中國法制史考證》，甲編第一卷，〈夏商周法制考〉，北京：中國社會科學出版社，2002年，頁354～372），該文為刊於《法學研究》，1987年第2期的〈釋「禮不下庶人，刑不上大夫」〉一文（頁83～85）之擴充，除了對各種有關「禮不下庶人，刑不上大夫」的解釋闢疑外，其文末稱該思想係漢儒對秦代「刑無等級」的反動，託古周人而加以提倡的。所

辟」。〔註9〕《唐律疏議》第七條「八議」題後疏議爲簡略介紹於下：

　　【疏】議曰：周禮云：「八辟麗邦法。」今之「八議」，周之「八辟」也。禮云：「刑不上大夫。」犯法則在八議，輕重不在刑書也。其應議之人，或分液天潢，或宿侍旒扆，或多才多藝，或立事立功，簡在帝心，勳書王府。若犯死罪，議定奏裁，皆須取決宸衷，曹司不敢與奪。此謂重親賢，敦故舊，尊賓貴，尚功能也。以此八議之人犯死罪，皆先奏請，議其所犯，故曰「八議」。〔註10〕

秦代法制無所謂八議制，而係用「爵」作爲刑罰得減免的標的，即所謂「以爵當刑」。漢承秦制，律內亦無「八議」，官吏刑罰減免的辦法主要都沿自於秦法，〔註11〕但自孝武尊儒以後，儒家思想作爲政治意識形態的態勢越來越明顯，也連帶影響到內容本不循《周禮》的漢代法典上，「八議」作爲刑罰減免的適用標準，於東漢始見些許個案：〔註12〕一、《後漢書》，卷48，〈應奉傳・

謂「刑無等級」一語，馬小紅並未註明出處，此語實出自《商君書》，（高亨註釋，北京：中華書局，1974 年），卷 17，〈賞刑〉，係「壹刑」觀念的派生語，與「壹賞」、「壹教」是併列的，該文稱：「所謂壹刑者，刑無等級，自卿相、將軍以至大夫、庶人，有不從王令、犯國禁、亂上制者，罪死不赦。有功于前，有敗於後，不爲損刑。有善於前，有過於後，不爲虧法。忠臣孝子有過。必以其數斷。守法守職之吏有不行王法者，罪死不赦，刑及三族。周官之人，知而訐之上者，自免於罪，無貴賤，屍襲其官長之官爵田祿。」（頁130）總而言之，其精神在於刑罰之科處不因被付懲戒人身爲卿相、將軍、大夫抑或庶人而有調整之空間，且罪死不赦，與功勳善行之間亦不生抵銷作用，因爲「禁奸止過，莫若重刑」（頁 130），如此則「民不敢試，故國無刑民」（頁130），最後臻於「明刑之猶至於無刑也」（頁 130）的境界，因此與《禮記》「禮不下庶人，刑不上大夫」的精神相違。

〔註9〕　李學勤主編，十三經注疏標點本第四輯，《周禮注疏》，（北京：北京大學，1999年），卷35，〈小司寇〉，頁 915〜917。

〔註10〕　《唐律疏議》，頁 16。

〔註11〕　秦漢「以爵當刑」，係以商鞅變法以後推行之二十等爵爲基礎，對於身具爵位之人犯罪，其爵對刑罰有排斥性，可用以避免造成身體永久損壞之肉刑（避免肉刑之效果稱「完刑」），易之以剝奪自由並服勞役的懲罰（如「城旦舂」等），但其爵位將會被註銷。此處涉及到先秦時期「刑罰」界定之範圍，本文姑且不論。有關研究可參〔日〕西嶋定生著，武尚清譯，《中國古代帝國的形成與結構：二十等爵制研究》，（北京：中華書局，2004 年），頁 320〜334，以及〔日〕富谷至〈秦漢二十等爵制と刑罰の減免〉，收入梅原郁主編，《前近代中國の刑罰》，（京都：京都大學人文科學研究所，1996 年），頁 123〜160。

〔註12〕　此處有關東漢司法程序引進「八議」的案例，皆係戴炎輝先生所舉，見〈唐律上議請減贖制之溯源〉，頁 184。

附子劭傳〉：「初，（東漢）安帝時河閒人尹次、潁川人史玉皆坐殺人當死，次兄初及玉母軍並詣官曹求代其命，因縊而物故。尚書陳忠以罪疑從輕，議活次、玉。（應）劭後追駁之，據正典刑，有可存者。其議曰：『……陳忠不詳制刑之本，而信一時之仁，遂廣引八議求生之端。夫親故賢能功貴勤賓，豈有次、玉當罪之科哉？……』」；〔註13〕二、同書，卷50，〈樂成靖王黨傳〉：「（因原樂成王劉賓薨，無子，國絕）復立濟北惠王子萇爲樂成王後。萇到國數月，驕淫不法，愆過累積，冀州刺史與國相舉奏萇罪至不道。安帝詔曰：『……朕覽八辟之議，不忍致之于理。其貶萇爵爲臨湖侯。朕無『則哲』之明，致簡統失序，罔以尉承大姬，增懷永歎。』」；〔註14〕三、同書，卷58，〈蓋勳傳〉注引《續漢書》：「中平元年，黃巾賊起，故武威太守酒泉黃儁被徵，失期。梁鵠欲奏誅儁，勳爲言得免。儁以黃金二十斤謝勳，勳謂儁曰：『吾以子罪在八議，故爲子言。吾豈賣評哉！』終辭不受。」〔註15〕綜上所述，可得知漢代律法本身並無「八辟」或「八議」之制，而係於司法判決時臨時緣引而已。後來曹魏篡漢，八議始正式入律，參《唐六典・尚書刑部・卷六》「八議」注：「《周禮》以八辟麗邦法，附刑罰，及“八議”也。自魏、晉、宋、齊、梁、陳、後魏、北齊、後周及隋，皆載於律。」〔註16〕

　　隋代以後，《唐律・名例律》定有八議，〔註17〕《宋刑統》、〔註18〕《金泰和律》〔註19〕延續《唐律》體例而略作增修，八議制作爲重要的法律原則亦有所沿用，《大明律》〔註20〕跟《大清律例》〔註21〕也有。唯有元代因爲法典編纂體例的特殊，前朝相沿的某些法規是否於該朝存續？是否做爲法律適用的標準？可再深入探究。

　　元代法制史研究首當參考者自屬《元史・刑法志》。該志有別於前代正史志書著重描述制度源流暨相關議論之筆法，而是按法律篇目直錄「法條」，看

〔註13〕（南朝劉宋）范曄，《後漢書》，（北京：中華書局，1965年），頁1610～1611。

〔註14〕《後漢書》，頁1673。

〔註15〕《後漢書》，頁1880。

〔註16〕《唐六典》，頁187。

〔註17〕《唐律疏議》，頁16～19。

〔註18〕《宋刑統》，頁16～19。

〔註19〕葉潛昭，《金律之研究》，（臺北：臺灣商務，1972年），頁33～37。

〔註20〕《大明律集解附例》，頁180～181。

〔註21〕馬建石等編，《大清律例通考校注》，（北京：中國政法大學出版，1992年），頁206～207。

似轉引律典原文的內容，容易使人誤以爲所謂「元律」有某某規範。其實，元代始終未頒行過「刑律」（謂具備完整系統體例，條文內容採抽象、一般性原則之「制定法」者），《元史‧刑法志》的內容實乃明初修史人員摘錄元文宗朝編修政書《皇朝經世大典》的〈憲典〉篇而來的。《經世大典》係元文宗下令「采輯本朝典故，倣唐、宋會要」〔註22〕所修成之當代會要，該書編修作業人員，於序中有云：「其書悉取諸有司之掌故，而修飾潤色之，通國語於爾雅，去吏牘之繁辭」，〔註23〕有關法律文書如斷例、釋函等皆被刪修潤飾爲簡鍊的「法條」，故文宗取〈憲典〉讀之嘆曰：「此豈非唐律乎！」。〔註24〕

　　《元史‧刑法志》仿前朝舊律設有所謂「名例」，八議亦爲其中內容，以下爲《元史‧刑法志》的八議：

　　　議親：謂皇帝袒免以上親，及太皇太后、皇太后緦麻以上親，皇后
　　　　　　小功以上親。

　　　議故：謂故舊。

　　　議賢：謂有大德行。

　　　議能：謂有大才業。

　　　議功：謂有大功勳。

　　　議貴：謂職事官三品以上，散官二品以上，及爵一品者。

　　　議勤：謂有大勤勞。

　　　議賓：謂承先代之後，爲國賓者。〔註25〕

對照唐、宋舊律相當條文，上開內容與之大致類似，但關於元代八議制存否的問題，應當再參考《元史‧刑法志》之前身《經世大典》做對照。〈憲典總序〉收有內部所有篇章之序文，而條文不錄，其中〈名例篇〉序有稱：

　　　「名例」者，古律舊文也，「五刑」、「五服」、「十惡」、「八議」咸在
　　　焉。政有沿革，法有變更，是數者之目，弗可改也。《傳》曰：「不
　　　愆不忘，率由舊章。」作「名例」篇第一。〔註26〕

編修者認爲，雖然「政有沿革，法有變更」，但「名例者，古律舊文也，弗可改也」，可見「名例」內容之重要性。但前文提及「古律舊文也」一語，即可

〔註22〕《元文類》，頁412。
〔註23〕《元文類》，頁412。
〔註24〕《元史》，卷181，〈揭奚斯傳〉，頁4185。
〔註25〕《元史》，卷102，〈刑法二〉，「名例」，頁2608～2609。
〔註26〕《元文類》，頁463。

證其並非當代現行法，〔註 27〕而其中「八議」內容者亦然。〈憲典總序〉「八議」序云：

> 八議者，先王用法忠厚之至情也，故自《周官》至於《唐律》具載之。國家待國人異色目，待世族異庶人。其有大勳勞於王室者，則固當有九死無與之賜，十世猶宥之恩歟！若夫官由制授者，必聞奏而論罪；罰從吏議者，許功過之相贖，豈非八議之遺意乎？故仍古律舊文，特著于篇，以俟議法之君子。〔註28〕

前文所謂「……豈非八議之遺意乎？故仍古律舊文，特著于篇，」即表示《元史・刑法志》所記載的八議條文，並非元代現行法，而是將前代法令作為學理概念收錄，以供參考或是完備全書體例之用。

　　元代沈仲緯嘗以當代法例為《刑統賦》作疏解，稱《刑統賦疏》，以元代法例為材料作成的疏文在該書體例上稱作「通例」，其中「議親、議故獨先於議賢」條目主要宗旨係針對唐宋律典之八議順序提出解釋（「親」、「故」為何所以優先於「賢」）其用以比附之「通例」列舉如下：

> 親親：至順三年六月初一日，欽奉詔書節該：太祖皇帝開天建極，肇啟洪基。世祖皇帝周集大統，禮樂刑政，較然劃一。列聖相承，繼述惟謨，貴貴親親，恩義備至。朕猶惇敘九族。欽此。

> 敬故：延祐三年四月，奏准封贈內，父祖任三品以上官亡歿，生前有勳勞，為上知遇（孝）〔者〕，子孫雖不仕，赴所在官司保結申請。

> 進賢：至治三年正月，欽奉詔書內一款節該：舉善薦賢，為治之要。

〔註27〕元代沈仲緯《刑統賦疏》「措諸條之機要觸類周知」條「通例」曾指出：「〈斷例〉即《唐律》十二篇，名（令）〔例〕提出，獄官入條格……（後略）」所謂〈斷例〉乃元英宗朝頒布之《大元通制》內相當於唐宋刑法典的部分，其中篇目一循《唐律疏議》、《宋刑統》，唯一的特點在於具有「總則篇」性質之〈名例〉被提出（或可稱「別出」）。參《刑統賦疏》，收入沈家本編，《枕碧樓叢書》，（北京：中國書店，1990 年），頁 196，另參黃時鑑編，《元代法律資料輯存》，（杭州：浙江古籍，1988 年），頁 211。此外元代大儒吳澄亦曾為有關《大元通制》的輔助書《大元通制條例綱目》作過序，其序云：「斷例之目，曰衛禁，曰職制，曰戶婚，曰廄庫，曰擅興，曰賊盜，曰鬭訟，曰詐偽，曰雜律，曰捕亡，曰斷獄，一循古律篇題之次第而類輯……」此處亦無提及〈名例〉。參《吳文正公集》，卷 11，〈大元通制條例綱目後序〉，頁 232。

〔註28〕《元文類》，頁 464。

今後監察御史、肅政廉訪司官每歲各舉所知職官一員，以備選用。欽此。

使能：天歷二年八月十五日，欽頒詔書節該：蒙古老奴婢根底宜在禁衛，仰各處為選其材能，優加培養，以備選用。欽此。

保功：至治四年正月，欽奉詔書節該：開國以來（郊）〔效〕節功臣所封邑分有司立祠，以時致祭。

尊賢：至元七年十月，禮部檢舊例：尊賢貴德，懷孟路總管楊少中曾任參政，係前執政，申部文解，合止署姓不書名。

重勤：延祐三年四月，封贈通例內，應贈之官，曾任三品以上有大節功勳在王室者，方許（如）〔加〕功臣之號。

禮賓：（原文未列）〔註29〕

以上所舉詔文、法例只是為了證明元代也有「親親」、「敬故」等之措施，由於並無涉及刑罰優免之內容，此種舉例不免有牽強附會之感。身為吏員出身〔註30〕且投入《刑統賦》研究的沈仲緯必定嫻熟當朝與前朝法令，前開通例之存在目的，僅僅為了成就疏文體例之完備。考量沈仲緯的專業背景，更側面地反映出元代似無八議制之制定。事實上，早在金代，八議之優免功能，就曾被加以限縮，與唐宋律典相較，其限縮有兩方面：一、唐宋律之「議親」得適用「皇帝袒免以上親」，已超出「五服」範圍，而世宗大定二十六年卻將其排除；二、唐宋之「議賢」適用不分公、私罪，但大定二十六年卻奏定犯私罪者不得適用議賢。〔註31〕

元代雖無八議之規定，仍可從〈憲典總序〉「八議」序文中提出元代針對具特殊身分之人賦予優免（〈憲典總序〉撰寫者所認為的）的幾種辦法：一、「待國人異色目」；二、「待世族異庶人」；三、「其有大勳勞於王室者，則固當有九死無與之賜，十世猶宥之恩」；四、「若夫官由制授者，必聞奏而論罪」；

〔註29〕 《刑統賦疏》，頁218～219。另參《元代法律資料輯存》，頁169、194、203、204、207、209。

〔註30〕 據楊維楨為《刑統賦疏》作序，提及沈仲緯乃「郡府掾」，應為州或散府之司吏，頁193。

〔註31〕 曾代偉，〈金代刑法原則變化考析〉，《金元法制叢考》，（收入楊一凡主編，《中國法制史考證續編》，第九冊，北京：北京社會科學文獻出版社，2009年），頁115。有關金代八議限縮之史料，筆者將其置於本章第二節〈減刑〉另加探討，頁99～100。

五、「罰從吏議者，許功過之相贖」。第一點係指元代對法律案件當事人因民族之不同而有適用法律標準不同的辦法。比方說《元史刑法志》載：「諸蒙古人居官犯法，論罪既定，必擇蒙古官斷之，行杖亦如之。」此處關鍵在於官員具蒙古人血統而生之管轄權歸屬，〔註32〕並不算是刑罰之減免規定，茲不贅述。〔註33〕關於第二點，《元史刑法志》有載：「諸四怯薛及諸王、駙馬、蒙古、色目之人，犯姦盜詐偽，從大宗正府治之。」〔註34〕元代大宗正府源自蒙古斷事官，蒙文稱「札魯忽赤」，〔註35〕但此處所述與第一點一樣，亦非刑罰減免規定。第三點可能與「鐵券」制度有關，〔註36〕所謂鐵券即俗稱的「免死金牌」，史上最有名者當屬〈錢武肅王鐵券〉，此為唐昭宗感念浙東招討使錢鏐（後來五代十國之吳越國開國者）討逆有功而頒發的，其文中有述：「惟我念功之旨，永將延祚子孫，使卿長襲寵榮，克保富貴。卿恕九死，子孫三死，或犯常刑，有司不得加責。承我信誓，往惟欽哉，宜付史館頒示天下。」〔註37〕其意旨與第三點意涵相當。到了金代亦有仿效鐵券制度，據《金史百官志》稱其功能係用「以賞殊功也」，〔註38〕具體案例可參〈賜國用安鐵券文〉，文中「蓋欲宥及于十世，何嫌恩積于一門」〔註39〕一語，表明金廷承諾給予國用安家族十世子孫之恩宥。筆者尚未見到元代頒發鐵券之實例，但對照〈錢武肅王鐵券〉或是〈賜國用安鐵券文〉，都是在國家喪亂之際用以攏絡游離武裝集團的手段，元代即使有延續亦難以視其為常態的法律規定，且其內涵畢竟與八議相去甚遠。第四點所述「官由制授者」，即所謂「欽授宣命人員」，凡散官位居從五品以上者皆是，而正六品以下者則稱作「祗受敕牒人

〔註32〕《元史》，卷102，〈刑法一·職制上〉，頁2611。

〔註33〕可參蒙思明，《元代社會階級制度》，（上海：世紀出版、上海人民，2006年），頁58～60。

〔註34〕《元史》，卷102，〈刑法一·職制上〉，頁2611。

〔註35〕札魯忽赤乃元代官制裡保留蒙古舊制色彩最多、地位最高之職稱，但其實際職權卻比元代建立以前小得多。有關元代札魯忽赤之研究，可參札奇斯欽，〈說元史中的「札魯忽赤」並兼論元初的尚書省〉第三章〈大元帝國時代的「札魯忽赤」或斷事官〉，《蒙古史論叢》287～363。

〔註36〕有關鐵券，可另參仁井田陞，《唐宋法律文書の研究》，第三編第二章〈鐵券〉，頁807～819。

〔註37〕〔元〕陶宗儀，《南村輟耕錄》，（北京：中華書局，2008年第5刷），頁231。

〔註38〕《金史》，卷58，〈百官四〉，頁1338。

〔註39〕〔元〕王惲，《玉堂嘉話》（與楊瑀《山居新語》合刊，北京：中華書局，2006年），頁107。

員」，此二者之差別在於對該官具任命權者之不同而分，前者為皇帝，後者為宰執（以整個宰相機關之名義發布，而非個別相臣）。由於欽授宣命人員乃皇帝欽命之大員，有犯罪嫌疑，其審理層級必須提高，以示尊重皇權與該人員。第五點之「罰從吏議者」概念應係「聞奏而論罪」以外的其他審判、懲戒程序。至於第六點「許功過之相贖」，茲舉元初王惲提出之建議如下：

> 軍官之罪，重積如此，宜許以邊功自贖。以攻城略地、伐謀用間為上，以斬將搴旗為次，餘驗所獲首級，使相當其冒名影替之數。古人所謂使功不如使過是也。〔註40〕

此建議適用於軍官，考量軍事行動現實上的瞬息萬變，給與作戰不力的軍人將功抵過的機會，可謂「有條件」的懲罰減免待遇。以上建議後來成為有效的規定，見《元史刑法志》以下內容：

> 諸軍民官，鎮守邊陲，帥兵擊賊，紀律無統，變易號令，背約失期，形分勢路，致令破軍殺將，或未戰逃歸，或棄城退走，復能建招徠之功者，減其罪，無功者，各以其罪罪之。〔註41〕

據上列規定，其適用者不限定於武職，而係一切負有作戰任務之人員，無論文武，其官若於作戰中失利，後能「復能建招徠之功者，減其罪」，若無法復建功勳，則以其失利之罪罪之。〔註42〕

　　除了軍人外，巡捕人員亦可享有「功過相贖」，見《至正條格・條格》，卷30，〈賞令・獲賊〉至順三年條，或為一例：

> 至順三年六月，刑部呈：「張伯榮，前充崇明州司吏，犯贓斷罷，捉獲強賊高勝寶等八人。揚州路保勘，亦無爭功之人，廉訪司體覆相同連到的本牒文。擬合依例與一官。」都省議得：「張伯榮獲賊有功，例應給賞，緣本人前經犯贓不敘，難以牧民，擬於雜職流官內任用。」

〔註40〕《秋澗先生大全集》，卷86，〈論軍官以功贖罪事狀〉，頁829。另參《元代臺憲文書匯編》，頁302。

〔註41〕《元史》，卷103，〈刑法三〉，「軍律」，頁2638～2639。

〔註42〕這種給予負作戰任務人員將功抵罪的觀念，明代亦有繼承，不過在條文上只適用於武職，見《大明律集解附例》「文武職官犯私罪」條：「若軍官有犯私罪，該笞者，附過收贖；杖罪，解見任，降等敘用；該罷職不敘者，降充總旗；該徒、流者，照依地里遠近，發各衛充軍。若建立事功，不次擢用。」（頁213～214）立法理由可參其纂注：「按文官犯杖則不敘，軍官徒流猶得擢用，非特優其世功已也，蓋武職專主於定亂，苟非大幹法紀不終棄。文職專主於奉法，而身自犯之，將焉用彼為哉？」（頁217）。

〔註43〕
張伯榮獲賞是依據大德五年中書省奏准「強竊盜賊通例」的規定之一：

> 諸人告獲強盜，每名官給賞錢至元鈔五十貫；竊盜，二十五貫。親
> 獲者倍之。獲強盜至五人，與一官。……〔註44〕

依前引《至正條格》內容，前崇明州司吏張伯榮因犯贓罪，經審判並處罰完畢，除名不敘，後來捕捉盜賊八人（達到「獲強盜至五人」），經揚州路、該管肅政廉訪司保勘審核後，依過往法規及慣例授予官職。但張伯榮此前斷罷之罪係屬「贓罪」，中書都省認其不應擔任牧民官（即路、府、州、縣官廳正官、首領官等），故擬授其雜職類流內官。由於張伯榮任司吏時所犯贓罪，除了知其受除名處分外，其餘懲處內容及其罪名皆不詳，且所獲任用雜職官為何亦不明述，故筆者仍無法探究「許功過之相贖」的功過獎懲相抵的具體衡量標準，僅知元代確有此種規定，且得以對抗除名處分延及終身的效力。
〔註45〕

第二節　減　刑

　　減刑效果之發動途徑非止一端，例如《唐律疏議》內符合八議（總第七條、第八條）、〔註46〕應請（總第九條）者〔註47〕及七品以上官員（總第十條）〔註48〕於犯流罪以下刑俱得減一等，以及司法程序進行中，基於犯罪者之表現（如悔罪自首）或並無犯罪但有連帶責任者〔註49〕獲得之減等斷刑等等。

〔註43〕　〔元〕不注撰人，李介奭等點校，《至正條格校注本》（以下簡稱「至正條格」），（首爾：韓國學中央研究院，2007），頁114。

〔註44〕　《元典章》，頁474。另參方齡貴校注《通制條格》（北京：中華書局，2001年），卷20，〈賞令·獲賊〉，第447條同，頁575。另外在英宗至治年間增修的《典章新集》亦再度申明獲盜賞官的規定，以免「軍民諸色人」欠缺誘因協助捕盜，見《典章新集至治條例》，〈巡捕·獲賊〉，「獲賊陞賞」條，頁626，內收有延祐五年三月的賞官名單，其中有處州民戶章文煥，因捉獲強盜五人除充信州路玉山縣尉，此外，另有慶元路定海縣竈戶王塋獲強盜七人但尚未除授官職，見《元典章》，頁626。

〔註45〕　詳見本文第二章〈懲戒處分〉第二節「除名」。

〔註46〕　《唐律疏議》（總第七條），頁16～19；（總第八條），頁32。

〔註47〕　《唐律疏議》，頁32～34。

〔註48〕　《唐律疏議》，頁34。

〔註49〕　如《憲臺通紀》，「設立憲臺格例」第33條：「諸監臨之官，知所部有犯法不舉劾者，減罪人罪五等。糾彈之官，知而不舉劾，亦減罪人罪五等。」《元代

此處筆者僅就因具備官吏身分或其中特種身分而生之減刑途徑，意即相當於前述《唐律》規定者析論，至於其它屬於判決裁量、懲戒程序之範疇，不列入本章內容。〔註50〕

　　蒙古滅金而據有中原之初，由於尚未頒布屬於本朝的統一法典，故司法官員執法之依據乃沿用金代法令，直到至元八年十一月元世祖下詔禁行金律為止。〔註51〕有關此時期的官吏懲戒減免個案，茲舉《元典章》，卷 18，〈戶部四・婚姻・嫁娶〉，「夫自嫁娶」條為例：

> 至元八年八月，尚書省據大都路申：許順城告張大哥將引伊相識人等前來本家，於順成元立媒求娶到妻和速氏處要買休錢事。勾到張太名世榮、媒人阿趙等各取訖備細招伏文狀。府司除另行外，據張世榮所招夫自嫁婦情罪，若便擬斷，切緣張世榮狀責見受宣命金牌管稻田戶計。乞明降事。得此。舊例：「和娶人妻及嫁之者，各徒三年。及夫自嫁者，亦同而離之。」省部相度，據張世榮見受宣命金牌管稻田戶計，即係有官之人，依舊例：「七品以上，犯流罪以下，減一等。合徒一年半。」該遇至元六年七月初八日減斷罪囚以前事理，降減五等，合杖八十，折贖銅一十六斤，每斤折錢二百文，計合贖鈔三貫二百文，沒官。外，張世榮已將和速氏休棄，令許順成依禮求娶，合准已婚為定。據張世榮元要買休錢，應合沒官。欽遇降減，合行免徵。〔註52〕

以上資料顯示，大都路轄區內宣命官金牌管稻田戶計張世榮娶原許順成妻和速氏，依舊例須判處徒刑三年；又張世榮為宣命官，其品秩至少達從五品以上，〔註53〕因此尚書刑部據舊例「七品以上，犯流罪以下，減一等。合徒一

臺憲文書彙編》，頁 34。

〔註50〕 尤其官吏連帶責任問題，邏輯上並非懲罰之減免，反而係本人處於非犯罪者的立場下分擔犯罪者之責任。

〔註51〕 事見《元史》，卷 7，〈本紀六・世祖四〉，頁 138。但據〔元〕魏初，《青崖集》，（景印文淵閣四庫全書，第 1198 冊），卷 4，〈奏議・論禁用泰和律〉稱禁泰和律事在該年十二月二十五日，頁 757。見《元代臺憲文書彙編》，頁 415。

〔註52〕 《元典章》，頁 200。

〔註53〕 「見受宣命金牌管稻田戶計」一職未見於《元典章》，卷 7，〈吏部一・職品〉，「內外文武職品」表內，《元史百官志》（〈百官志五〉）載有「管領大都等處金玉民匠稻田提舉司」，秩從五品，但於至元二十二年始置，頁 2271。）亦無，故無法確切知悉其品秩，可能是某官職之別稱。既已稱其為宣命官，正六品以下自當排除。該職領有「金牌」，據《元典章》，卷 9，〈吏部三・

年半。」該案發生在至元六年七月初八日減斷罪囚令之前，[註54] 因此合計降減五等爲杖刑八十下判決，收贖鈔三貫二百文。元代所謂「舊例」具有多種意涵，若資料記錄時間爲至元八年以前，則通常係指金代法規，包含《金泰和律》。[註55] 例如《元典章》，卷 17，〈戶部三‧戶計‧分析〉，「父母在許令分析」條針對直系血親家庭析居問題所做的判決，[註56] 將《唐律》與「舊例」並舉，證明兩者非同一部法典。[註57] 且當時南宋仍然存在，元廷亦不可能援引敵國法令，故應爲《金泰和律》無疑。前舉「夫自嫁娶」案判決時間乃至元八年八月，於同年十一月禁金律以前，故此時金泰和律令尚屬有效。筆者舉至元三十年發生的「受財移嫁男婦」案作比較，[註58] 溫州路同知顧文魁違法受訖府判打兀價金，將其次媳李元四娘移嫁打兀，後刑部判顧文魁笞四十下。至於打兀於判決作成時罹患風病，難議治罪，似瘁癒後同顧文魁懲處，顧、打二人皆標付私罪。此案與至元八年「夫自嫁娶」案情事類似，是類「和娶人妻」[註59] 案件，其嫁之、娶之者負同等刑責，除了判決結果

軍官〉，「定奪軍官品級」條（頁 102～103），地位應低於領虎符之軍官，故從三品以上職務亦且排除，其職位應介於四、五品間。針對「管稻田戶計」，筆者試圖從元代戶計制度角度切入，檢索黃清連先生《元代戶計制度研究》（臺北：臺大文學院，民 66 年）附錄一〈元代諸色戶計名稱功能及出處表〉，挑選出「民戶（又稱種田戶）」（頁 197）、「屯田戶」（頁 206）、「稻戶」（頁 207）三類觀察，其中稻戶應爲民戶之一種，乃元代社會主要構成分子，一般歸路、府、州、縣衙管理，很少有專門針對該戶計設立的職務，故此處稻田戶計可能是「屯田戶」的別稱，又考量到該職應爲軍官，故筆者推測該職爲《元典章》，「內外文武職品」表內所列的正五品屯田千戶的別稱（頁 78）。

〔註54〕 據《元史》，卷 6，〈本紀五‧世祖三〉，至元六年七月條未見有「減斷罪囚」事。另有提及「詔遣官審理諸路冤滯，正犯死罪明白者，各正典刑，其雜犯死罪以下量斷遣之」（頁 122）但該詔發布目的在於督促司法工作提升效率，爲直接表明是否有減刑措施。另外，事在該月二十八日（癸酉）。

〔註55〕 至元八年禁行金律後，仍不時有「舊例」出現之案例，但其意涵更爲廣泛，有指大蒙古國、元朝本身出現的前例，也有指涉《唐律》者。相關研究請參〔日〕小林高四郎，〈元代法制史上の舊例に就いて〉，《江上波夫教授古稀記念論集：歷史篇》，（東京：山川出版社，1976～1977 年），頁 297～316。

〔註56〕 《元典章》，頁 191。該條解題可參陳高華、張帆、劉曉等校注，〈《元典章‧戶部‧戶計》校釋〉，《暨南史學》第四輯，頁 183～184。

〔註57〕 另參姚大力，〈元代刑法體系的形成考略〉，收入楊一凡主編，《中國法制史考證》，甲編第五卷，〈宋遼金元法制考〉，（北京：中國社會科學出版社，2002 年），頁 538。

〔註58〕 《元典章》，卷 18，〈戶部卷四‧婚姻‧嫁娶〉，「受財移嫁男婦」條，頁 201。

〔註59〕 此語借自《金律之研究》，頁 94。

並不適用舊例外，更可看出身為官吏的顧、打二人（路同知為從四品至正五品，府判正從六品）皆不如至元八年「夫自嫁娶」案的張世榮般享有「七品以上官，流罪以下減一等」的優容，即便案件性質相當。〔註60〕據此，可看出是類減刑優容隨著泰和律的禁用而消逝。〔註61〕

「夫自嫁娶」案又衍生出另一問題。葉潛昭之《金律之研究》曾藉由本案擷出「七品以上減等」之條文，故可證明《金律》有「議請減贖」的「減章」規定。〔註62〕但既已敘明張世榮官居宣命，自為從五品以上官，若《金泰和律》大體上繼受於《唐律》，則張世榮徒刑減等之依據應為《金律》內相當於《唐律疏議》「請章」（總第九條），〔註63〕而非「減章」（總第十條）之規定。筆者檢索《金史》，卷45，〈刑法志〉有以下文字：

> （大定二十五年）時后族有犯罪者，尚書省引「八議」奏，上曰：「法者，公天下持平之器，若親者犯而從減，是使之恃此而橫恣也。昔漢文誅薄昭，有足取者。前二十年時，后族濟州節度使烏林達鈔兀嘗犯大辟，朕未嘗宥。今乃宥之，是開後世輕重出入之門也。」宰臣曰：「古所以議親，尊天子，別庶人也。」上曰：「外家自異於宗

〔註60〕雖兩肇一方身分為翁，與和娶人妻行為中「夫自嫁者」情況稍異，但考慮到唐、金律有「家人共犯止坐尊長」的規定（參《金律之研究》有關「共犯罪造意為首」之考證，頁50～52），故顧文魁的行為足以構成和娶人妻之犯罪要件。

〔註61〕前述和娶人妻案中有關「嫁娶同罪」的量刑原則可以作為法理概念操作，如同仁井田陞於〈元代刑法考〉一文中指出，《元典章》對刑事案件處理方法之一：「按習慣法或條理作適宜之處理（原文：法慣習または条理等によって適宜に処理する）」（參《中國法制史研究：刑法》，頁533），所謂「条理」係「法律條文有所欠缺時，進行補充解釋或用於裁量的標準」（"法の欠缺（けんけつ）を補う解釈上および裁判上の基準"參〔日〕松村明編，《大辭林》，（東京：三省堂，1988年），頁1197。此處嫁娶同罪即可轉變為一種條理，在適用上無須明確提出法條，並不會觸犯禁行金律的禁令。但有關達到特定官品即可享有減免優容卻必須有明文依據始得行之，一旦作出必然援引舊例而違反禁令。故筆者以為「受財移嫁男婦」案作成嫁娶同罪判決但不讓犯罪官吏在懲罰上享有減免，就技術而言是可行的。

〔註62〕《金律之研究》，頁37～38。《唐律疏議》（總第十條）原文：「諸七品以上之官及官爵得請者之祖父母、父母、兄弟、姊妹、妻、子孫，犯流罪已下，各從減一等之例。」頁34。

〔註63〕該條條文：「諸皇太子妃大功以上親、應議者期以上親及孫、若官爵五品以上，犯死罪者，上請；請，謂條其所犯及應請之狀，正其刑名，別奏請。流罪以下，減一等。其犯十惡，反逆緣坐，殺人，監守內姦、盜、略人、受財枉法者，不用此律。」《唐律疏議》，頁32～34。

室，漢外戚權太重，至移國祚，朕所以不令諸王、公主有權也。夫
有功於國，議勳可也。至若議賢，既曰賢矣，肯犯法乎。脫或緣坐，
則固當減請也。」

二十六年，遂奏定太子妃大功以上親、及與皇家無服者、及賢而犯
私罪者，皆不入議。上謂宰臣曰：「法有倫而不倫者，其改定之。」
〔註 64〕

金世宗朝尚未頒布金律，而係參用前朝律令及本朝條制（相當於後來元代的
聖旨條畫）。此處因外戚犯罪，尚書省依據所謂「八議」規定上奏，但世宗有
鑒於古代外戚權重之戒，故主張不宥后族以壓制其氣焰，又考慮到「議賢」
概念的矛盾性，因此除非身陷緣坐（本人非犯罪者），否則不當減罪。大定二
十六年又規定「太子妃大功以上親」、「與皇家無服者」以及「賢而犯私罪者」
〔註 65〕不得適用八議，其中「太子妃大功以上親」在《唐律疏議》內應為與
「應議者期以上親及孫」、「官爵五品以上者」並列適用「請章」之人，本非
立於「八議者」之列，大定二十六年的修法證明金代法制上曾將太子妃大功
以上親列為八議者，令筆者質疑是否金代並無相當於《唐律》「請章」之條的
規定？礙於尚未找到更直接的證據，不敢妄下定論，但對照前舉《元典章》「夫
自嫁娶」案，張世榮身居五品以上，其減罪判決卻適用達七品以上品秩即可
得減的「減章」，除非刑部官員據引法條錯誤（雖然效果一樣），否則就是《金
律》並未制定「請章」，或其適用對象如八議般被限縮。

至元八年之後，由於世祖下令不得再準用《金泰和律》斷案，故無論係
「請章」抑或「減章」的減罪優免都不可能再次適用於犯罪官吏身上。迄大
德七年三月頒布〈贓罪條例〉為止，筆者尚未發現其創制介於此期間的官吏
減罪規定。至如至元十四年平定南宋後設立江南諸道行御史臺的組織法規「行
臺體察格例」〔註 66〕第 20 條：「監臨之官，知所部有犯法不舉劾者，減罪人
罪五等。糾彈之官，知而不舉劾者，亦減罪人罪五等。」〔註 67〕此處監臨官

〔註 64〕　《金史》，頁 1020。
〔註 65〕　據《唐律疏議》「八議」（總第 7 條）有關「議賢之人」的規定，其注稱其為「謂
　　　　　有大德行。」其疏議又稱：「謂賢人君子，言行可為法則者。」（頁 18）既犯私
　　　　　罪，表示內心有所「私曲」，即不純正動機，故足以作為「賢人」之否定。
〔註 66〕　本格例與《元典章》，卷 7，〈臺綱一‧行臺〉，「行臺體察等例」條、《南臺備
　　　　　要》，「立行御史臺條畫」為同源文書，參《元代臺憲文書匯編》，頁 37 注 1。
〔註 67〕　《元代臺憲文書匯編》，頁 36。事實上該條直接沿用至元五年「設立憲臺格例」

與糾彈官負有舉劾犯罪之責，其「減罪五等」並非刑責之減免，而係其負有連帶責任比照犯罪行為人之刑責作減輕，就邏輯上係添加所負擔之責任而非予以減免。又如至元二十九年頒布的「出首取受定例」規定：「官吏首罪……取勘是實，別無隱漏詐冒，及未經事發者，准首原免。若知人欲告而自首者，減罪二等」〔註68〕則係基於犯罪者於司法程序中的表現而作出的減罪考量。無論係「行臺體察格例」第二十條或「出首取受定例」之首罪減等均非犯罪者具備官吏身分而當然享有的優免，自不屬於本章本節討論範疇，故筆者僅以〈贓罪條例〉頒布後產生的官吏優免規定作分析。

頒布〈贓罪條例〉之詔書內列有該條例的適用者：「諸職官及有出身人等，今後因事受財，依條斷罪。枉法者，除名不敘；不枉法者，須殿三年。再犯不敘。無祿者，減一等。」到了元仁宗於至大四年登基時，其〈登寶位詔書〉又添入「吏人犯贓，終身不敘」一語，〔註69〕至此構成元代貪贓治罪法規適用對象的三大類：一、「諸職官及有出身人」，依據條例規定作出判決懲處，就法律效果而言屬於一般的量刑標準；二、「無祿者」，範圍涵蓋職官或有出身人，但不領取俸祿，若犯贓罪時，其笞、杖刑比照「有祿」的第一、三類人加以「減一等」斷罪；三、「吏人」，即胥吏，若犯贓罪，無論贓額多寡、枉法與否，除笞杖正刑同第一類人外，其黜降處分皆為最嚴屬的除名不敘。前舉三類人士之中，僅第二類享有減刑優免。以下茲舉三條無祿人犯贓案例探討：

1、《元典章》，〈新集至治條例・刑部・贓賄〉，「土官取受無祿同有祿人斷」條：

延祐七年二月　日，江西行省准中書省咨：延祐六年九月十七日，奏過是內一件：「御史臺官人每備着陝西行臺文書俺根底與文書有：『雲南建昌路姓張的同知，因事取受人的馬疋上頭事，本處廉訪司官要了它的招伏，依例斷七十七下，例降散官二等，他是本土人有，依先立定來的，依舊勾當。』麼道，說將來的上頭，俺教刑部定擬呵：『是本處土官無祿人有，依無祿例，減一等，斷六十七下，依舊勾當。』麼道，定擬了呈與俺文書有。俺商量來：待依著無祿減等

第33條，見《元代臺憲文書匯編》，頁34。
〔註68〕《元典章》，卷48，〈刑部十・諸贓三・首贓〉，「出首取受定例」條，頁468。
〔註69〕《元典章》，卷46，〈刑部八・諸贓一・取受〉，「贓罪條例十二章」條，頁453。

斷罪呵。土官犯罪不殿降，依舊勾當，更兼承襲父兄的職事。他是受宣命的人有，難比無祿的人，如今將它依着有祿人的例要罪過，今後俗這般土官犯贓呵，只依這例教要罪過呵，怎生？」奏呵。奉聖旨：「那般者。」欽此。都省：咨請欽依施行。〔註70〕

2、《至正條格》，〈斷例·卷六·職制〉，「湖務站官犯贓」條：

> 至順元年十二月，刑部議得：「諸受行省箚付，充錢穀、湖務、水旱、站官人等，既係無祿雜職，例不入流。有犯贓罪，減等科斷。若准有俸出身、吏員人等一體不敘，似涉太重。除枉法受財，即不枉法贓滿，依例除名不敘，贓不滿者，斷罪解役，別仕。」都省准擬。
>
> 〔註71〕

3、《元典章》附鈔案牘「都省通例：貼書犯贓卻充俸吏」條：

> 大德八年六月十一日（江南諸道行御史臺監察御史）案呈：「察知句容縣住人孔丙六，於大德七年三月內，爲伊兄孔丙四殺人公事前來建康路使鈔行求，在於本府白九舍家安下商議等事。喚責孔丙六，狀招：『數內建康路貼書戴必顯二次要訖中統鈔四十兩。』責得戴必顯狀招：『年三十歲，無疾病，係建康路錄事司正東隅住坐民戶。元充本路刑房陳文奎下貼書，既是承管句容縣結解孔丙四殺死孫二等事，不合於大德七年八月〔忘記〕日，接受孔丙四弟孔丙六行求照覷人情錢中統鈔三十兩，入己。又招：不合因爲本路勾喚伊父孔再一等追勘上項公事，於當年十月內不記時日，受託鍾沐付到展限人情中統鈔一十貫，入己，使用不存。罪犯是實。』大德八年七月初十日（監察御史）議得：建康路貼書戴必顯所招，不合二次要訖孔丙六中統鈔四十貫入己，罪犯。依不枉法例合斷四十七下，係無俸人，減一等，決三十七下，革去。」呈奉 憲臺（行御史臺）箚付：
>
> 「准擬，斷遣了當，回牒照驗施行。」〔註72〕

前舉例一中，被付懲戒人張同知（名未詳），任職建昌路同知，該路爲下路，故官居正五品，爲欽授宣命人員，因事取受馬疋。由於該例未曾敘明其作爲取受對價之違法職務行爲是否遂行，故無從斷定枉法與否。原審理機關

〔註70〕 《元典章》，頁635。
〔註71〕 《至正條格》，頁223。
〔註72〕 《元典章》，頁646～647。另參「陳校本」，頁2263～2264。

（陝西行御史臺）依雲南廉訪司所呈交的招伏，作成「七十七下，例降散官二等，依舊勾當（繼續任該職）」〔註73〕的擬判。由於被付懲戒人爲宣命官，故終審機關爲中書省，刑部受理該案再審，考量到張同知爲雲南土著承襲的「土官」，爲「無祿人」，故依〈贓罪條例〉「無祿人，減一等」規定，將原擬杖刑七十七下減爲六十七下。後刑部呈交擬判與都省，都省認爲張同知職居宣命，雖爲不支俸的土官，但考量到其官爵，不能與一般無祿人等而視之，故黜降處分雖維持原擬，但杖刑部分排除減等優免，依一般刑責判決，且本判例將成爲爾後土官犯贓的斷案通例。由於《至正條格》亦收入本案，故可證明迄元末仍屬有效。〔註74〕

　　例二作成於元文宗至順元年，刑部認爲舉凡錢穀官、湖務官、水旱官，及站赤官等職務屬於不支俸的雜職官，其任命形式又爲行省箚付，故屬未入流品人員，倘有犯贓罪時，若準用有俸職官出身人科刑，或是以其未入流品的階級而準用吏員除名不敘（無論枉法與否），似過於嚴苛，因此主張其黜降處分部分應準用「有俸的」「諸職官及有出身人」科處（除非其受贓性質爲枉法，或不枉法贓額達三百貫者，否則不予除名），其笞杖正刑則仍與減等科斷。

　　例三爲「都省通例：貼書犯贓卻充俸吏」條本案檢索之相關前案，其本案爲延祐七年底（時爲英宗朝，其父仁宗已於該年正月駕崩）由江南諸道行御史臺的分巡監察御史所偵辦，溧水州民吳顯忠舉發句容縣司吏戴必顯任職不應（不應當被任用爲司吏）。戴必顯原爲建康路總管府刑房司吏〔註75〕陳文

〔註73〕《元史》，卷103，〈刑法二〉稱：「土官有罪，罰而不廢。」（頁2635）此處「不廢」意應等同「依舊勾當」。

〔註74〕《至正條格・斷例》，卷6，〈職制五〉，「土官受贓」條，頁223。

〔註75〕陳文奎的職稱應該是司吏。元代地方官廳組織承襲自北宋新法派、金制，而又略作修改，其內部基層單位比照中央六部設計，分吏、戶、禮、兵、刑、工六「案」，各案皆由最基層的「請俸吏員」（意指正式的、受有國家的俸祿的職員）—司吏一員以上掌理，依六種行政業務屬性分工，並由高於六案之上的知事、經歷等「首領官層」人員指揮。依據至元二十一年中書省的規定，較高的地方層級路總管府編制的司吏員額，下路十五，中路二十，最高爲上路三十，因此總管府六案每案平均皆配有一員以上承擔業務，但基層的司縣（錄事司與縣的合稱），尤其是下縣與錄事司，最高員額皆爲四人，代表有些司縣司吏必須一人承擔兩案之業務。由於司吏業務量大，但本身已是法定員額的最基層人員，爲了添補人力，即引進非法定員額、不領取國家俸祿的「貼書」爲助手，且可視爲學徒、未來吏員的候補者。有關元代地方官廳組織架構的研究，參考宮崎市定，〈宋元時代的法制和審判機構〉，頁58圖。地方官廳司吏編制員額，參《元典章》，卷12，〈吏部六・吏制・司吏〉，「額設司吏」

奎房下貼書，於大德七年承辦建康路轄下句容縣上呈的孔丙四殺死孫二案時，〔註76〕取受孔丙四之弟孔丙六中統鈔三十兩，後又因同一案取受鍾沐（代理孔丙六支付賄賂者）「展限人情」〔註77〕中統鈔十貫，合計四十貫。當時巡按至此的監察御史依不久前纔頒布的〈贓罪條例〉以不枉法贓判決笞刑四十七下，革去〔註78〕其貼書職役。又考量到貼書爲無給職，其笞刑部分適用「無俸人，減一等」之規定減爲三十七下。過了數年後，戴必顯捏造履歷於句容縣衙任正職請俸司吏，才又爲溧水州民吳顯忠檢舉，再次罷役。之後戴必顯又以種種理由提起申訴以求復職。總之，此部「都省通例：貼書犯贓卻充俸吏」內容即以大德七年戴必顯取受案爲起始，遷延十七年的若干案件所組成之法律文書，但與本章主題相關者僅大德七年案，日後有關戴必顯謊報履歷再次謀職、被人舉發罷役，以及提起申訴試圖復職等此起彼落的過程皆與本章無關，略而不述。〔註79〕此處可以發現〈贓罪條例〉之「無俸人，減一等」得以適用於吏員階層。

條，頁 159。有關貼書的研究，參考牧野修二，《元代勾當官の體系的研究》，第一章〈吏見習い〉第一節至第三節，頁 6～19。

〔註76〕由於司吏已爲法定編制之最基層，受其指揮的助手貼書實際上並無法定職掌，據王惲，〈爲中省兩部私使貼書事狀〉稱：「（正職吏員）私使貼書通知公務，每房少者不下六、七人，官不係名，私有形勢，例皆掌按牘、主裁決……」可知貼書之職務乃吏員將其自身之法定職務授權其代理。參《邱澗先生大全文集》，卷 85，頁 815。另參《元代臺憲文書匯編》，頁 274。

〔註77〕此處「展限」一語，筆者推測可能與中國傳統法制上的「保辜」制有關。所謂「保辜」，指發生傷害他人案件時，首先將加害人監禁，就攻擊手段而設立不等之期限，倘若受害人於限內死亡，則加害人將可能成立殺人罪，若於限外死亡則坐傷害罪，而獲得較輕之刑責。此處作「展限」應是往前延伸的作法，於該案文件中將孫二受到傷害的時間往前改動，使其死亡的時間得處在保辜期限外，讓兇手孔丙四得以減輕罪刑。由於「都省通例」於犯案過程部分未詳，故難有充分證據顯示戴必顯具體作法，又後來戴必顯被以「不枉法贓」之罪判刑，據《元典章》，卷 46，〈刑部八・諸贓一・取受〉，「定擬給沒贓例」條內稱：「雖已受贓，其事未曾枉法結絕，合從不枉法科斷。」（頁 453）可知戴必顯應尚未遂行其對價違法行爲，意即更改文案內容。有關「保辜」，參考仁井田陞，〈唐律的通則性規定及其來源〉，頁 131～132。

〔註78〕此爲針對非法定員額內招募來的人員作出的類似「除名」的處分方式，其義涵可參《吏學指南》「革罷」條：「革，變也；罷，休也。謂本非官設人員，革除不用也。」（頁 65）因此針對貼書作成的「除名不敘」版本即稱爲革去、革罷。

〔註79〕有關「都省通例」的完整研究，可參〔日〕岩井茂樹，〈元代行政訴訟と裁判文書：《元典章》附鈔案牘「都省通例」を素材として〉，《東方學報》，2010：85，頁 403～441。

　　無祿人之所以得享有減刑優免，筆者舉《元典章》，卷 46，〈刑部八‧諸贓一‧以不枉法論〉，「辦課人員取受」條以茲說明：

> （大德八年八月）湖北道廉訪司議得：「阿老瓦丁以私己人情，追節破使增逾錢數，均該至元鈔一十四兩三錢四厘。其贓俱於受錢名下追徵到官。以不枉法，二十貫以下，決三十七下，解見任，別行求仕。今刑部照擬，却作己身侵使枉法定論，降先職一等，呈准標附。又兼院務比之有司，別無俸給，委是冤枉。乞詳狀。」

> 送刑部照勘，議擬通例面呈：「議得：隨處院務、湖泊辦課人員，多係流品遷轉之職，俱無俸給養廉，年終考校，但有虧兌，勒令倍償。如有侵欺，便以枉法論罪，不惟刑罰偏重，實是情法不倫。以此參詳：除欺隱合辦正課，依枉法論罪外，侵使增逾數，如依不枉法例定擬，似爲平允。所有武昌路務官阿老瓦丁所犯，依准廉訪司元斷，令各人別行求仕，相應。」

> 都省議得：「院務、湖泊辦課人員侵使增餘額外錢數，既是難同枉法，臨時量情輕重論罪。餘准部擬。咨請依上施行。」〔註80〕

以上針對院務、湖泊辦課人員犯贓時之量刑標準做討論，是類人員與《至正條格》，「湖務站官犯贓」條所列人員類似，皆爲無祿雜職。本判例作成於大德八年，但原案事實發生在大德六年，故判決時並不適用〈贓罪條例〉（其「不枉法二十貫以下，決三十七下」的判決亦與該條例規定不合），而可能係依據世祖朝至元二十九年由中書省、御史臺共同定擬頒布的〈贓罪十三等例〉，〔註81〕或係成宗元貞二年六月頒布的〈官吏受賕條格十三等〉。〔註82〕由於此二部法規全文未詳，故無從得知詳細內容，亦無從判斷原案被付懲戒人是否已享有減等科刑。從原審理機關湖北廉訪司呈文可知，刑部原以枉法贓定罪，廉訪司却以「院務比之有司，別無俸給，委是冤枉」爲由向刑部提出異議，最後刑部考量被付懲戒人犯案時任辦課人員，係「流品遷轉之職」，代表各該人員具有流官資歷，於任滿替閑期間被差委辦課，其差委職「俱無

〔註80〕　《元典章》，頁 460。

〔註81〕　《元史》，卷 17，〈本紀十七‧世祖十四〉：「（至元二十九年三月）丁未……中書省與御史臺共定贓罪十三等，枉法者五，不枉法者八，罪入死者以聞。制曰『可』。」頁 361。

〔註82〕　《元史》，卷 19，〈本紀十九‧成宗二〉：「（元貞二年六月）甲寅，降官吏受賕條格，凡十有三等。」頁 404。

俸給養廉」，且須對業務之虧損負責賠償，待遇與責任不對稱，因此擬定：辦課官所欺隱者若爲政府指定徵收的正課錢穀，則依枉法論；〔註83〕若受其挪使者爲多於正課之溢額（增餘額外錢數），則依不枉法例定擬。雖然無從得知是否於正刑方面（〈贓罪十三等例〉所列刑責可達死刑）享有減等優免，但既然有改適用不枉法例之措施，至少比枉法更輕，因而產生刑罰減免之效果。無祿人之所以獲得某種程度的饒恕，肇因於「無俸給以養廉」，考量到任是職者經濟上之困難，故予以從輕論處，此與〈贓罪條例〉所稱「無祿人，減一等」的精神是一致的。但無論如何，元代官吏得享有減免優容之範圍是相當有限的，遠不如唐宋金的規定爲寬（達到一定品秩即當然享有）。

第三節　贖　刑

　　贖刑，在元代又稱「罰贖」（詳下），贖刑係相對於眞刑的概念。據戴炎輝稱，所謂「眞刑」係決死（死刑）、奴役（眞配、眞役）及苦其身（杖、笞）之刑，因此笞杖徒流死五等刑即係眞刑，贖刑之功能在於以其它標的物抵免眞刑，使犯人不受奴役，不苦其身，如以金錢抵免。〔註84〕贖刑與罰金、罰俸都是科與財產上之負擔產生處罰效果，但兩者有根本之差別，沈家本曾提出以下說明：

> 按：罰金之名，始見於《周禮》〈職金〉而詳于《管子》，罪之最輕者用之。罰與贖有別。《説文》：「罰，辜之小者，從刀、詈，未有以刀有所賊，但持刀罵詈則應罰。」「贖，貿也。」貿易財也。五罰輕於五刑，罰爲犯法之小者，而刑爲犯法之重者。凡言罰金者，不別立罪名，而罰金即其名在五刑之外自爲一等。凡言贖者，皆有本刑，而以財易其刑，故曰贖。贖重而罰金輕也。……〔註85〕

以上說明可看出，贖刑之「贖」字具有「貿」、「易財」的特性，亦即「兌換」、「折換」之意，因此贖刑並不具有獨立意義的「刑」、「懲罰」之概念，而係附麗於本刑（眞刑），以財產換取本刑之不執行。而「罰」者在先秦法制裡，爲刑之延伸，作爲比「五刑」（此處指造成永久殘疾的先秦五刑）更輕的懲罰

〔註83〕比方説《元典章》，卷46，〈刑部八・諸贓一・取受〉，「偷課程，依職官取受例問」條的判決就可能延續此一精神，頁459。

〔註84〕《唐律通論》，頁183。

〔註85〕《歷代刑法考》，頁330。

方式存在，故云：「罪之最輕者用之。」「罰金」本身也延續此概念，可作為懲罰之一種，不似贖刑另有所附麗，故稱「不別立罪名」，可在五刑之外自為一等。這點可從元代罰俸看出，被科與罰俸之罪皆屬公務上稽遲、違錯等輕罪，而不會與笞杖眞刑併科（兩相排斥），係一種薄懲項目。〔註86〕

元代得發動贖刑（罰贖）抵免眞刑之要件，係採列舉主義的，據《元史刑法志》記載共四類：

1、諸牧民官，公罪之輕者，許罰贖。

2、諸職官犯夜者，贖。

3、諸年老七十以上，年幼十五以下，不任杖責者，贖。

4、諸罪人癃篤殘疾，有妨科決者，贖。〔註87〕

其中第一、二項是明確提出與官吏有直接關係的罰贖要件，後二項則分別考量犯人因年齡、健康因素無法承受笞杖刑而給予之罰贖優免，與是否具備官吏身分無關。以下將此四點分別解析。

有關第一項之法律條文可參至大三年十月詔書：「諸牧民官犯公罪之輕者，許罰贖。」〔註88〕基本上與《元史刑法志》記載一樣，所謂公罪，乃「緣公致罪，無私曲者」，即所謂執行公務上的疏失是也，〔註89〕若作反面解釋，則所犯為「有私曲」的私罪時，不得發動贖刑抵免笞杖。元代初年尚書省曾作出職官有犯罪無論公私皆不得罰贖的決策，作為御史臺建置後第一批監察御史的王惲為此提出以下抗議：

古者刑不至大夫，禮不及庶人，兼爵祿者所以待材能，廉恥者所以屬節行。此自古之常法，蓋斷不可易者。

今訪聞得，尚書省奏擬到：「將一切內外職官，如公私有犯，不聽收贖，皆以的決論罪。」甚非待才能而屬臣節也。如此，則是有司教人以頑鈍無恥，〔隻〔註90〕〕詬（之）〔亡〕節，廉隅不立。而當職任者既無尊尊貴貴之義，且以官徒自處，苟日計備而已。假如外路

〔註86〕 詳見本文第二章〈懲戒處分〉第十節「罰俸」，注258。

〔註87〕 《元史》，卷102，〈刑法一·名例〉，「贖刑（附）」，頁2604。

〔註88〕 《元典章》，卷39，〈刑部一·刑制·贖刑〉，頁394。

〔註89〕 有關公私罪說明，請見本文第二章〈懲戒處分〉第八節「標付過名」，頁91～93。

〔註90〕 「隻」，音同「之」，參冷玉龍、韋一心編，《中華字海》，（北京：中華書局、中國友誼出版，1994年），1506頁。

一州縣官聽斷民訟，其或無理者，必諭之使退，彼執迷不聽，至於
再三，官偶以怒詈遣出，民必曰：「汝雖無私罪，猶得以辱詈爲公罪。」
是當官者手足無措，爲小民者恣得羅織矣。兼目今官弱民強，例以
侵侮把持爲事，若此法一行，官府決不能立，上司亦不復制矣。論
者必曰：「相臣得罪，且受杖責，此何所措？」是大不然。夫相臣受
責，出人主一時權斷，舊例即非永格體制，不得引爲後例。今欲以
的決施之天下，必將爲常行格法，所謂非常之論，民必懼焉。恐此
言一出，斷不可訓，徒傷天地之恩，爲國家斂怨之舉耳。據此，合
型糾呈。〔註91〕

王惲以《周禮》的「刑不上大夫，禮不及庶人」爲核心理由提出抗議，認爲
不分公私皆的決（執行刑罰），係對官員們無「尊尊貴貴」之禮遇，會降低其
工作熱忱，苟且度日；再加上官員優容的削除，在執行公務時，易受到好事
刁民以羅織作要脅，有損公署尊嚴。王惲又模擬對立方意見者之口吻說：「相
臣得罪，且受杖責，此何所措？」並又對此觀點不以爲然，他稱此種「舊例」
〔註92〕之產生本於君王臨時處斷，而非做爲永久性規範的「永格」〔註93〕，
將其引爲後例即有待商権，若將無條件的決於官吏之方法廣施天下，代表該
例將成爲「常行格法」，造成國家嚴刑峻罰之不佳形象。筆者從管見所得史料
無從得知王惲之意見有無得到正面的回應，〔註94〕但後來元代至少在犯公罪
的處罰上維持了贖刑優免。如前文所述，笞、杖刑無條件的決的辦法可能繼
受自金代，筆者檢索《金史》資料並擷取以下字句以茲考究金代刑罰作風：

〔註91〕 《秋澗先生大全集》，卷87，〈烏臺筆補〉，「論職官公私有犯，不聽收贖，皆
的決事狀」條，頁832。另參《元代臺憲文書匯編》，頁306～307。

〔註92〕 當「舊例」之意涵指涉金代法規時，其範疇並不侷限於《金泰和律》，比方說
王惲條陳〈憲臺典故條例七十三事〉，向元廷介紹前代御史臺典故，有關金代
的部分亦常以「舊例」冒頭（見《秋澗先生大全集》，卷83，〈烏臺筆補〉，「憲
臺典故條例七十三事」，頁800～808。另參《元代臺憲文書匯編》，頁248～
263），故舊例絕非單指作爲刑律的《金泰和律》條文，而是包含所有金代施
行過的規定。

〔註93〕 指於律令之外，皇帝以詔旨發布之法律條文，元代聖旨條畫相當於此。但格
之概念通常係相對於該朝代之律令而言，因此從未頒布刑律的元代，其聖旨
條畫雖然在立法技術上、內容體例上與格類似，亦不當稱其爲「格」。

〔註94〕 此外，陳恆炤先生也曾透過王惲此篇奏議得出類似看法，參 Ch'en, Paul
Heng-chao. Chinese Legal Tradition under the Mongols:The Code of 1291 as
Reconstructed.（Princeton: Princeton University, 1979.），pp.58.

1、《金史》，卷45，〈刑〉：

金法以杖折徒，累及二百，州縣立威，甚者置刃於杖，虐於肉刑。季年，君臣好用筐篋故習，由是以深文傅致爲能吏，以慘酷辦事爲長才。百司姦贓眞犯，此可決也，而微過亦然。風紀之臣，失糾皆決。……

原其立法初意，欲以同疏戚、壹小大，使之咸就繩約於律令之中，莫不齊手並足以聽公上之所爲，蓋秦人強主威之意也。是以待宗室少恩，待大夫士少禮。

終金之代，忍恥以就功名，雖一時名士有所不免。……〔註95〕

2、同書卷129，〈酷吏傳〉：

太史公有言，「法家嚴而少恩」。信哉斯言也。金法嚴密，律文雖因前代而增損之，大抵多準重典。熙宗迭興大獄，海陵翦滅宗室，鉤棘傅會，告姦上變者賞以不次。於是，中外風俗一變，咸尚威虐以爲事功，而讒賊作焉。流毒遠邇，慘矣。金史多闕逸，據其舊錄得二人焉，作酷吏傳。……

初，宣宗喜刑罰，朝士往往被笞楚，至用刀杖決殺言者。高琪用事，威刑自恣。南渡之後習以成風，雖士大夫亦爲所移，如徒單右丞思忠好用麻椎擊人，號「麻椎相公」。李運使特立號「半截劍」，言其短小鋒利也。馮內翰璧號「馮劊」。雷淵爲御史，至蔡州得奸豪，杖殺五百人，號曰「雷半千」。又有完顏麻斤出，皆以酷聞，而合住、王阿里、李渙之徒，胥吏中尤狡刻者也。〔註96〕

就上引資料可知，金代刑罰之殘酷習已成風，雖其律文因尋前代而有增損，但「大抵多準重典」，這多少有受到金初政權更迭頻仍的影響，進而影響統治者的作風，須以暴力手段鎮壓反對者（無論現實或潛在者）。〔註97〕宣宗朝時，金國已屆風雨飄搖之勢，君臣愈發重刑治國的傾向，專尚「慘酷」，以「威虐

〔註95〕《金史》，頁1014。

〔註96〕《金史》，頁2777～2779

〔註97〕陶師晉生的碩士論文《金海陵帝的伐宋與采石戰役的考實》（臺北：臺灣大學文學院，文史叢刊，民國52年）曾對海陵王的個性作出分析，並分別就政治目的（第一章第三節）以及維護官箴（第一章第四節〔1〕〔甲〕）所作出的嚴厲手段，蒐羅出諸多案例，其中有不少施杖刑的情形，多少有追求確立皇帝威信的作用，見該書頁9～18。

為事功」，其作風甚至播及地方州縣的管理，〔註98〕因此，元末修宋遼金三史時，唯《金史》有〈酷吏傳〉，凸顯出元人對金代特色的看法。〔註99〕官員犯罪的決，雖「微過」亦然，而專司糾察的監察官也可能因「失糾」而面臨笞杖。元代修史者認為，金代刑法之建構，其初衷本欲「同疏戚、壹小大」，表示法律之前無特權之精神，有助於強化官箴紀律之維護，因而對待完顏氏的親族「少恩」，對百官大夫亦「少禮」。據元代修史者的說法，稱金代刑法有「秦人強主威之意」，其執法風格與秦代「壹刑」〔註100〕思維可說異曲同工，最後有志於仕途者皆「忍恥以就功名」，如金末士人劉祁所描述：

> ……省令史儀（體）〔禮〕冠帶，抱書進趨，與掾吏不殊，有過，輒決杖，惜乎，以胥吏待天下士也。故士大夫有氣概者往往不就……
> 〔註101〕

據劉祁所稱，世宗大定年間，當局考量到尚書省的基層人員—省令史若純用胥吏背景者，則「定行貨賂混淆」，敗壞吏治，應雜用進士出身者以為清流，提供職官轉補省令史得加速升遷為誘因。〔註102〕然該職位階終究屬於吏員階層，即便係有進士功名者，任此職有過仍須決杖，等同「以胥吏待天下士」，雖有部分具「氣概」者不願屈就，但似乎多數人是「忍恥以就功名」。宋人對金朝此舉亦有深刻印象，例如樓鑰在宋孝宗乾道五年（金世宗大定九年，1169）奉命使金時曾有記錄：

> （乾道五年十二月一日）臨淮尉奪客牛以駕車，為客所訴，鞭條子八十。金法，士夫無免捶撻者，太守至，撻同知。又聞宰相亦不免，惟以紫褥藉地，少異庶僚耳。〔註103〕

從位極人臣的宰執到基層管理治安的縣尉皆不免笞撻，如同吏員皂隸一般，這對講究優容士夫的宋人是不可想像的。陶師晉生認為這是征服王朝之非漢

〔註98〕 有關金代杖刑或杖殺的演變與泛濫，可參陳昭揚，〈金代的杖刑、杖具與用杖規範〉，收於《新史料、新觀點、新視角：天聖令論集》，（臺北：元照，2011年），頁73～93，以及〈金代地方管理中的杖殺〉，《師大歷史學報》，2010：44，頁97～132。

〔註99〕 王明蓀，《元代的士人與政治》，（臺北：臺灣學生書局，民國81年），頁177～178。

〔註100〕 詳見本章注8。

〔註101〕 （金）劉祁，《歸潛志》，（北京：中華書局，1983年），卷7，頁77。

〔註102〕 《歸潛志》，頁76～77。

〔註103〕 （宋）樓鑰，《攻媿集》，（四部叢刊初編，臺北：臺灣商務印書館，民國54年），卷111，〈北行日錄〉，頁1099。

族統治者對中國社會、士大夫官員恩威並施手段之「威」的一面的體現，最後促成政治上的「殘暴化」（brutalization），〔註104〕當然這還得考量到金代政局的不穩定因素。由於元初政府建制時任用許多前金代的官員，連帶的繼承了執法作風的寡恩色彩，並影響其法制建構風格，加上同為征服王朝的特點，此種殘暴化的趨勢也可能延續，進而影響到其官吏懲戒制度，其流風甚至播及更晚的、漢族建立的明代。〔註105〕

此外，由於王惲有提及「不論公私皆的決」的決議係尚書省作成的，故不得排除西域出身之宰執的影響。〔註106〕世祖朝基於財政需求先後重用兩位西域人—阿合馬與桑哥，且各有其量身訂作的官署，爰皆稱作「尚書省」，加上王惲此文又不敘明年份，故無法判斷此決議係阿合馬抑或桑哥所主導，筆者僅以管見史料所限，以桑哥為例作探討，茲舉三則事跡如下：

1、楊載，〈大元故翰林學士承旨榮祿大夫知制誥兼修國史趙公行狀〉（趙孟頫行狀）：

> 遣尚書劉公宣與公（趙孟頫）乘傳至江南，問行省丞相慢令之罪，左右司及諸路官則徑笞之，公深以為衣冠之辱，力辭，桑哥以威逼，公不得已受命，雖遍歷諸郡，未嘗笞一人。還朝，桑哥大以為譴公，然士大夫莫不頌公之厚德。〔註107〕

2、同上：

> 桑哥為丞相，（鍾）〔鐘〕初鳴即坐尚書聽事，六曹官後至者笞。公（趙孟頫）偶後至，斷事官引公受笞，公突入都堂訴之，葉右丞（李）大怒，責桑哥曰：「刑不故〔註108〕上大夫，所以養之以廉恥，教之以節義，且辱士夫是辱朝廷也！」桑哥慚，慰遣公使出，自是所笞

〔註104〕陶晉生，〈邊疆民族在中國歷史上的重要性〉，收於氏作《邊疆史研究集：宋金時期》，（臺北：臺灣商務，民88年三刷），頁8，〈金代女真統治中原對中國政治制度的影響〉，收入同書，頁111～126。

〔註105〕據陶師所述，除了熙宗、海陵二朝等不安定的時代，即便係譽為「小堯舜」的世宗朝，對士大夫施杖刑仍相當普遍，後來逐漸演變為「廷杖」，在元、明兩代繼續使用，是屈辱士大夫的有效方法。見陶晉生，〈金代的政治衝突〉，《中央研究院歷史語言研究所集刊》，43：1（1971），頁143。

〔註106〕關於元初任用西域官員的綜合研究，可另參蕭啓慶先生的碩士論文《西域人與元初政治》，（臺北：臺灣大學文學院，文史叢刊，民國55年）。

〔註107〕〔元〕趙孟頫，《松雪齋文集》，（四部叢刊初編，臺北：臺灣商務印書館，民國54年），附錄，頁123。

〔註108〕不、故二字疑倒置。

者唯曹史（指省掾史或部令史）以下。〔註109〕

3、《元史》，卷18，〈成宗一〉：

（至元三十一年十月）辛丑，帝諭右丞阿里、參政梁德珪曰：「中書
職務，卿等皆懷怠心。朕在上都，令還也的迷沙已沒財產，任明里
不花，皆至今未行。又不約束吏曹，使選人留滯。桑哥雖姦邪，然
僚屬憚其威，政事無不立決。卿等其約束曹屬，有不事事者笞之。
仍以朕意諭右丞相完澤。」〔註110〕

對於江南地區官員施行鈔法遲慢的處罰方式，桑哥亦與出身亡宋的趙孟頫有
爭執，後者陽奉陰違而不笞一人，雖爲桑哥所譴，但卻受到諸士大夫的讚揚。
就如同對地方官員施政的獎懲，桑哥制馭尚書省內部亦頗嚴厲，稍有怠慢即
與笞撻，趙孟頫身居五品兵部郎中仍不免受刑，趙向同樣出身江南的葉李申
訴，後者以「刑不上大夫」的理念與桑哥爭論，認爲讓士大夫受辱即「辱朝
廷也。」桑哥才爲此將受笞對象限於吏員。數年之後，繼世祖而立的成宗對
於中書省務的遲慢頗有感觸，認爲桑哥雖是姦臣，但對其僚屬深具威嚴，行
政效能終非現下中書省可比，故諭令現任宰執可效法桑哥笞決曹官之故事。
綜上三例可看出西域官員與中原士人對於官員懲戒措施的態度差異，前者基
於行政效率的立場主張嚴厲馭下，法無二刑，不因身分而有彈性，但後者卻
堅持「刑不上大夫」的觀念以爲應給予官員一定的優容。〔註111〕當然，筆者
不能斷定西域人的文化背景必定會排斥儒家經典的某些理念，〔註112〕但在實
務上確實有無法兼顧的一面，這點與金代法制亦有相通之處：以嚴厲手段強
化官箴對於行政效能的維護是有助益的。但若將「對金代法制的繼受」及「個

〔註109〕《松雪齋文集》，頁 124。
〔註110〕《元史》，頁 388。
〔註111〕《元代的士人與政治》，頁 176～177。
〔註112〕比方說奕赫抵雅爾丁即係主張對官吏優容的回回官員，成宗大德八年肆赦，
　　　　　廷議時有人建議排除因事取受之官吏，奕赫抵雅爾丁卻反駁道：「不可。恩如
　　　　　雨露，萬物均被，贓吏固可嫉，比之盜賊則有間矣。宥盜而不宥吏，何耶？」
　　　　　後來被任命爲江東建康道廉訪使，見總司廳陳列獄具，問屬下得知係前任官
　　　　　添置以待有罪者，他憮然道：「凡逮至臬司，皆命官及有出身之吏，廉得其情，
　　　　　則將服罪，獄具毋庸施也。」即下令屏去。監憲一年，贓吏削跡。由於其本
　　　　　傳並未提及其是否修習過儒家經典（本傳稱其「幼穎悟嗜學，所讀書一過目
　　　　　即終身不忘。尤工其國字語。」），故無法斷定他的想法係以《禮記》「刑不上
　　　　　大夫」爲根據，但至少可看出其主張對官吏優容的態度。見《元史》，卷 137，
　　　　　〈奕赫抵雅爾丁傳〉，頁 3318～3319。

別西域官員之影響力」兩相比較，則前者顯然更為關鍵，限於筆者才學，在此姑且不論西域文化有無類似「刑不上大夫」的思想，惟金代法制、舊例係伴隨著大量前金朝官員被任命為蒙元官員而繼受，且在開國之初即係中原漢地固有的法規範，若非已有前例可循，個別西域權臣終究不敢擅立其威。從前述脈絡可看出元代對於官吏贖刑的發動要件之所以限縮的種種可能動機，相較之下，《唐律疏議》的贖刑顯然要寬厚許多，對公、私罪是不預設立場的。〔註113〕

關於職官犯夜禁罰贖的規定，事實上並非獨立條文，而係從以下聖旨條畫刪修而來：

> 中統五年八月，欽奉聖旨條畫內一款：「……其夜禁之法：一更三點鍾聲絕，禁人行；五更三點鍾聲動，聽人行。有公事急速及喪病、產育之類不在此限。違者，笞二十七下。有官者，笞一下准贖元寶鈔一貫。」欽此。〔註114〕

此夜禁規定並非專屬規範官員之法，係針對不特定一般人而設，原則上非急務公事或喪病、妊娠者，於未達五更以前不得外出，違者笞二十七下。其中「有官者，笞一下准贖元寶鈔一貫」即為《元史刑法志》「諸職官犯夜者，贖」的原文，由於是合併於適用全體人民的夜禁法，在其中特別列舉「有官者」得贖，算是有別於一般人的優容。

第三、四項據相關資料可以合併討論，據《至正條格・條格卷三十三・獄官》，「老幼篤廢殘疾」第一條：

> 元貞元年閏四月，御史臺呈：「官吏并諸人有罪，年老或篤廢病疾，妨礙科決，贖罪錢多寡，終無通例。」刑部議得：「諸犯罪人，若年七十以上，十五以下，及篤廢疾不任杖責，理宜哀矜。每笞杖一下，擬罰贖中統鈔一貫。」都省准擬。〔註115〕

上開御史臺呈中書省之請示，問題重點在於贖刑之價額，對適用者係將官吏提出與一般人（諸人）並列，似乎預設官吏可能有不同的標準，但是在中書刑部的討論結果中，卻是以「諸犯罪人」一語概括，代表官吏沒有專屬的贖

〔註113〕《唐律疏議》，（總11條）：「諸應議、請、減及九品以上之官……犯流罪以下，聽贖；若應以官當者，自從官當法。」，頁34～35。
〔註114〕《元典章》，卷57，〈刑部十九・諸禁〉，「禁夜」條，頁547。
〔註115〕《至正條格》，頁138。本條與《元典章》，卷39，〈刑部一・刑制・贖刑〉，「老疾贖罪鈔數」條同，頁394。

刑標準，而係與一般人的規定合一，以「責任能力」作為笞杖收贖的判斷標準，而此處年齡七十以上、十五以下，以及「篤廢疾」者，即相當於「限制責任能力人」，雖成立犯罪，但考量其「不任杖責」（承擔刑事責任能力的欠缺）而與收贖作宥免。〔註116〕就元代官制規定而論，原則上不會存在七十歲以上以及十五歲以下的官吏，因為早在至元二十八年四月即作成「諸職官年及七十者，合令依例致仕」的決議，〔註117〕又入仕途徑通常有最低年齡限制，比方說皇慶二年頒布的〈科舉條制〉規定：「舉人從本貫官司，於路府州縣學及諸色戶內推選年二十五以上，……經明行修之士結罪保舉」〔註118〕至元四年〈品官廕敘體例〉：「諸取廕官不以居官、去任、致仕、身故，其承廕人年及二十五以上者聽。」〔註119〕最為優待的係適用於軍官的承襲制，依據世祖朝的規定為十八歲，後考量到青少年投入軍務管理易「躭誤了勾當」，到了至大四年又上修到二十歲。〔註120〕無論科舉、承廕亦或承襲等，都不可能產生十五歲以下的官員。至於殘疾者理論上亦不得仕官，舉《至正條格・斷例》，卷2，〈職制一〉，「廢疾不許從仕」條為例：

> 天曆元年四月，刑部議得：「婺州路永康縣尹劉隆，因事受財。合笞參拾柒下，解任別仕。為本人元係侏儒，有妨科決，罰贖了當。參詳，劉隆侏儒廢疾，不當從仕，今既犯贓收贖，據法再難遷用。驗本官見受資品，合令子孫依例廕敘。」都省准擬。〔註121〕

〔註116〕此處「責任能力」與近代刑法學之「責任能力」概念不完全相同。近代刑法有關責任能力之本質討論，依不同角度衍生出兩類理論：1・「道義責任」說：責任之基礎在於自由意思，行為人必須對其行為之是非善惡有認識、辨別能力，倘若無此認識能力，代表其不具對其行為的「駕馭能力」，故法律不當科罰；2・「社會責任」說：無論行為人狀況為何，均應就其行為對社會負責，而法律存在之目的在於「防衛社會」，此說考量行為人的危害能力，強調非難過去的犯罪行為，以刑罰手段達到對社會的防衛，此處的責任能力在於其「受刑能力」，即「刑罰適應性」。但兩說皆有就行為人精神狀態及有無障礙作為責任能力有無的考量。此處「諸犯罪人，若年七十以上，十五以下，及篤廢疾不任杖責」一語，就近代刑法學的眼光來看，其責任能力的本質偏向「受刑能力」的概念。此處有關中國古代刑法責任能力的研究以及近代責任能力本質學說的介紹，參黃源盛，〈唐律責任能力的規範與理論〉，《漢唐法制與儒家傳統》，（臺北：元照，民98年），頁286～287。
〔註117〕《元典章》，卷11，〈吏部五・職制二・致仕〉，「官員老病致仕」條，頁140。
〔註118〕《元典章》，卷31，〈禮部四・學校一・儒學〉，「科舉條制」條，頁327。
〔註119〕《元典章》，卷8，〈吏部二・官制二・承廕〉，頁93。
〔註120〕《元典章》，卷8，〈吏部二・官制二・承襲〉，「軍官二十歲承襲」條，頁96。
〔註121〕《至正條格》，頁185。

由於婺州路永康縣尹劉隆所受之黜降處分為解見任，據此推斷，其因事受財後於對價違法行為應尚未既遂，故構成不枉法贓，於殿三年後仍得求仕，刑部又認為劉隆是侏儒而「有妨科決」，擬將三十七下笞刑罰贖了當。最後考量到侏儒是廢疾人，本就不當從仕，依其現職資品廕敘其子孫為官。據此，劉隆之所以能任官可能是人事作業疏漏產生的意外，原則上他並沒有入仕的資格。

綜上所述，筆者認為元代專屬官吏的贖刑規定相當狹隘，僅有「犯公罪之輕者」、「犯夜禁者」兩種，且受制於官制的結構，適用於普遍一般人的贖刑規定元則上不可能適用於官吏。

第四節　官　當

除了以金錢做成的贖刑之外，於唐宋刑律裡另有一種將被付懲戒人之官爵（在現實中是指產生官爵資格的告身）繳還並註銷，以抵免徒流刑期（刑等）的減免形式，此為「官當」制，亦可說是「廣義之贖刑」，〔註122〕並產生官階降級的附加效果，因此兼具從刑（懲戒處分）性格，但其第一義仍是贖刑。〔註123〕為此，五代及宋代將官當與贖刑合稱「當贖法」。〔註124〕

官當制的溯源，一般說法是源於南朝陳代，〔註125〕據《隋書刑法志》載：「五歲、四歲刑，若有官，准當二年，餘並居作。其三歲刑，若有官，准當二年，餘一年贖。若公坐過誤，罰金。其二歲刑，有官者，贖論。一歲刑，無官亦贖論。」〔註126〕此處由於五、四歲刑只能官當一半刑期，與後來《唐律》可完全將徒流刑期「當盡」的規定不太一樣，但已經可以看出基

〔註122〕《唐律通論》，頁184。

〔註123〕《唐律通論》，頁244。

〔註124〕有關五代官當法演變資料，可見《舊五代史》，卷147，〈刑法志〉，「內外官當贖之法」以下內容，頁1974，文內收有兩條史料：1・後晉天福六年作成排除散官於官當標的之外的決定；2・後周顯德五年定《周刑統》時，釐清藩鎮屬官與九品官制的關係，並適用於當贖法的規定。此二條史料皆收入《宋刑統》，卷2，〈名例〉，「以官當徒、除名、免官、免所居官」條附准格，頁33。此外，南宋刊刻的《慶元條法事類》卷76亦將官當之規定（與「追官」處分合稱「追當」）與罰贖規定合為一門，稱「當贖門」（頁540～545），可看出贖刑與官當具有某種程度的互通性。

〔註125〕可參沈家本，《歷代刑法考》，頁487以及〔日〕八重津洋平，〈魏晉南北朝の贖刑制度〉，《法と社會》，14：4，頁45。

〔註126〕《隋書》，卷25，〈志二十・刑法志〉，頁703。

本的雛形：官當的折抵對象主要是自由刑、苦役刑。稍晚的隋朝亦有官當制度，其「犯私罪以官當徒者，五品已上，一官當徒二年；九品已上，一官當徒一年；當流者。三流同比徒三年。若犯公罪者，徒各加一年，當流者各加一等。」〔註127〕基本上已與《唐律》規定一樣，乃唐制的直接根源，不過《隋書》並未明確指出陳律官當與隋律官當的淵源。若官當之內涵在於以官爵抵免刑罰，則另一說指出比陳代更早的北魏已有類似制度，《魏書刑罰志》有記載：「世祖即位……詔司徒崔浩定律令……王官階九品，得以官爵除刑。」〔註128〕後又記其〈法例律〉（相當於名例）內容：「五等列爵及在官品令從第五，以階當刑二歲。」〔註129〕因此有學者說北魏的「官當」與《唐律》的官當亦有淵源。〔註130〕總之官當制度大致上萌芽於南北朝，確立於隋唐，而爲宋代繼承，宋代考量到唐末五代以來官制的演變，故對當贖規定作些許調整（可當之官不同）而有別於唐代官當，但終究維持了官當制度的基本原理。至於與宋對峙的遼、金二朝有關官當制的資料較少。

據島田正郎《遼制の研究》一書重新纂輯《遼制》的內容，以《遼史聖宗紀》的兩條記事列爲「以官當徒」條的事跡：〔註131〕一、「（統和四年八月）詔第山西諸將校功過而賞罰之。乙室帳宰相安寧以功過相當，追告身一通。」；二、「（同年十一月）甲午，以盧補古臨陣遁逃，奪告身一通。」〔註132〕但筆者認爲此類追奪告身處分臨時裁量的色彩很高，在字面上也難以確定與官當制之間的關係（必須有資料顯示其追奪告身係用以抵免實刑者）。

金代修《泰和律令》，其藍圖爲《唐律》，連官當制一併繼受是可能的，茲舉《金史百官志》以下記載：

> （金宣宗興定）三年，定辟舉縣令制。……（被辟舉之縣令）犯免官、
> 免所居官，及官當私罪解任、杖罪、贓污者，〔註133〕約量降除。……

〔註127〕《隋書》，卷25，〈志二十・刑法志〉，頁711。
〔註128〕（北齊）魏收，《魏書》，（北京：中華書局，1973年），卷111，〈刑罰志〉，頁2874。
〔註129〕《魏書》，頁2875。
〔註130〕〔日〕佐立治人〈北魏の官當制度〉，收入梅原郁主編，《前近代中國の刑罰》，（京都：京都大學人文科學研究所，1996年），頁161～197。
〔註131〕〔日〕島田正郎，《遼制の研究》，（東京：汲古書院，1973年），頁144。
〔註132〕《遼史》，（北京：中華書局，1974年），卷11，〈聖宗紀二〉，頁124、126。
〔註133〕中華書局校點本《金史》此處原句讀爲「犯免官，免所居官。及官當私罪解任、杖罪、贓污者」筆者以爲「免所居官」與「及官當私罪解任」之間用句

獄成，而會赦原者，亦原之。〔註134〕

此處懲罰主體是辟舉縣令的舉主，倘若被辟之人有犯應免官、免所居官之罪，或因犯私罪受官當解任、杖刑，及犯贓私者，其舉主亦須付連帶責任而黜降。若獄成（審理程序結束，判決有罪）後遇赦免，則舉主之懲罰一併「原之」，因主要責任者被赦原，其連帶責任者自當原之。以上為目前筆者管見金代唯一施行過官當制的記錄。

筆者所見元代法律文件有述及「官當」者，僅有沈仲緯的《刑統賦疏》，其中「公坐為私者，官當同公坐之法」條，其意旨在於被付懲戒人欲圖規避公罪，其規避之行若構成私罪，其本刑部分依私罪處斷，但應以官當者，其官當處分將依公罪之標準抵免依私罪處斷的本刑，以體現「先王造律以恕為本」的精神。該條通例舉延祐三年頒布的「貴賤服色等第」罰則：

> 服（免）色等第，上得兼下，下不得僭上。違者，職官解見任，期年後降一等敘，餘人決五十七下，違禁之物付告捉人充賞。有司禁治不嚴，從監察御史、廉訪司糾治。御賜之物不在此限。欽此。此免官當罪從解任降敘折論。〔註135〕

此處「免官當罪從解任降敘折論」一語係沈仲緯所加，認為降一等敘可比「官當同公坐之法」，筆者以為此條通例之功能與前述「議親、議故獨先於議賢」條通例類似，有牽強附會之感，只是為了注疏凡例之完備所加。元代由於《泰和律》的禁止適用，有關官當制的規定可能如前述「七品以上官減等」的規定般被廢止，且考量到元代黜降處分除了除名處分外，皆不追奪付身，〔註136〕因此須將官爵身分文憑返還註銷以抵免刑責的官當制在技術上不可行。當然，這無法視作元代當局不繼受官當制的「立法理由」（倘作如此解釋反而係

號造成語氣中斷突兀，故改之。

〔註134〕《金史》，頁1209。

〔註135〕《刑統賦疏》，頁256。其原文可參《元典章》，卷29，〈禮部二·服色〉，「貴賤服色等第」第十八條，頁310，《元典章》記其頒布日為延祐二年二月。校注參考《元代法律資料輯存》，頁196。

〔註136〕本文第二章〈懲戒處分〉第一節「除名」有引用《元典章》，卷12，〈吏部六·吏制·儒吏〉，「儒吏考試程式」條之「抄白追會事件」款目，其中有小書「非犯除名，此款不用」一語反映出官吏被科予除名以外之黜降處分時，審理官廳不會審驗其所受歷任宣勅付身，亦不會將其登記於該案卷宗上，故不就被付懲戒人「持有付身狀態」作出任何執行，這代表著在技術層面上無法實行以告身抵免徒刑刑期的官當制。關於付身的介紹，詳本文第二章〈懲戒處分〉第九節「因黜降所造成之其他結果」之（二）「法律身分憑狀：付身」相關內容。

倒果為因），其根本之動機仍有待未來研究突破。

　　繼元之後的明代，並沒有恢復官當制度，清代亦然，這可說是官吏刑罰優免制度發展史的一大斷裂。

第五節　恩　赦

　　關於恩赦，仁井田陞曾簡單界定恩赦的本質：「恩赦係刑罰權之消滅（放棄）及減殺（抵銷）。」〔註137〕戴炎輝亦補充說：「恩赦係皇帝以其恩赦權，原免或降刑之制也。恩赦不但對主刑，而且對從刑亦為之，且兩者不相須。主刑不赦降，即從刑亦同。反之，主刑雖赦降，但從刑（尤其除免），仍不赦原，或祗予減輕。……」〔註138〕因此可以看出《唐律》架構下的恩赦，對官吏懲戒處分的效力只有部分抵銷，甚至不抵銷，而非如實刑、正刑般完全免除。接下來審視元代恩赦規定，茲舉《元史刑法志》有關恩赦效力的條文若干如下：

1、諸職官侵用官錢者，以枉法論，雖會赦，仍除名不敘。〔註139〕

2、諸職官犯贓，已承伏會赦者，免罪徵贓，黜降如條；未承伏者勿論。〔註140〕

3、諸方面大臣，受金縱賊成亂者斬，僚佐受金，或阿順不能匡正，並坐罪，會赦仍除名。〔註141〕

4、諸職官聽訟者，事關有服之親并婚姻之家及曾受業之師與所讎嫌之人，應迴避而不迴避者，各以其所犯坐之。有輒以官法臨決尊長者，雖會赦，仍解職降敘。〔註142〕

元代赦免令的效果僅及於笞杖主刑，其行使對象為不特定人，不專屬官吏獨

〔註137〕原文：「中國古來の君主（また國家）は、自らもつ恩赦の特權によって刑罰權を消滅または減殺せしめた。」《中國法制史研究：刑法》，頁 256。此譯語引自《唐律通論》，頁 322。

〔註138〕《唐律通論》，頁 322。此效果可參《唐律通論》總十八條規定：「諸犯十惡、故殺人、反逆緣坐，獄成者，雖會赦，猶除名。即監臨主守，於所監守內犯姦、盜、略人，若受財而枉法者，亦除名；獄成會赦者，免所居官。其雜犯死罪，即在禁身死，若免死別配及背死逃亡者，並除名；會降者，聽從當、贖法。」，頁 47～51。

〔註139〕《元史》，卷 102，〈刑法一・職制上〉，頁 2613。

〔註140〕《元史》，頁 2613。

〔註141〕《元史》，頁 2616。

〔註142〕《元史》，頁 2619。

享，且從「仍除名不敍」、「黜降如條」及「仍解職降敍」等語可看出，其對「專屬」官吏承擔的黜降處分無效，比唐代恩赦赦免程度更低，嚴格來說並不屬於官吏懲罰減免制度範疇。

小　結

有關元代官吏懲罰減免制度之內容已見前述，在此略作歸納總結：

一、號稱源於《禮記》「八辟」的「八議」制度自曹魏時始入律典，經兩晉南北朝、隋、唐、兩宋皆有繼受。據《金史》記載，金代在頒布《泰和律令》前後皆有施行過八議，但基於「同疏戚、壹小大」的立法精神，金廷對八議作出檢討，最後使其適用對象限縮。元代在世祖至元八年以前曾暫行《金泰和律》作爲官吏執法之法源，但筆者管見未曾尋得元代司法案件審理時發動八議制的實例。禁行金律後，附於其中的八議當然無適用之餘地，而元代中期頒布、具有統一法典性質的《大元通制》，其具有「刑律功能」功能之〈斷例〉，參考元人吳澄及沈仲緯的說法，可以肯定「名例篇」並不存在，亦可據此推估八議制不存。礙於《大元通制》總目與斷例已亡逸，無法直接判斷名例及其內容之有無，所幸 2002 年韓國學中央研究院人員發現《至正條格》元刊本殘本，〔註143〕據其斷例目錄影本所示，〔註144〕開頭第一卷即爲〈衛禁〉，而非〈名例〉，考量到《至正條格》係《大元通制》之續編，可就此回溯推論《大元通制》亦無名例篇，附於名例的八議自無存在之可能。

二、具有《唐律》色彩的「七品以上官，流罪以下減一等」規定，爲《金泰和律》所繼受，元代於至元八年底以前曾加以引用作成判決。至元八年以後，隨著金律之禁行，該條規定如同前述八議般被禁止適用。本文也舉出該時間點後之相似情況案件（就犯罪類型與行爲人之官階而言）並未據引「七品以上官，流罪以下減一等」的實例加以證明。元代本身創制的官吏減刑優免，依筆者管窺僅見「贓罪條

〔註143〕詳見本文第一章〈緒論〉第二節「文獻史料」之（二）「通制條格與至正條格」，頁9。

〔註144〕《至正條格（影印本）》，〈斷例〉，頁1。與《至正條格（校注本）》合刊，分二冊，校注本爲第一冊，影印本爲第二冊。

例」的「無祿人減一等」，該規定適用對象涵蓋職官與吏員，其發動要件在於該員「無俸給以養廉」，待遇與責任不相稱，因此其刑責得以減等。土官亦為不支領國家俸祿之官職，但元廷考量其具有家族世襲性，優容甚重，故不能再以無祿為由享有減等優免。

三、元代贖刑發動要件有「老少篤疾」、「犯公罪之輕」，以及「犯夜禁」者。由於官吏考選、銓敘制度的限制，老少篤疾者理論上不能擔任官職，因此專屬於官吏之贖刑發動要件僅限於犯「公罪之輕」與「夜禁」者，遠比前朝贖刑要件為窄。贖刑要件限縮之原因，係透過任用亡金官員而對金代嚴厲風格的繼承，以及元初重用較不受儒家思想薰陶的西域官員時其管理作風所致。

四、「以官當徒流」制度，自南北朝萌芽，確立於唐宋時期，屬於贖刑的另一型態。遼、金二代是否繼受官當並不明朗，至於元代之規定，考量其官吏罷職（解見任）後並不追奪付身的規定，官當在技術上無法實行，故視為未曾繼受。

五、元代皇帝之恩赦原則上僅及於「苦其身」的真刑、實刑、正刑，而不及於懲戒處分，故對官吏而言不具獨享性，或許可視作「刑罰減免之制度」，卻不能歸類於「官吏懲戒減免制度」。

奠基於「刑不上大夫」思想而創制的種種官吏刑罰減免制度，自秦漢到唐宋可謂不斷茁壯、確立，卻在金元時期萎縮。之所以如此發展，可從前舉金代史料看出，如對八議制的適用限縮是為了防範皇親國戚的跋扈，對官吏之懲罰「的決」則是為求整頓官箴而祭以強硬手段，此與金代官員監臨牧民崇尚嚴厲作風互為表裏。元初朝廷其成員多有在金代仕宦的經歷，也多以金代「舊例」做為新政府設計的藍圖，對元代制度的框架起了關鍵性的作用，加上本不受儒家思想薰陶的西域官員執政，更是不會遵循「刑不上大夫」的理念。最後，由於參仿《唐律》制定的《金泰和律》被禁用，使得唐宋某些官吏刑罰或懲罰減免的措施失去附麗，因而無機會繼續施行。明代建立後，雖頒布《大明律》，但在有關官吏懲罰減免的制度上根本沒有回復唐宋的規模，〔註145〕反與元代相當，可說是「刑不上大夫」思想的式微。

〔註145〕明代雖恢復了八議制，但其「應議者犯罪」條並未恢復唐代應議者流罪以下得減一等的優免規定，而只剩下奏請皇帝「上裁」的功能。見《大明律集解附例》，「八議」條，頁 180～181，「應議者犯罪」條，頁 181～183。

第四章　懲戒案件管轄權架構

第一節　管轄權總說

　　本章擬探究元代有關官吏懲戒案件審理管轄權之沿革，並以監察制度爲探索之核心。所謂「管轄」，源至德文「Zustandigkeit」一詞，據吳庚先生對行政機關之管轄作出以下定義：

> 行政機關依法規之規定，所具有之權限（Kompetenz）。申言之，管轄一方面係機關處理行政事務之權力，另方面則爲對屬於本身任務範圍之事項，有予以處理之職責。〔註1〕

姚瑞光先生則以民事訴訟之管轄爲例作解說：

> 在同級或不同級法院間，就多數之訴訟事件，各自行使裁判權之界限，依法令劃分，由某法院掌管裁判或處理，謂之管轄。某法院依法令規定，就某訴訟事件，應掌管裁判者，謂之有管轄權。故管轄之訴訟事件屬於普通法院之權限爲前提，其不屬於普通法院之權限者，不生有無管轄權之問題。〔註2〕

　　有關管轄之樣態，吳庚分作三類：一、「事物管轄（sachliche Zustandigkeit）」：指按事物（務）之類別，劃分管轄權之歸屬。；二、「土地管轄（ortliche Zustandigkeit）」：指事物管轄所含蓋之地理範圍，此一地理範圍通常爲一國之行政區劃。；三、「層級管轄（instanzielle Zustandigkeit）」：指同

〔註1〕　吳庚，《行政法之理論與實用》，頁179～181。
〔註2〕　姚瑞光，《民事訴訟法論》，（作者自版，臺北：大中國圖書公司總經銷，民國89年），頁17～18。

一種類之事務，分屬於不同層級之機關管轄。其中第三類在近代行政救濟程序中最爲明顯，「原處分機關」與「訴願決定機關」，層次分明有如法院審級管轄。又，區分（各）該類事務中，何者爲中央主管機關之權限，何者爲地方主管機關應辦之事項，此種功能分配之規定，亦屬層級管轄之一種。若將借用此概念套用在元代制度上觀之，吏部與戶部之分工乃「事務管轄」劃分；山東東西道按察司與山北東西道按察司的轄區劃分即爲「土地管轄」劃分；在眾官吏懲戒案件中，按察司可對吏員審判，對職官卻須申呈臺、省定奪則爲「層級管轄」劃分。另外，陳計男先生又指出「審判權」（Gerichtbarkeit）與管轄權之區分：

> 審判權係指普通法院對於某民事訴訟事件得否審理並爲審判之權限。管轄權乃以法院有審判權爲前提，依訴訟事件之性質，分配由某普通法院行使審判權而已。……可知審判權係由法院整體之概念觀察。法院就具體事件可否加以裁判？如可加以裁判，即謂有審判權。……而管轄權係由同級或不同級之各法院，換言之，由法院個體之概念來觀察，就某事件，某法院有權加以裁判，吾人即謂該法院對該事件有管轄權。〔註3〕

申言之，有管轄權之前提爲必須有審判權，無審判權則不生有無管轄權問題。就特定訴訟事件，普通法院能否加以審判，係審判權之問題（如行政訴訟事件由行政法院審判，普通法院即無審判權），至於有審判權後，各級、各地方法院間如何分配審判權限，即屬管轄權問題。借此概念，若監察機關不具有對官吏懲戒案件之審判權，自無「御史臺與廉訪司層級管轄劃分」之問題。

元代監察制度別於前代的創舉之一，即對官吏懲戒案件擁有一定的審判權。再加上元代監察官廳有分布各地、星羅密布的特性，此審判權又再分配予各級監察機關，即所謂「管轄權」之劃分。官吏懲戒案件與一般刑事案件在管轄權劃分上，其不同之處在於：一般刑事案件係依刑責輕重作劃分，據至元二十八年頒布之《至元新格·察獄》有稱：

> 諸杖罪，五十七以下，司、縣斷決；八十七以下，散府、州、軍斷決；一百七下以下，宣慰司、總管府斷決。配流、死罪，依例勘審完備，申關刑部待報。申札魯火赤者亦同。〔註4〕

〔註3〕 陳計男，《民事訴訟法論》（上），（臺北：三民，民國95年四版），頁29～30。
〔註4〕 《元典章》，卷39，〈刑部一·刑制·刑法〉，「罪名府縣斷隷」條，頁393。

官吏懲戒案件則是結合涉案人之官階以及擬受懲罰之輕重兩種因素作爲管轄權劃分的依據，賀凱（Charles O. Hucker）已就其大致格局作出介紹，筆者彙整其文列出以下四點：〔註5〕一、最基層的廉訪司官得全權對所有受省箚任命（流外）的吏員進行懲處（的決），亦可對犯下輕罪的受勅官（六品至九品）進行懲處；二、涉案人爲受勅官而依其自白可能判處黜降處分者，須申文御史臺或行御史臺審理（依廉訪司設於腹裏或外省而論）；三、涉案人爲受宣命官（一品至五品）之案件，一概聞奏處斷（以皇帝爲最高審判者）；四、在至元三十一年（1294）以前，〔註6〕分巡的廉訪司「分司」官可對犯下輕罪的受勅官作審判，但該年以後須將是類案件移牒廉訪「總司」（本部）作判決。以上四點構成監察官廳對官吏懲戒案件審理之層級管轄的格局，迄於元末大致不變。但此種層級分野並非一步到位，筆者將透過有關元代監察制度的條畫、釋函作分析，釐清其演變沿革。

第二節　監察官廳肇建以及地方性監察機關之初創（至元五年）

元代最初的監察法規爲至元五年（1268）七月「設立憲臺格例」，茲舉其中數條：

(1) 彈劾中書省、樞密院、制國用使司等內外百官奸邪非違，肅清風俗，刷磨諸司案牘，並監察祭祀及出使之事。

(3) 諸訴訟人等，先從本管官司陳告。如有冤抑，民戶經左右部，軍戶經樞密院，錢穀經制國用使司。如理斷不當，赴中書省陳告，究問歸着。若中書省看狗，或理斷不當，許御史臺糾彈。

(33) 諸監臨之官，知所部有犯法不舉劾者，減罪人罪五等。糾彈之官，知而不舉劾，亦減罪人罪五等。

(35) 應有合奏稟事理，仰本臺就便聞奏。

(36) 該載不盡，應合糾察事理，委監察並行糾察。〔註7〕

〔註5〕 Hucker, Charles O. "The Yuan Contribution to Censorial History", pp.223-224; The Censorial System of Ming China, Stanforf: Stanforf University, 1966, pp. 27.

〔註6〕 The Censorial System of Ming China 誤書年份爲 1301 年（pp. 27）。

〔註7〕 《元典章》，卷5，〈臺綱一・內臺〉，頁61～62。《元代臺憲文書匯編》，頁203、205，條號依《元代臺憲文書匯編》編排。

「設立憲臺格例」爲元代御史臺組織法，係最高監察機關，爲元代監察制度根源，揭櫫前引第一條係其彈劾權行使對象之範圍，含中書省、樞密院、制國用使司暨各所屬內外官廳。第三條之規定，在一般的訴訟案件中，訴訟人須自所屬地方官廳由下而上，循序上訴至中書省、樞密院等最高主管機關（依案件性質），在訴訟人對前述審理程序之判決仍有不服，纔可向御史臺申訴，而御史臺得以此爲發動彈劾事由，這是彈劾與一般訴訟程序的結合，亦可加強監察機制（主要是彈劾權）的功能。該部格例還列舉出諸多御史臺應糾察的各類政府事務，在最後的第三十五、三十六條甚至用「概括條款」〔註8〕的方式授與御史臺極其廣泛的職權範圍。至於第三十三條則表明，糾彈權之行使者不專屬於監察官員，各官廳之長官對其所屬人員有犯法皆得糾劾，若不作爲則會受到連帶責任。但如此周延的規定卻僅僅止於「彈劾」之行使，並無涉及監察官員是否擁有對案件本身的審判管轄權、進行審判的程序，以及判決結果之執行（執行懲戒）。

在次年（至元六年，1269）二月頒布的「立各道提刑按察司條畫」係地方性監察官廳的設立準據，除了大致上複製「設立憲臺格例」所列可彈劾事由外，對於應行使彈劾權之事項規定多以「申臺呈省」爲結語，故按察司係作爲御史臺在地方的分支機構，襄助御史臺對地方官廳各類違法事件進行糾察，但似乎不具有彈劾案之決定權，亦無因彈劾案而生的懲戒案件管轄權。另外，該條畫始有出現官吏懲戒案件審理程序之規定（第十五條）：

〔註8〕 此處筆者借用近代立法學「概括條款」的概念。所謂概括條款又稱「概括規定」，據羅傳賢先生之說明，概括規定「係指對於某種有效或無效的行爲，或某種應命令或禁止的行爲，沒有具體地指明其法律事實，或構成要素，而僅以抽象的語氣，爲含混籠統之規定的條文。」如法規條文出現「必要時……」、「認爲有公益上之必要……」、「無正當理由……」、或「其他……」用詞時即屬之，此種立法技術在利用「不確定法律概念」，讓法規範能夠與時俱進。之所以產生此作法，緣於法律規定若愈精確，產生的法律漏洞則可能愈大，精確列舉的最大缺點在於易生「脫法行爲」，只要從事「不在列舉之列之行爲」，則不能構成違法要件，最後結果是「無法可管」。另一方面，對官廳職權亦有相同的效果，不在其列舉職掌事項之內，則無法行使職權管理，止得坐視不佳事態發展。又，爲求規範能夠周延，就試圖訂定一套詳盡至極的法律，比起藉由簡單而一般化的規定，其成本花費更大。畢竟欲以有限之法律條文，規範無窮之社會現象，並冀求能與時俱進，似乎不太可能，故就立法技術而言，除盡可能採列舉原則外（追求法律構成要件之精確性），亦將輔以概括性規定，以期周延。參考羅傳賢，《立法程序與技術》，（臺北：五南，民國 97 年），頁 166。

一、察到職官污濫罪犯，每上下半年類申御史臺。合速申者，逐旋
申覆。……〔註9〕

據前開條文所示，按察司若糾察出「職官」（指九品之內者）有污濫之罪，須
每上下半年將其彙整，行移中央的御史臺，若事關重大須「速申」則可即時
申覆，無待每半年之「類申」，此與「申臺呈省」的作法相當，但仍未敘明御
史臺或按察司是否具有對懲戒案之審理、判決管轄權。至同年九月御史臺提
出下列建議：

今擬監察馳驛前往中都路管轄州郡巡按、照刷勾當，若事係利害，
或職官有犯，報臺呈省外，公吏人等稽遲怠慢、污濫不公斷罰體例，
乞明降事。〔註10〕

以上呈文指出，監察御史巡按時，對於職官犯罪事件必須「報臺呈省」，即行
使「設立憲臺格例」賦予的糾舉之權，但對於吏員涉案事件卻未見有明確的
規定。對此，中書省作出以下決議：

省府相度，合下仰照驗。據監察州郡巡按，遇有官吏所犯事重，或職
官有犯者，報臺定奪外，公吏人等稽遲怠慢，詳情約量施行。〔註11〕

在此賦予了巡按御史對吏員案件的審判管轄權，但不及於職官。此規定可從
王惲擔任監察御史所審理過的案件中看出，他係至元五年設立御史臺時第一
批任用的監察御史之一，任職期間迄於至元九年，其權限應係適用以上規定。
王惲在〈彈東安州司吏張芮不公事狀〉指出，對於東安州刑案司吏張芮贓濫
不公案，最後判決「斷訖二十七下（笞）」且「勒停了當」證明，〔註12〕監察
御史擁有對吏員作成判決並執行刑罰的權限，且權限及於黜降處分（勒停）。
但在〈彈聊城縣官污濫事狀〉裏，對於博州聊城縣周縣尹及其手下秦主簿通
奸部民案卻只是「合行糾劾」，並未提及審判結果，〔註13〕由於縣尹與主簿皆
係祗受勅牒官，代表監察御史對更高階的宣命官自無審判管轄之權，如〈彈
博州總管楊庭訓不之任狀〉狀尾稱「合行糾劾」即是。又，雜職官廳的首領

〔註9〕　《元典章》，頁65。
〔註10〕　《元典章》，卷6，〈臺綱二・按治〉，「監察巡按照刷」條，頁70。《元代臺憲
　　　　　文書匯編》，頁228。
〔註11〕　《元典章》，頁70。《元代臺憲文書匯編》，頁228。
〔註12〕　《秋澗先生大全集》，卷88，〈烏臺筆補〉，頁848。《元代臺憲文書匯編》，頁
　　　　　332。
〔註13〕　《秋澗先生大全集》，卷84，〈烏臺筆補〉，頁809。《元代臺憲文書匯編》，頁
　　　　　264。

官亦屬於職官階層，故王惲僅能對其「糾呈」，〔註14〕而不似對司吏張芮般得以「斷杖勒停」。至於對於按察司官是否同時獲得該管轄權，依筆者管見史料尚不明朗。

＊附論：官吏懲戒案件審理管轄權之原歸屬者

管見以爲，監察官廳對官吏懲戒案件之審判權，並非御史臺暨所屬機關初創時所具備。茲錄《元典章》，卷4，〈朝綱一・庶務〉，「體例酌古准今」條：

> 至元五年十二月，四川行中書省〔註15〕移准中書省咨：
>> 來咨：「但有罪名，除欽依聖旨體例泊中書省明文檢擬外，有該載不盡罪名，不知憑准何例定斷，請定奪」事。本省相度：遇有刑名公事，先送檢法擬定，再行參詳有無情法相應，更爲酌古准今，擬定明白罪名。除重刑結案咨來外，輕囚就便量情斷遣。請依上施行。〔註16〕

據前開往復咨文，在法規體系尚未健全的背景下，有「刑名公事」基本上皆呈交中書省「明文檢擬」。但中書省卻在回覆行省之咨文裡授權行省在「輕囚」案件上，先送「檢法」擬定罪名，〔註17〕後行省長官再酌古准今、參詳情法相應與否，就便斷遣。但重刑結案後仍當咨文中書省。此處可以證明司法審判權原則上就是中書省部所管，再由其授權出去的。又據《元史》，卷85，〈百官一〉稱刑部職權：

> 掌天下刑名法律之政令。凡大辟之按覆，繫囚之詳讞，孥收產沒之籍，捕獲功賞之式，冤訟疑罪之辨，獄具之制度，律令之擬議，悉以任之。〔註18〕

由於元代法律體系之「法典化」程度較低，許多案件往往依「斷例」（判例）

〔註14〕 《秋澗先生大全集》，卷84，〈烏臺筆補〉，〈彈甲局首領官張涇影占工役事狀〉，頁812。《元代臺憲文書匯編》，頁269。

〔註15〕 事實上應爲「陝西四川行中書省」，於中統三年立，治所於京兆。至元二十三年四川始置行中書省，而與陝西行省分開。見《元史》，卷60，〈地理三〉，頁1423。

〔註16〕 《元典章》，頁61。

〔註17〕 此處檢法應指行省內職司司法的附屬官廳「理問所」。參考陳高華，〈元朝的審判機構和審判程序〉，收入《元史研究新論》，頁152～153，以及李治安，《行省制度研究》，（天津：南開大學，2000年），頁36～40。

〔註18〕 《元史》，頁2142～2143。

斷決，無例之案經斟酌判決後又成為斷例而對未來相似案件生拘束力，故中書刑部在議擬申稟案件後，等於在進行「大辟之按覆」、「繫囚之詳讞」以及「冤訟疑罪之辨」的同時亦將「律令之擬議」達成，以彰顯其為「天下刑名法律之政令」最高主管的功能。又刑部屬中書省內部單位，通常只與中書「都省」往復文案，鮮少以單獨之名義對外發布文告，故刑部之擬若為都省通過，等同中書省作成之決議、判決。

在大德三年五月御史臺曾向中書省提問：各路、府、州、司、縣官員在供給軍需、造作、差稅或課程等業務上違慢，該管路總管府是否有權逕行審判並執行懲罰。中書刑部檢索出以下判文：

> 至元六年十二月十一日，承奉中書省判送該：「奉都堂鈞旨：『隨路、
> 府、州、司、縣官員，俱係朝廷命官，遇有罪犯，取責明白招伏，
> 申部呈省詳斷。其總管府上司，並不得擅便處決。』」奉此。〔註19〕

據此可知，作為最高地方行政區官廳的路總管府（當時沒有行中書省），對所屬官廳之職官並無審判權，僅得於偵訊之後將其自白（招伏）上呈中書省、刑部判決。另外，本判文並未提及各地方官廳對所屬職官犯罪是否須申文御史臺，得視為地方官廳直接呈省，毋須透過御史臺轉呈，參照前舉「設立憲臺格例」第三十三條證明，對官吏之糾察權並非監察人員獨有，各級官廳（諸監臨之官）不但享有該職權，且更有義務糾舉轄下官吏之犯罪。又，「設立憲臺格例」與「立各道提刑按察司條畫」之內容正如前文所述，並未設定監察官廳之審判權或管轄權劃分，若本判文不與之牴觸，證明這段時間的職官懲戒案件審判權「專屬中書省部」。

到了皇慶二年，中書省又作出以下釋函：

> 臺察照刷出一切稽遲并官吏不公，往往呈省送部定擬。照得：至元
> 十四年七月欽奉「立行御史臺」聖旨條畫內一款（第三十一條）：「凡
> 可興利除害，及一切不便於（事）〔民〕，必當更張者，咨臺呈省聞
> 奏。其於該載不盡，應合糾彈事理，比附已降條畫，斟酌彼中事宜，
> 就便施行。」又至元二十八年九月「立廉訪司分治」條畫內一款（即
> 「廉訪司合行條例」第五條）：「廉訪司官委任既重，却不得苛細生
> 事，闇於大體。違者，同不稱職。」欽此。臺察之設，於今有年，
> 凡行事務，俱有條例。監察御史、廉訪司今後照刷諸司文案，追問

〔註19〕《元典章》，卷39，〈刑部一‧刑制‧刑名〉，「不得擅決品官」條，頁396。

> 一切稽遲并官吏不公等事，欽依已降聖旨事意，斟酌就便施行。果
> 有無例不能與決者，申臺呈省，送部照擬。庶免往復文繁。〔註20〕

中書省認為此前有關監察官廳職權之法規已授權其「比附已降條畫，斟酌彼中事宜，就便施行」除非係「無例不能與決」之案才須「申臺呈省」後送刑部擬定通例頒布，各監察御史及廉訪司官對照刷工作以及所追問之稽遲、不公案件應當充分行使被受之權，斟酌施行，纔不致「往復文繁」。據此可知官吏懲戒案件之審理原屬於中書省部。

其實所謂糾察、體察之本質在於「搜尋並揭漏犯罪事實」，在操作上，有糾察權者係多多益善，纔更能發揮「隨伺監督政府運作」之功效，只不過御史臺、按察司等監察機構更「專職」於此罷了。然而，糾察程序作成之「彈章」（彈劾案）被上級駁回或最後判決無罪即毫無意義，「審判」則不然，其與糾察、體察不同之處在於「必須產生法律效果」，因此審判權與管轄權自當明確歸屬。此時審判權既專屬於中書省部，自無管轄權劃分之餘地，御史臺與按察司只能專職於糾劾，呈交省部或皇帝作判決。由於當時並未如同近代法制體系般將刑事案件與懲戒案件區分的概念，故皆由職司「刑名」的機關或上奏最高權力者（皇帝）審判，日後御史臺、行臺及廉訪司所獲得之審判權實際上係由中書省逐步授權、移轉所生，在必須上呈省部、聞奏判決，或尚未定有法規而須申稟省部定擬之案件裡，〔註21〕仍可看出這層淵源。

第三節　行御史臺之建立（至元十四年）

至元十四年（1277）消滅南宋後，在其故地設立了「江南諸道行御史臺」，作為御史臺的分支，同時將按察司制度拓展至江南，至此構成「御史臺→行御史臺→各道提刑按察司」的三級監察機構設計。其中與彈劾權及懲戒案件審理管轄權相關者有以下條文：

1、《憲臺通紀》，「行臺體察等例」：

（1）彈劾行中書省、宣慰司及以下諸司官吏姦邪非（惟）〔違〕，刷磨案牘。行省、宣慰司，委行臺監察；其餘官府，並委提刑按察司。

〔註20〕《元典章》，卷4，〈朝綱一·政紀〉，「省部減繁格例·又」條，頁60。
〔註21〕如同蘇天爵所稱：「無例者必定擬於刑部。」（《滋溪文稿》，頁448。）

（2）自行御史臺到任日爲始，凡察到諸職官贓罪，追問是實，若罪
　　至斷罷停職者，咨臺聞奏。其餘盜官財者，雖行臺已前，並聽
　　糾察。〔註22〕

2、《南臺備要》，「立江南提刑按察司條畫」：

（13）應合糾彈官吏違枉不公等事，自行御史臺、按察司到任日爲
　　始，吏員有犯，從本司就便斷決。職官有犯，每季類申行御
　　史臺。合速申者，逐旋申覆。諸官府文案，權擬指卷照刷。
　　〔註23〕

由於以上兩部法規同時頒布，故可合併觀察。首先，「行臺體察等例」第一條
即敘明其糾彈對象爲行中書省、宣慰司暨以下各官廳，配合糾彈職權的「刷
卷」程序（檢查其所糾彈官廳的公文），至於行省、宣慰司以外的地方官廳委
之按察司負責，此爲行臺、察司的職權劃分大概。有關懲戒案件審理的管轄
權則可揭櫫該條畫第二條以及「立江南提刑按察司條畫」第十三條，首先，
行臺對察到犯贓罪之職官，於偵訊確認有犯罪事實（追問是實）後，倘被付
懲戒人將面臨黜降處分者（斷罷停職），則移咨中央的御史臺並聽從皇帝裁決
（咨臺聞奏），且可溯及既往對行臺設立以前發生之案件進行糾察並進行偵
訊。反面解釋，若該職官之罪「不至斷罷停職」者，似乎可以逕由行臺判決。
至於按察司的審判管轄將「職官」與「吏員」分開，按察司可全權對涉案人
爲吏員之案件進行審理與判決，但涉案人若爲職官之案件則須每季〔註24〕彙
整並申文行御史臺，事關重大應速申者得隨時申覆，此處與至元七年「立各
道提刑按察司條畫」第十五條大致一樣，只不過其申文對象改爲行臺，而非
御史臺，因爲江南地區諸按察司歸江南行臺統籌指揮，而行臺再依「行臺體
察等例」第二條規定就按察司所申案件中挑出「罪至斷罷停職」者「咨臺聞
奏」。

　　至元十五年（1278）五月，江南行臺又上奏提出數點建議，其中有一條：

諸職官犯罪，除受宣官照依已降聖旨咨臺聞奏，受勅人員應斷應罷

〔註22〕《元代臺憲文書匯編》，頁35。與《元典章》，〈行臺體察等例〉、《南臺備要》，
　　　　〈立行御史臺條畫〉同內容。
〔註23〕《元代臺憲文書匯編》，頁121。
〔註24〕應以每半年爲一季，該條畫第一條稱：「隨處重刑，每上下半年，提刑按察司
　　　　官親行參照文案，當面審視。若無異詞，行移本處官司依例結案。仍具審過
　　　　起數開申行臺。……」（《元代臺憲文書匯編》，頁121）若按察司行使其職權
　　　　的周期含概所有糾彈事項，則職官案件申稟行臺的週期亦同。

者，聽從行御史臺區處。其餘受省箚人員，並聽提刑按察司依上施行。〔註25〕

此係首次依涉案人之任命層級劃分審判管轄權限，將職官分爲欽受宣命官與祗受勑牒官，加上以行省箚文任命之人員（「受省箚人員」，主要指吏員），共分爲三類：一、受宣官，其審判權繼續依以前的聖旨事意（應指「行臺體察等例」第二條）規定「咨臺聞奏」；二、受勑官之「應斷應罷」者由行臺負責審判；三、涉案人若爲受省箚人員，則全權委由提刑按察司審判，前述第三點大致仿效至元六年九月對於監察御史審判管轄權的規定，將其複製於按察司職權內。

第四節　改制廉訪司，以及總司與分司的確立
（至元二十八年以後）

至元二十八年（1291）監察系統趁尙書省右丞相桑哥失勢之時機推動了制度改造，除了重振監察官廳之職能外（擺脫行政機關對其之節制），〔註26〕一項凸出的措施即改提刑按察司爲「肅政廉訪司」，就官署名稱而言自有其意涵，據吳澄所說：

國朝設官之初，(冬)〔各〕道有提刑按察司，後乃更名爲「肅政廉訪」，其意〔若曰〕：爲治一於刑，待天下亦薄矣；是以不曰「刑」，而曰「政」。政者，正人之不正也。政以道之於其先，導之而不從，則刑以齊之於後，而豈專尚夫刑也哉！……〔註27〕

吳澄以爲刑罰非治國之「上策」，上策應爲以政道人，導而不從始以刑齊，若國家專以刑罰爲尙，則「待天下亦薄」，故「肅政」優於「提刑」。另外，方回則又以字義訓詁的角度作解析：

「肅政」者，唐御史臺之別名也。……夫廉訪司本一道風憲之寄，而以唐之臺名冠之，可謂重矣。自檢之謂「廉」，泛謀之謂「訪」，則又合二義而加重其名焉。……〔註28〕

〔註25〕《元典章》，卷5，〈臺綱一・行臺〉，「行臺體察等例：又」，頁64。
〔註26〕郝時遠，〈元世祖時期臺察與權臣的鬥爭〉，《元史論叢》，第四輯，頁121。
〔註27〕吳澄，《吳文正公集》，卷19，〈江西廉訪司經歷司廳壁記〉，頁356。《元代臺憲文書匯編》，頁534。
〔註28〕〔元〕方回，《桐江續集》，（收入《景印文淵閣四庫全書》，臺北：臺灣商務，

方回稱「肅政」係唐代御史臺之別名，更精確的說，該名稱係武周朝改御史臺爲「肅政臺」而生。〔註 29〕以昔日中央御史臺之名冠於地方性監察機構之上，可謂更隆其威信。至於「廉」字，方回係依《釋名》所稱「廉，歛也。自檢，歛也」之釋義；〔註 30〕「訪」字則依《說文解字》，卷 4，〈言部〉所稱「汎謀曰『訪』」。〔註 31〕故筆者以爲之所以改「肅政廉訪」代表著比起「提刑按察」更具有任務針對性（整頓官箴）。但此次改制決不僅於改換名稱，其組織特性亦有重大改變，據宣佈改制的制文所稱：

> 外頭有的提刑按察司官人每，在先半年裏一遍刷卷、體察勾當出去有來。各道裏不住多時，一路的過去上頭，百姓每生受，官人、令史每做賊說謊的，不得知來。爲那般上頭，將提刑按察司名字改了呵，立了肅政廉訪司也。這廉訪司官人每，提調著各路，監臨坐地者。〔註 32〕

因爲舊按察司官於分巡時，對其按治之處不具常駐性（各道裏不住多時），僅仰賴例行性的刷卷程序，就所按之處的官吏違法行爲仍難有效糾舉。改制爲肅政廉訪司之後，各廉訪司官之「分巡」必須常川「監臨坐地」以「提調各路」，因此各道廉訪司之下於各路設有稱作「分司廳」的專屬官衙，每一位具有糾察職權的廉訪司官，如副使、僉事等，於赴廉訪司到任後十日內，〔註 33〕

1983 年，第 1193 冊），卷 35，〈江南浙西道肅政廉訪司題名記〉，頁 697。《元代臺憲文書匯編》，頁 537～538。

〔註 29〕〔唐〕杜佑，《通典》，（北京：中華書局，1988 年），卷 24，〈職官六〉稱：「武太后時，改御史臺爲「肅政臺」，凡置左、右肅政二臺，別置大夫、中丞各一人，侍御史、殿中、監察各二十人，又置肅政臺使六人，受俸於本官，略與御史同，尋罷之。左以察朝廷，右以澄郡縣。時議以右多名流，左多寒刻，其遷登南省者，右殆倍焉，以其不陵朝貴故也。二臺迭相糾劾，而左加敬憚。神龍以後去肅政之名，但爲左右御史臺。」（頁 660）。

〔註 30〕〔漢〕劉熙，《釋名》，（上海：商務印書，四部叢刊初編），卷 4，〈釋言語第十二〉，頁 17。

〔註 31〕〔漢〕許慎著，臧克和、王平校訂，《說文解字》，（北京：中華書局，2002 年），卷 4，〈言部〉，頁 143。

〔註 32〕《元典章》，卷 6，〈臺綱二・體察〉，「改立廉訪司」條，頁 67，《元代臺憲文書匯編》，頁 218。與《憲臺通紀》，「更提刑按察司爲肅政廉訪司制」同一內容，《元代臺憲文書匯編》，頁 43～44。

〔註 33〕《元典章》，卷 6，〈臺綱二・體察〉，「廉訪司合行條例」第 1 條。「廉訪司合行條例」是翌年正月頒布的細節補充。頁 67。《元代臺憲文書匯編》，頁 219。另外，本條例於《元典章》卷 6 所書之頒布年月雖爲至元二十九年正月，但在同書卷 4，〈朝綱一・政紀〉，「省部減繁格例・又」條稱該條例爲「立廉訪

各率書吏、奏差一員〔註34〕轉赴分司廳監治分定路分，非奉聖旨之令，其他官署不得擅自差委他事。〔註35〕至於各道廉訪司的首長「正使」則坐鎮司本部，故又稱「總司」。據李治安先生所稱，舊按察司官在官制上屬於中央的「隨朝官」，改制廉訪司之後則被歸入「外任官」，也就是具有地方官的性質。〔註36〕筆者以爲廉訪司官常駐分司廳按治的制度設計係將「御史臺→行御史臺→按察司」的三級架構增加爲四級。接著該制文就官吏懲戒案件之管轄權限作出規定：

> 如今，但是勾當裏行的官人每，交百姓每生受、要肚皮、壞了勾當的人每，肅政廉訪司官人每體察（着）〔者〕。拿住呵，受勅的官人每根底，取了招伏呵，杖子裏決斷的罪過有呵，他每就便要了罪過者。重罪過有呵，臺裏與將文字來，咱每根底奏者。受宣的官人每做罪過呵，取了他每招伏，奏將來者。〔註37〕

據前開制文顯示，任何一位具糾察權的廉訪司官對涉案人爲受勅官之案件，就其招伏之罪名應處笞、杖刑者，得徑與施行。對於「重罪」者則須「申臺」

司分治條畫」，稱其頒布年月爲至元二十八年九月，筆者以爲卷 6 所書乃御史臺受領中書省箚付的年月，而卷 4 則係中書省箚文節錄，故以卷 4 所書年月爲該條例眞實頒布年月。

〔註34〕屬員編制延續至元六年〈立各道提刑按察司條畫〉第 23 條：「提刑按察司遇分輪巡按等勾當，各許將帶吏員二人，並聽馳驛。」見《元典章》，頁 65。有關廉訪分司官與屬員工作實況可見〔元〕楊禹著，余大鈞點校，《山居新語》，（北京：中華書局，2006 年），卷 2：「至治二年，江西廉訪僉事哈剌、書吏畢宗遠、奏差陳汝楫，巡按至瑞州路。一日，看卷之際，僉事見鼓樓上紅衣人往來，問他人皆不見之。少頃，雷雨大作，電光直入廳事，旋繞隨至卷所。宗遠亟踰杈欄而出，髭鬢悉爲電光所燎。文卷被羊角風擊去，旋入雲霄，竟不知落於何處。陳汝楫擊死於地。泰定間，宗遠侍父畢敬之來松江爲庸田使，親言此事。」（頁 216）此處不考慮雷殛奇聞，據此可知赴分司廳按治的廉訪司官，其屬員爲書吏、奏差各一員。

〔註35〕前舉「廉訪司合行條例」第 2 條，頁 67。

〔註36〕李治安，《元代政治制度研究》，（北京：人民出版社，2003 年），頁 290。李治安參考自王惲，《烏臺筆補》，卷85，〈論監司簽事職劇祿薄狀〉有「切見按察司簽事，係隨朝正五品官……」一語（《秋澗先生大全集》，頁 816，《元代臺憲文書匯編》，頁 276），認爲按察司僉事屬隨朝官，可推斷在其之上的正、副使亦同。又依據《元典章》，卷7，〈吏部一・職品〉，「內外文武職品表」將廉訪司官列於「外任」官，故可視爲地方官，其中廉訪正使係外任正三品（頁75），副使爲正四品（頁 76），簽事則爲正五品（頁 77）。

〔註37〕《元典章》，頁 67。《元代臺憲文書匯編》，頁 218〜219。

（若至元六年「立各道提刑按察司條畫」第十五條以及十四年「立江南提刑按察司條畫」第十三條的規定未變，則所申之臺依廉訪司所屬，可能爲御史臺或行御史臺）後上奏裁斷。至於受宣大員爲涉案人者，一概於偵訊完結後上奏處斷。此處「重罪」當指重於杖刑的配役、出軍或死刑等刑罰。此處可以看出地方性監察官廳的管轄權明顯比至元十四、十五年更爲提升，在過去僅能對吏員進行審判並執行懲戒，進而擴張至受敕官，加上不預設限定爲何種廉訪司官可行之，故可推斷無論總司、分司皆可對受敕官進行審判並施行懲戒。

如此高度授權、授能的設計在三年後又有些許限縮，至元三十一年（1294）御史臺奏准：

> 凡職官取受錢物，贓狀明白，例合斷決者，欽依元降聖旨，除受宣官員申臺聞奏外，受敕官員移牒總司會議斷決。事有疑似，備細申臺。〔註38〕

至元二十八年設立廉訪司的制文裏並未釐清廉訪總司與分巡廉訪司官的層級管轄劃分，等於雙方管轄權對等。迄至元三十一年更改爲對涉案人爲受敕官之案件，分司官必須移牒總司「會議」審判。延祐三年又作了以下規定：

> 延祐三年六月，欽奉聖旨〈作新風憲〉內一款：「廉訪分司按治諸職官有犯公罪，事重者會議總司，事輕者依例罰贖。其首領官稽違罪犯，斟酌輕重，依例施行。」欽此。〔註39〕

分司官對於犯「公罪」之職官，其刑責可能「事重」者移牒總司會議，若情事較輕得罰贖者可逕自行之，這是對前引至元三十一年「廉訪分司斷職官會議」〔註40〕之「受敕官員移牒總司會議斷決」規定的補充，且有「擴大管轄權」的意義。此處稱「職官」而不分宣、敕，可能係將犯較輕公罪得罰贖的受宣官一併授權分司辦理。對於首領官則如同對吏員般逕決，但首領官實際上係依據在官廳內職掌業務（統領六曹，職掌案牘）〔註41〕所生之概念，與受宣、受敕或職官、吏員之劃分無涉，其官階可能橫跨流內、外，比方說流內的首領官如路總管府的經歷、知事等皆應視作祇受敕牒的「職官」，若所犯「非公罪之輕得罰贖」者，仍須會議總司斷決，流外的州縣吏目或典史纔得以由分

〔註38〕〈廉訪分司斷職官會議〉，《元代臺憲文書匯編》，頁47。
〔註39〕《憲臺通紀》，〈廉訪分司斷職官會議〉，《元代臺憲文書匯編》，頁67。
〔註40〕《元代臺憲文書匯編》，頁47。
〔註41〕《師山集》，卷3，〈送鄭照磨之南安序〉，頁23。

司官巡決。

有關「分司移牒總司」的實況，可從許有壬之奏文看出：

> 朝廷立法，謂舊制月日拘迫，不能徧歷，改擬八月中分巡，四月中還司，所以責其郡邑必徧而事務必辦也。今則每至分司之時，總司依時分道發印，而各官因循宿留，非半月兩旬不能出戶。總司未免催促，遂至搆怨生隙，妨害公事。至於文移之往來，自有遞鋪，必曰重事，亦自有額設奏差乘驛往來。或者又有必須議論面相可否之事，須要經手諳知首尾之人，則書吏固其人也。今則每遇會議公事，司官必領吏屬躬自還司，驛馬祗應之勞費，郡邑官府之送迎，歲月因循，事務廢弛。一行之間，所失若是之多也。又，每遇詔赦，不問條款拘該如何，指稱未奉通〔例〕，一例回還，直候申稟明降，方行出司。雖有明白赦前應追會者，亦漫不省視。至於體覆、體察之事，與赦文了無相干，一切付之不理。此尤不可不論者。〔註42〕

廉訪司官於每年八月離開總司赴分司廳按治監臨，訖翌年四月回還總司，〔註43〕這是例行性的分巡規定。啓程之日，總司會發給分司關印與分司官，分司官即率領書吏與奏差各一員赴任。理論上遇有須移文總司之事，分司官可命所領奏差負責遞送。對於其署理案件之審議討論，可派遣平時襄助分司官審理、刷卷的書吏赴總司。但事實上，每有公事須回還總司會議時，分司官會偕所

〔註42〕《至正集》，卷74，〈公移一·風憲十事〉，〈會議還司〉，頁334。《元代臺憲文書匯編》，頁439。

〔註43〕洪金富先生〈元代監察制度的特色〉一文曾指出（頁237～238），《元史》，卷41，〈順帝四〉至正三年三月戊寅（十二日）有詔：「作新風憲。在內之官有不法者，監察御史劾之；在外之官有不法者，行臺監察御史劾之。歲以八月終出巡，次年四月中還司。」（頁867～868）係高度濃縮史料而產生的錯誤記載，使人誤以爲行臺御史的分巡期間爲八月至四月，其原文乃據《憲臺通紀續集》至正三年三月十二日〈作新風憲制〉第一條與第四條（《元代臺憲文書匯編》，頁97），而《元史》將其不當濃縮，犯了張冠李戴的錯誤。事實上「八月分巡，四月還司」係廉訪分司官的分巡規定，至於監察御史的分巡起日在九月初旬以前，該制未明定還「院」（御史無「司」可還，只有察院可歸——洪金富語）日期，故監察御史之分巡規定遠較廉訪分司官彈性。但南開大學教授李治安先生的《行省制度研究》，第十章〈行省制的派生物——行御史臺〉第二節〈大夫中丞綜理與察院巡守〉文中以爲，前舉《元史·順帝紀》之記載「大抵不錯」（頁175～176），引起與洪金富的爭議，後來洪又撰〈元代監察官吏的出巡日期問題〉（《新史學》，13：2，頁157～175）一文重申〈元代監察制度的特色〉有關監察御史、廉訪司官出巡規定的論點。

率屬吏親自還司赴會，對於驛站袛應之花費甚大，加上各路衙署皆須對分司官作洗塵、餞行事宜，如此一來則有頻繁迎送之廢。又，每遇皇帝詔赦，分司官不論當下審理案件所據法規為何，一概視作「未奉通例」，即未得中央指示，回總司後旋即將自身署理之案件申稟，等候中書省部作成決議回函方才離開總司回到分司廳繼續其巡按工作，若加上「八月分巡，四月還司」的時間規定以及官員個人的惰性（各官因循宿留，非半月兩旬不能出戶），則事實上常川按治諸路的時間相當短促，不利於基層監察工作之推行，因此許有壬主張分司官應更加授權書吏、奏差委事，本人應留守分司廳等候回文，於翌年四月以前不得擅自回還總司。至於其建議是否被採用仍待進一步考究。另外，《憲臺通紀續集》，〈守郡分司〉係順帝朝後至元六年（1340）的資料，其中有監察御史向御史臺牒文：

> 各道憲司，每歲支郡分司出於外，而守郡應有印信衙門又摘廉使一員照刷文卷，其餘首領官吏並不與聞。刷卷之際，事干會議，移文總司。待其迴文，然後處決。跬步之間，反覆文繁。其餘專行之事，總司既不干與，妄生彼此，傍觀坐視，面是背非。政事乖戾，官府不和，恒由此出。今後莫若除支郡分司外，將置司去處應有公事，令守司官員一同按刷，首領官書卷，庶絕彼此之分，亦無文繁之弊，官府和睦，政事流行，體統歸一，紀綱不紊。〔註44〕

該名監察御史指出各道廉訪司除了分治各路的分司外，總司所在路分（即置司之處，此處作「守郡」），亦行照刷工作。由於各廉訪司置有廉訪正使二員，並列為首長，且皆坐鎮總司（不分巡），對守郡的照刷業務將委任其中一員負責。對「事干會議」之案件，如同分司般須在總司內部進行「移牒總司」的流程，徒生文繁之擾。至於所謂「專行之事」（比方說相當於分司官對吏員懲戒之逕決權力）又可能會造成受委任之廉訪使與總司（即另一名廉訪使）之間的爭端，因此該監察御史建議照刷守郡文案的工作由兩名廉訪使共同負責，總司首領官襄助其事。總司守郡的工作情況如上，分司按行作業效率可想而知。對於「分司移牒總司會議」流程，總司與分司官的權限劃分可參《憲臺通紀續集》，至正七年七月十七日〈作新風憲制〉第三條：

> 廉訪分司，凡有會議公事，議擬未當者，總司駁回，再行追問。行過文案，總司參照檢舉。果有差錯，隨即改正。此實舊章，行之有

〔註44〕《元代臺憲文書匯編》，頁 87～88。

素。……〔註45〕

前開資料指出，分司官對於應移牒總司之案件有先行審擬之權，若總司駁回其擬，回牒後再行追問審訊。對於照刷工作有差錯，總司亦可旋即更正，雖然制文作成已屆元末，但其稱「此實舊章，行之有素」可知此規定之施行已有相當時日。因此許有壬所批判之情況，係分司官怠於職掌，凡事故作疑義移牒並回還總司會議，藉故「開小差」的陋習，爲具體程序規範上的留白所致（並未強迫分司官須在分司廳留守至回還日）。據李治安之說法，「移牒總司會議」與元代諸官署的「圓座署事」制度並行不悖，雖要求廉訪司各正官（有糾察權的廉訪正、副使、僉事）共同商議公事，但並非所有人共處一堂議事，而係以移牒會議的方式呈現，〔註46〕係圓座署事制之變體。另外李治安還指出此作法並非於至元三十一年始創，〔註47〕據《元典章》，卷6，〈臺綱二‧體察〉，「察司體察等例」第二十一條：

> 提刑（案）〔按〕察司官，若分輪巡按所管官司，須得遍歷。其有改正及行移公事，報本司照驗。如有不當，聽本司會議改正。司官巡按所見不同者，亦如之。事涉疑難，申臺詳酌。本司所行之事，司官有異見者，亦准此。〔註48〕

舊按察司尙未有總司、分司之設計，因此前開條文係就「本司」與分巡之「司官」間行移作出規範。按察司官於巡按時，遇有被巡按官廳公事須改正或有事須請示者，須移牒本司照驗。本司得以對巡按司官之決定駁正。若事涉疑義或是本司與巡按司官有爭議時則申稟御史臺（如爲江南地區之按察司則申稟江南行臺〔註49〕）。雖然至元三十一年的「廉訪分司斷職官會議」是繼承自至元六年始創、至元十四年重申的程序規定，但談到結合審理管轄權限之劃分，至元三十一年纔是使「移牒總司會議斷決」的制度臻於成熟的時刻。另外，賀凱所描繪的元代監察制度審判管轄權架構，其確立也是這段時間以後的狀態。

監察制度在運作上有一定的獨立性，至元二十八年改提刑按察司爲肅政廉訪司的制文裡有稱：

〔註45〕《元代臺憲文書匯編》，頁110。
〔註46〕《元代政治制度研究》，頁302。
〔註47〕《元代政治制度研究》，頁302。
〔註48〕《元典章》，頁65。《元代臺憲文書匯編》，頁215。
〔註49〕《南臺備要》，〈立江南提刑按察司條畫〉第十一條，《元代臺憲文書匯編》，頁121。

> 又，「管民官與按察司官，遞相照刷文卷有。」道來。那般照刷阿，
> 遞互廝掩閉者，罪過不交出來者。如今，廉訪司的文卷，管民官休
> 照刷者；管民官的文卷，肅政廉訪司官人每依舊照刷者。廉訪司官
> 人每行的是與不是的，省裏、臺裏差的人，去他每根底體察、照刷
> 文卷者。〔註50〕

此處「管民官與按察司官，遞相照刷文卷有」係桑哥所提議的，他以太祖時
代曾有「臨官事者互相覺察」之故事為由提出此建議，時間約在至元二十四
年。此外桑哥在同一時間也以江南行臺與各行省之間並無行移，必須各自咨
稟御史臺或中書省聞奏，以致往復文繁為由，提出行臺必須如同御史臺向中
書省呈文一般，向各行省呈文，〔註51〕等同截斷御史臺與行御史臺原有的直
接指揮關係，讓監察機關聽行政牧民機關節制。但在桑哥失勢後，監察機關
獲得重振的機會。由於管民官與按察司「遞相刷卷」會造成「遞互廝掩閉」，
即產生雙方隱蔽彼此罪行（罪過不交出來者）的鄉愿結果，因此本制文決議
在改制廉訪司之後，由廉訪司單方面照刷管民官廳的文案，管民官則不照刷
廉訪司。至於對廉訪司官吏之考核則由中書省、御史臺會同派遣專員進行體
察、照刷。

第五節　監察官廳運作之獨立性及所謂「世祖舊制」

　　至元二十八年的措施看似擺脫桑哥執政時期對監察機關的桎梏，但事實
上並未達到完全獨立之境界，因為早在至元六年設立按察司時即有以下二條
規定：

> （24）一、提刑按察司有聲跡不好者，仰御史臺體察。雖未任滿，
> 許行奏代。………
> （26）一、提刑按察司官，比至任終以來，御史臺考按，得使一道
> 鎮靜，諳知大體所察得實，民無冤滯，為稱職；苛細生事，
> 闇於大體，所察不實，民多冤滯，為不稱職。視其實跡，呈
> 省定奪。〔註52〕

〔註50〕《元典章》，頁67。
〔註51〕《元史》，卷205，〈姦臣傳・桑哥〉，頁4572。另參〈元世祖時期臺察與權臣
　　　　的鬥爭〉，頁118～119。
〔註52〕《元典章》，卷6，〈臺綱二・體察〉，「察司體察等例」，頁66。《元代臺憲文
　　　　書匯編》，頁215。

元代對於按察司之考核以及對按察司不良行爲之糾察，其原始設計即專屬御史臺職掌，至元十四年設立江南行御史臺時又重申類似規定，賦予行御史臺考按江南諸道按察司之全權。〔註53〕因此至元二十八年之省、臺會銜體察廉訪司的規定終究不如按察司原始創制時監察機關所具有之獨立性。

在官吏懲戒案件之審判權上，監察官廳理論上具有專屬性，〔註54〕但在桑哥倒臺後，仍不時有非監察系統官廳試圖侵奪專屬監察官廳專屬之懲戒案件審理權的舉措，比方說成宗元貞元年十一月，中書省據江浙行省平章政事明里不花之奏文，稱監察御史與廉訪司官時常干擾行省業務，恣意懲戒受有宣、勅的職官，甚至透過對行省令史的判決逆向迫使行省更改原行之決議，此外對於監察人員應負責之體察業務，常常轉委管民官代理，自己卻不親行按問。因此中書省與御史臺共同商討而作出以下決議：

> 今以後，察知受宣勅官罪過呵，他每問了，與附近省官或宣慰司官、路官、元體察官，一處審問。是實呵，受勅官，依先體例，就那裡一同斷了。省官人每根底，行文書交知者。受宣者，咱每根底奏將來。他每的罪過，咱每識也者。又，行省官主着行的勾當，有錯呵，監察每申臺者。令史取受，覷面皮，差錯公事，遲悞了文書呵，監察與行省官一同審問。重罪的，也申行御史臺者。輕罪的，就行省裏一同斷罪者。廉訪司、監察每體察的勾當，於內若有事干人眾，卒難結絕呵，委付管民官，交一同裏歸問，休單摘委一員者。〔註55〕

上開內容決定，監察御史與廉訪司官察出有官吏不法情事，與該管行省官、宣慰司官、路官會同審問。罪名成立後，受勅官依例處斷，並將判決結果移文行省告知；受宣官則聞奏區處。行省公務有失錯，監察御史申臺。行省令史有取受、關說、公務違錯或稽持文案者，由監察御史與行省官會審，輕罪就便斷決，重罪則申行臺。監察人員體察之公事有事干人眾，短時間難以結案者，可委管民官一員會審，但決不可以讓該管民官一人獨審。另據《元史·成宗紀》記載「州縣官（涉案人）與本路同鞫，路官與宣慰司同鞫，宣慰司

〔註53〕 《元典章》，卷5，〈臺綱一·行臺〉，「行臺體察等例」第二十九條，頁64。《元代臺憲文書匯編》，頁120。

〔註54〕 「專屬性」係指一切官吏懲戒案件之審理係屬御史臺暨諸監察官廳的專屬職權，但在涉案人身分、刑責輕重以及轄區方面，監察機構內部另有其管轄劃分。

〔註55〕 《元典章》，卷6，〈臺綱二·體察〉，「戒飭司官整治勾當」條，頁68。

官與行省同鞫。」〔註 56〕可知與監察官會審之管民官所屬官廳皆爲涉案人所屬官廳之上一級。但在兩年後（大德元年，1297）此作法因御史中丞崔彧之建言而廢止，據其所稱，行省以下對管民官犯贓罪者「再行審斷事理」的措施係以明里不花「一己之見」爲由，不足爲法，故應依至元六年「初立提刑按察司條畫」以及二十八年「改立肅政廉訪司」等累降聖旨之規定施行，才可「委任既專，紀綱自振」，〔註 57〕簡而言之即恢復舊制獨任監察官廳審理懲戒案件（委任既專）的規定，排除管民官會同審理的作法。大德五年（1301）三月「戒飭中外官吏」裡，御史臺又再次批判明里不花當年之建議，並有以下主張：

> （指內外大小官吏）要肚皮、沒體例行的，（1）依著立廉訪司以來世祖皇帝已降聖旨事意：（2）受勅官，廉訪司問的，招了呵，行移總司會議斷者。事重，申臺者；受宣者，申臺聞奏者。……（3）監察每照刷出行（臺）〔省〕令史稽遲違錯：輕者，就便斷決；重者，申臺者。（4）廉訪司問的公事裏頭，有干礙人眾，卒難結絕，不能親到呵，管民官裏選廉幹人員歸問者。……〔註 58〕

從前開節文第一點可見，在當時監察官員的認知裡，官吏懲戒案件專屬監察官廳審理的制度設計是世祖朝訂定下來的原則，若與管民官同審則「中間窒礙有」、「不便當」。第二點則係將至元二十八年「更提刑按察司爲肅政廉訪司制」以及至元三十一年「廉訪分司斷職官會議」聖旨結合。〔註 59〕第三點之「行臺令史」應改爲「行省令史」，此處只針對監察御史而不提廉訪司官，係因爲廉訪司的糾察權限僅達宣慰司一層，行省則由各行御史臺察院之分巡御史負責。第三點規定就「干礙人眾，卒難結絕」且本人暫時不能親臨審訊之

〔註 56〕《元史》，卷 18，〈成宗一〉，元貞元年冬十月甲寅條，頁 397。

〔註 57〕《憲臺通紀》，〈整治臺綱〉，《元代臺憲文書匯編》，頁 51。

〔註 58〕《憲臺通紀》，〈戒飭中外官吏〉，《元代臺憲文書匯編》，頁 55～56。

〔註 59〕前者主要係規定廉訪司官對所犯擬爲輕罪（杖罪以下）之受勅官就便判決，重罪者則須申臺聞奏，但未提及總司與分司的管轄權劃分；後者創設了「移牒總司會議」之規定，但似乎不分輕重罪止於總司一層。大德五年（1301）三月「戒飭中外官吏」將兩者結合爲：輕罪受勅官須移牒總司，重罪者則如同受宣官般申臺聞奏。之後延祐三年六月之〈廉訪分司斷職官會議〉聖旨節款才又進一步補充：職官犯公罪，事輕得罰贖者授權分司判決，事重者仍須移牒總司。這是將「公罪」案件之管轄權移轉給分司，在此之前分司僅有糾察權，以及相關的照刷權，而無裁斷、審判之權，《元代臺憲文書匯編》，頁 67。

案件，得委託管民官廳暫行歸問，是「擴大授權」，而非「侵奪職權」。第三
點規定於英宗至治三年正月頒布之「振舉臺綱制」第八條又再度重申前述第：

> 諸人陳告職官俸吏取受不公，監察御史、肅政廉訪司官親行追問，
> 不得轉委有司。若事干人眾，地里窵遠，未及親到者，聽依舊制。
> 〔註60〕

此條前段係規定監察御史或廉訪司官必須親自偵訊審問，後段則指涉案人、
關係人太多或是案發地點太遠無法即刻親臨按問者，得「依舊制」轉委管民
官暫行追問（有司）。在泰定年間，亦有重申世祖定制即專委監察審理懲戒案
件者：

> 泰定間，丞相倒剌沙當國，其黨與有作貪墨者。時車駕在上京，公
> （李思明）以都事（陝西行御史臺都事）往奏其事，丞相怒，欲沮
> 之萬方。中書參政楊庭玉亦以官市錦受賕事覺，詞連丞相婿大都路
> 治中某，丞相請令臺、省、宗正鞫之。臺臣以為世祖立制，官吏貪
> 墨者唯令臺憲劾治，今曰與省、宗正共之，是違祖宗舊制也。〔註61〕

倒剌沙向泰定帝建議讓中書省、御史臺及大宗正府共同鞫問中書參政楊庭玉
及大都路治中之貪污案。但御史臺官員卻駁斥其意見，認為世祖朝所立定下
來之規定，即「官吏貪墨者唯令臺憲劾治」，若與中書省、大宗正府會審，則
是違反了世組以來的舊制。綜上而述，元代監察制度在世祖朝的設計即強調
獨立性（指不受非監察官廳之干涉），之後雖不時有對此削弱的政策，但仍然
有人以「世祖舊制」為理由試圖加以維護。

　　但「世祖舊制」終究只是理論上之概念。由於世祖朝基於軍事開支等需
要，接連任命阿合馬、盧世榮及桑哥等財賦專才執政，並委以大權，這些權
臣基於行政目的不時作出干涉或挾制監察官廳的政策，〔註62〕且都獲得世祖
本人之首肯、默許，因此所謂「世祖舊制」授與之獨立行使職權原則，僅僅
是監察人員單方面之信仰，或是制度設計上並未落實的精神，而非事實的發
展。加上前舉《元典章》，「不得擅決品官」條所引至元六年判文所示，監察

〔註60〕《南臺備要》，《元代臺憲文書匯編》，頁146。
〔註61〕蘇天爵，《滋溪文稿》卷16，〈高邑李氏先德碑銘〉，頁254。
〔註62〕如阿合馬對於所屬之各路轉運司須受提刑按察司監督不滿，曾試圖奏罷按察
　　　　司；盧世榮曾試圖廢止江南行臺，並將職司監察的提刑按察司改為管理錢糧
　　　　的「提刑轉運司」；桑哥將行臺制于行省指揮之下，且推行按察司與管民官「遞
　　　　相刷卷」之策等。以上皆為試圖摧毀監察官廳本質之舉措。〈元世祖時期臺察
　　　　與權臣的鬥爭〉有詳細研究。

官廳最初並無職官懲戒案件之管轄權（僅對吏員有之，且係官廳設立一段時日後補充的），所謂「官吏貪墨者唯令臺憲劾治」事實上須剔除「唯令」二字，且係「劾而不治」。因此監察人員所欲遵循者應爲至元二十八年頒布之「改立廉訪司」制文以及至元三十一年六月奏准條畫節文「廉訪分司斷職官會議」所確立的制度，且後者頒布時間已是成宗繼位以後（世祖於該年正月駕崩），故「世祖舊制」似乎不是客觀存在的事實。

第六節　皇帝在懲戒案件審理中的角色

理論上，國家最高權力核心—皇帝係官吏懲戒事件的最高、最終審判者，如至元五年「設立憲臺格例」諸糾察事項裡出現「聞奏」二字者；至元十四年「行臺體察等例」第二條：「凡察到諸職官贓罪，追問是實，若罪至斷罷停職者，咨臺聞奏」，或如「更提刑按察司爲肅政廉訪司制」裡所稱：「……重罪過有呵，臺裏與將文字來，咱每根底奏者。受宣的官人每做罪過呵，取他每招伏，奏將來者。」〔註 63〕等皆係這層關係之體現。但在監察官廳建制越趨龐大嚴密後，爲期更能發揮監督官吏的功能，這種審判管轄權逐步授權予下層以實其威勢。再加上某些犯罪行爲之懲治法規愈臻完備之後，漸漸不須要皇帝宸斷。比方說大德七年頒布「贓罪條例十二章」後，代表著懲治貪汙法規已形成熟，故御史臺于仁宗朝皇慶年間曾作出以下建議：

> 照得：皇慶元年三月初二日，本臺官奏過事內一件：「五品以上的職官每，犯著較重的罪過，招伏文書要了，遇著赦，免了罪呵，合殿降的、合標附的也有。似這般勾當，不索煩亂上聽，依著立定十二章體例行呵，怎生？」奏呵，「那般者。」麼道，聖旨了也。欽此。已經遍行各處，欽依施行去訖。今承見奉，於皇慶二年正（疑爲「三」或「五」之誤）月十三日，本臺官奏過事內一件：「年時春間，『五品之上官人每，要肚皮的罪過，遇赦了呵，不須煩亂聖聽，依十二章體例交行者。』麼道，奏准來。今後除名不敍的人每罪過，遇赦了呵，依著擬定十二章體例交行者，怎生？」奏呵，「那般者。」麼道，聖旨了也。欽此。咨請欽依施行。〔註64〕

〔註63〕　《元代臺憲文書匯編》，頁 44。
〔註64〕　《元典章》，卷 46，〈刑部八・諸贓一，取受〉，「五品官犯罪，依十二章行」條，頁 457。

原則上五品以上官即欽授宣命大員，地位崇高，其有犯贓污者，於取得自白認罪後必須呈中書省、御史臺，再由省、臺向皇帝上奏區處，但在「贓罪條例」頒布後，所受笞杖刑度與黜降處分皆有明文，倘若又遇赦恩，則笞杖可免，黜降、標附依舊，自可依例處斷，毋須每案「煩亂聖聽」。但此處只能證明貪污犯罪的審理方式，不代表其他類行犯罪（如刑名違錯等）皆係如此，且須取決於皇帝個人意願而定。

小　結

　　本章試從元代監察官廳組織之沿革著眼，分析監察官廳獲得官吏懲戒案件審判權之經過，以及管轄權劃分的變化，其特點大致如下：

一、職官「身受朝命」而與國家發生職務上關係，若發生應受懲戒事件，最高、最終審判權者自當係皇帝，但在法規建制趨於完備、臻於成熟之後，皇帝的裁決逐漸退出日常的懲戒審理程序中，如前舉「五品官犯罪，依十二章行」條所示。

二、在皇帝之下，官吏懲戒案件歸屬於刑事案件內之一環，由中書省部作為最高審級，其作成之判決具有終審性，可推翻下級官廳作成之判決或擬判，加上元代法制體系之特色，中書省部的判決可以作為未來相似案件的法律依據，而生拘束力。

三、元代監察制度以至元五年御史臺的創設為始，本來對官吏違法失職事件僅有糾察權，並派遣監察御史赴各地視察。此時仍與前代監察制度功能相當。到了至元六年二月設立各道提刑按察司作為常設地方性監察官廳，為組織上有別於前代的創舉，但功能上仍未超脫止於糾察的範圍。但在該年九月，中書省決議授權監察御史對地方吏員之「稽遲怠慢」，得「詳情約量施行」，等於賦與監察御史一定的審判權，為監察官廳獲得審判權之濫觴，但仍不及於職官。另外，對於按察司官是否同時獲得該管轄權尚不明朗。

四、至元十四年消滅南宋後，元廷在江南地區設立行御史臺，且將提刑按察司制度推展至江南，在此同時明確地賦予了按察司對涉案人為吏員的事件審理並執行懲戒之權，但對於職官事件仍須申報行御史臺，再由行御史臺咨文御史臺與中書省聞奏區處。翌年五月則將懲

戒案件管轄權依涉案人任命層級劃分爲：受宣官聞奏、受勅官申稟行御史臺（腹裏地區申御史臺）、受省箚人員聽按察司審判。這是地方監察官廳管轄權上昇的第二步。

五、至元二十八年，由於權臣桑哥之倒臺，讓監察官廳獲得了重振的機會，爲此，將提刑按察司改爲肅政廉訪司，其官廳名稱對官吏懲治任務上具有正名的效果，且賦予其對受勅職官「輕罪」的審判權，可謂地方性監察官廳管轄權之上昇第三步。同時，確立了司官分巡常川駐守「分司廳」按治辦公的制度，將監察機關三級體系推展至「四級」。

六、由於尚未明確劃分廉訪司本部（總司）與分司官的管轄權，至元三十一年規定將受勅職官案件一概移牒司本部會議斷決，分司官只能對吏員審判施行。延祐三年又賦予了分司廳對所有犯公罪之輕而得罰贖的職官（不分宣勅）逕行罰贖處分，但無法易科罰贖的案件仍須移牒總司，雖然如此，分司官的管轄權仍比至元三十一年來的更大，爲管轄權之上昇第四步。

七、監察官廳的審判權時常被其他體系的官廳侵擾，而監察人員則以「世祖舊制」爲由守護自身的審判權。事實上，監察官廳本僅只於糾察工作方面具有獨立性，對懲戒案件的審判權本非其職，而係由中書省逐步授權所生，且在世祖朝由於政策上的因素，世祖本人並未兌現守護監察官廳獨立性的承諾，而任由權臣侵奪，因此所謂「世祖舊制」實際上只是主觀的想法。

　　總而言之，元代監察官廳具有官吏懲戒案件的審判權，此爲不同於前代監察制度的創舉，但並非於各級官廳創設時同時賦予，而係透過中書省逐步移轉所生，於世祖、成宗交替之際臻於完備。

第五章　結　論

　　本文分作懲戒處分、懲罰減免、懲戒案件管轄權三方面探討元代官吏懲戒制度之架構，此處將作最後總結，並稍與前後代相應制度作簡單比較。

　　唐、宋、以迄元代懲戒處分之演變，爲一種由簡入繁，再回歸簡潔的過程。由於社會趨勢之演進，外加官僚人事制度的變遷，使得《唐律》難以繼續適用於宋代的現實情況，而內容大體延續《唐律》的《宋刑統》，事實上也束之高閣（理論上並非廢止），而爲不斷增列的敕條所取代，在適用上優先於前者。〔註1〕懲戒處分亦是隨著此整體法制體系的演變，而有完全不同於《唐律》「除免官當」體系之樣貌，這主要係唐末五代以來官僚制度的變化所致，使得「除免官當」根本無法科於宋代失職、違法的官吏身上。宋廷爲了配合現行官制而滋生出相當繁雜的黜降處分種類，其複雜程度可從梅原郁〈刑は大夫に上らず：宋代官員の處罰〉一文之研究看出。〔註2〕到了元代，可能受到金代制度的影響，其官僚制度遠較宋代單純，因此很明顯的看出其懲戒處分體系的簡潔化。其基本架構如下：一、依據被付懲戒人是否繼續享有任官資格，分爲「除名」與「解見任」兩大黜降程序發展，前者除因功獲賞外，其效力及於終身（永不敘用）；後者除了依原有資品再次敘用外（別行求仕），還可能搭配降若干品秩、投以邊遠，以及轉任雜職官等人事處分效果。至於「削散官」處分似可獨立於除名、解見任兩大類之外，通常科於所犯甚輕、毋須解見任者以作爲「薄懲」式黜降處分，且常科予職務具有世襲性的官員身上。二、罰俸處分除了具有懲戒處分之性質外，亦可視作刑罰體系之沿伸，

〔註1〕 可參考宮崎市定，〈宋元時期的法制與審判機構〉一文，頁2～9。
〔註2〕 詳見本文第一章〈緒論〉有關該文之介紹，頁7～9。

通常科於既不須解見任、亦不須削散官，且犯行未致笞、杖之刑者，以爲薄懲。三、受黜降處分者之敘復年限，在元代基本上只分作一年與三年兩種，前者正式名稱爲「期年」，係與一般的任期屆滿解除職務後的再敘用（即不因黜降的「以理去官」情形）的人事作業同步，後者則爲〈贓罪條例〉所規定的「殿三年」，亦稱「殿敘」，係因貪贓而觸犯該條例所科之黜降處分的「附款」，依筆者目前管見案例也只有觸犯該條例者才會有此附款。整體而言，其敘復之規定如同黜降種類般比唐宋更形單純，尤其不像宋代常因恩赦而有彈性變動。四、最大之特點在於執行的方式，元代黜降處分除了除名之外，皆不追奪「付身」，這也造成「朦朧求仕」問題的滋生，至於爲何只有除名係例外仍待考究。元明更替之後，元代部分懲戒處分類別被收入《大明律》之中，而作了更條理化的制定與編排，可說是打破《唐律》框架以降，懲戒處分體系發展的再趨完備。

對於元代官吏所享有的懲罰減免措施，可說是萌芽於漢代、迄唐宋蔚爲高峰的「刑不上大夫」思想趨進式微的具體表現。由於受到金代嚴法治吏的作風影響，元代亦將諸多減免條件限縮，如：一、減刑須以被付懲戒人所任官職不領取俸祿爲要件（無俸人）；二、贖刑以所犯爲「公罪之輕」或「夜禁」者爲限，且因官制規定所致，適用於普遍一般人的「老少疾篤」要件，理論上不可能有機會適用於官吏身上。此外，由於繼受唐、宋法制遺產的平臺《金泰和律》的禁止適用，前朝諸多懲罰減免措施在元代如同斷絕。到了明代編修《大明律》時顯然受到元代法制的影響，其懲罰減免措施再也沒有回歸唐宋時的規模。

元代監察官廳對官吏懲戒案件擁有管轄權，這是中國監察制度史上的重大發展，也是元代監察制度的顯著特色。但就如筆者所見，其監察官廳的原始設計本循著前代規格，僅就官吏違法事件、不當行爲進行糾察並開立彈章（提出彈劾案），而不及於作出判決，其管轄權實際上是從作爲國家最高權力者的皇帝，以及作爲司法案件最高審判機關的中書省部逐步授權所生的。隨著御史臺漸次發展成與地方行政體系重疊的龐大監察體系的同時，其管轄權也一步步的跟進、擴充，迄成宗繼位之初大致完成，依被付懲戒人之官階品秩劃分而授予不同層級的監察官廳管轄權。監察官廳兼具懲戒案件裁判官的權限規模，同懲戒處分、懲罰減免制度般，部分爲明代所繼承，但其權限卻

比元代稍有限縮。〔註3〕

　　接著筆者試圖探討元代懲戒制度存在的目的與功能。以懲戒處分為例，瞿同祖先生的《中國法律與中國社會》曾指出：

　　　　通常無論公罪私罪，判刑後都有優免的機會，以罰俸收贖降級革職
　　　　等方式抵刑。這種立法的原意多少與影響遠深的刑不上大夫的概念
　　　　有關。〔註4〕

筆者認為此語有待商榷，倘若瞿先生認為該四類處分的立法目的係受到「刑不上大夫」理念所支配，則該四者皆必須具備兩樣要件：一、類似「易科」的抵免刑罰功能；二、只適用於具官吏身分者纔得以成立。惟收贖之適用者尚包含老、少、疾、篤，不僅止於官吏，因此不具有第二項要件；罰俸在本文所研究的元代則係作為輕於笞刑的薄懲方式（獨立懲罰類型），與刑罰相斥，被科與罰俸之人本來就不會被判處刑罰，故不具第一項要件；至於降級與革職〔註5〕乃清代的官吏黜降處分類型，據《欽定大清會典》，卷11稱：

　　　　凡處分，至革職則止焉。……革職有餘罪，則交刑部。〔註6〕

日人織田萬《清國行政法》就此語稱：「今以此等語視之，懲戒（指會典所謂「處分」）則具獨立形式於刑罰以外者。而刑罰固歸刑部職權，懲戒則歸吏部、兵部職權。」〔註7〕之後織田萬列出《大清律例》，卷4，〈名例律〉，「文武官犯公罪」、「文武官犯私罪」二條，〔註8〕又舉《欽定大清會典》，卷11一語：

　　　　凡引律以當罪者，笞五等、杖五等論如律。皆別其公罪、私罪，而
　　　　以處分準之。〔註9〕

兩相對照後稱：「然則懲戒者，不論官吏行為該當刑罰與否，當得獨立而行之。

〔註3〕　《大明律集解附例》，卷1，〈名例〉，「職官有犯」條規定：「凡京官及在外五
　　　　品以上官有犯，奏聞請旨，不許擅問。六品以下聽分巡御史、按察司并分司
　　　　取問明白，議擬聞奏區處。若府州縣官犯罪，所轄上司不得擅自勾問。止許
　　　　開具所犯事由，實封奏聞。若許准推問，依律議擬回奏，候委官審實，方許
　　　　判決。其犯應該笞決、罰俸、收贖、紀錄者，不在奏請之限。若所屬官被本
　　　　管上司非理凌虐，亦聽開具實跡，實封徑直奏陳。」頁193～194。
〔註4〕　瞿同祖，《中國法律與中國社會》，（臺北：里仁書局，民國93年），頁278。
〔註5〕　《欽定大清會典》，頁127。
〔註6〕　《欽定大清會典》，頁127。
〔註7〕　《清國行政法》，頁421。
〔註8〕　《大清律例通考校注》，頁215～217。
〔註9〕　《欽定大清會典》，頁128。

然其犯刑罰之時，則准其刑罰輕重，必須行懲戒。」〔註10〕因此，可說不具備第一項要件，瞿同祖所舉四類處分並不能體現「刑不上大夫」之精神。

清代之降級、革職相當於《唐律》的除名、免官、免所居官（以下稱「除免」），以及本文第二章探討之除名、解見任等，屬於黜降處分。依據《唐律》的規定，官員之所以能抵免刑責，是因為受黜降的同時發動議、請、減、贖及官當等懲罰減免措施，除免等黜降處分本身並不能抵免刑責。至於元代，綜觀諸多官吏懲戒案件及法規，除了常見的笞杖、黜降併科情況（元、明、清三代皆然）外，笞杖之免除往往基於「欽遇赦免」而達成，且會赦之後被付懲戒人仍須除名、解見任，證明黜降處分不具備抵免笞杖正刑的功能（與《唐律》除免同），兩者關係之建立，端視審判者或立法者對同一案件、同類行為合併科處的裁量或制度安排，再加上元代的懲罰減免制度遠比唐、宋限縮（並未繼受議、請、官當，而減刑與贖刑的可發動要件也縮減）。最後，無論刑「上不上」大夫，大夫都要被黜降，因此懲戒處分與所謂「刑不上大夫」思想沒有關聯性。

誠如本文第一章〈緒論〉所稱，懲戒制度係為了裁汰不適任及違法亂紀的官吏而創制的，〔註11〕因此，除了具有懲罰性之外，懲戒制度另一項重要的立法目的與功能在於「矯正政府組織的失靈」，即便對被付懲戒人寬容而免除刑罰（恩赦之效果），其判決內容之懲戒處分仍須執行，藉此汰除官僚集團內的不良者，維持較佳得行政效能與司法公正。為了更有效地矯正政府，元代懲戒處分架構單純化得同時（操作簡單），比起前代更形嚴厲（如《唐律》規定受除名處分者從「六年後仍可敘復」改為「終身不敘」），且與懲罰減免制度的萎縮（壓縮僥倖免責的機會）、賦與地方監察官廳懲戒案件管轄權（使懲戒制度及時發揮作用）在立法目的上是一致的。

〔註10〕《清國行政法》，頁 421。
〔註11〕本文第一章〈緒論〉，頁 1。

徵引書目

（凡 151 目）

壹、史　料

一、儒家經典

1. 李學勤主編，《十三經注疏·尚書正義》，北京：北京大學出版社，1999年。

2. 李學勤主編，《十三經注疏·禮記注疏》，北京：北京大學出版社，1999年。

3. 李學勤主編，《十三經注疏·周禮注疏》，北京：北京大學出版社，1999年。

4. 〔戰國〕荀況著，（清）王先謙輯，《荀子集解》，北京：中華書局，1988年。

二、諸子百家

1. 〔春秋〕商鞅著，高亨註釋，《商君書》，北京：中華書局，1974年。

三、正　史

1. 〔東漢〕班固，《漢書》，北京：中華書局，1962年。

2. 〔南朝劉宋〕范曄，《後漢書》，北京：中華書局，1965年。

3. 〔北齊〕魏收，《魏書》，北京：中華書局，1974年。

4. 〔唐〕姚思廉撰，《陳書》，北京：中華書局，1972年。

5. 〔唐〕魏徵等撰，《隋書》，北京：中華書局，1973年。

6. 〔宋〕薛居正撰，《舊五代史》，北京：中華書局，1975年。

7. 〔元〕脫脫等撰，《宋史》，北京：中華書局，1985年。

8. 〔元〕脫脫等撰,《遼史》,北京:中華書局,1974 年。

9. 〔元〕脫脫等撰,《金史》,北京:中華書局,1975 年。

10. 〔明〕宋濂等撰,《元史》,北京:中華書局,1976 年。

11. 〔清〕張廷玉等撰,《明史》,北京:中華書局,1974 年。

四、法典暨其他法制文書

1. 〔唐〕長孫無忌等撰,劉俊文點校,《唐律疏議》,北京:中華書局,1983年。

2. 〔唐〕李林甫等撰,陳仲夫點校,《唐六典》,北京:中華書局,2005 年二刷。

3. 〔唐〕杜佑,《通典》,北京:中華書局,1988 年。

4. 〔宋〕竇儀等撰,薛梅卿點校,《宋刑統》,北京:法律出版社,1999 年。

5. 〔宋〕謝深甫纂修,《慶元條法事類》,臺北:新文豐,民國 65 年。

6. 〔清〕徐松輯佚,《宋會要輯稿》,北京:中華書局,1957 年。

7. 〔元〕不著撰人《廟學典禮》,收於《景印文淵閣四庫全書》,臺北:臺灣商務,民國 72 年,第 648 冊。

8. 〔元〕不著撰人,《大元聖政國朝典章》,收入《續修四庫全書》,上海:上海古籍出版社,1998 年,第 787 冊。
   *、句讀、校勘輔助:祖生利、李崇興點校,《大元聖政國朝典章·刑部》,太原:山西古籍,2004 年,以及陳高華等點校,《元典章》,北京:中華書局、天津:天津古籍出版社,2011。

9. 方齡貴校注,《通制條格》,北京:中華書局,2001 年。

10. 〔元〕《至正條格(校注本)》,首爾:韓國學中央研究院編,2007 年。

11. 〔元〕趙承禧編,《憲臺通紀》,收入洪金富點校《元代臺憲文書彙編》,台北:中央研究院歷史語言研究所,民國 92 年。

12. 〔元〕唐惟明編,《憲臺通紀續集》,收入洪金富點校《元代臺憲文書彙編》,台北:中央研究院歷史語言研究所,民國 92 年。

13. 〔元〕劉孟琛等編,《南臺備要》,收入洪金富點校《元代臺憲文書彙編》,台北:中央研究院歷史語言研究所,民國 92 年。

14. 〔元〕徐元瑞著,《吏學指南(外三種)》,杭州:浙江古籍出版社,1988年。

15. 〔元〕沈仲緯,《刑統賦疏》,收入沈家本編,《枕碧樓叢書》,北京:中國書店,1990 年。

16. 〔明〕《大明律集解附例》,據國立中央圖書館藏本影印,臺北:臺灣學生,民國 58 年。

17. 馬建石等編，《大清律例通考校注》，北京：中國政法大學出版，1992 年。

18. 〔清〕《欽定大清會典》，景印光緒廿五年刻本，臺北：臺灣中文書局，民國 52 年。

五、文集、別集、筆記

1. 〔宋〕樓鑰，《攻媿集》，四部叢刊初編，臺北：臺灣商務印書館，民國 54 年。

2. 〔金〕劉祁，《歸潛志》，北京：中華書局，1983 年。

3. 〔元〕王惲，《秋澗先生大全集》，四部叢刊初編，臺北：臺灣商務印書館，民國 56 年。

4. 〔元〕王惲，《玉堂嘉話》，（與楊瑀《山居新語》合刊），北京：中華書局，2006 年。

5. 〔元〕胡祇遹，《紫山大全集》，收於《景印文淵閣四庫全書》，臺北：臺灣商務，民國 72 年，第 1196 冊。

6. 〔元〕魏初，《青崖集》，收於《景印文淵閣四庫全書》，臺北：臺灣商務，民國 72 年，第 1198 冊。

7. 〔元〕趙孟頫，《松雪齋文集》，四部叢刊初編，臺北：臺灣商務印書館，民國 54 年。

8. 〔元〕吳澄，《吳文正公集》，收於王德毅編，《元人文集珍本叢刊》（三），臺北：新文豐，民國 74 年。

9. 〔元〕蘇天爵編，《元文類》，臺北：世界書局，民國 78 年。

10. 〔元〕蘇天爵著，《滋溪文稿》，北京：中華書局，1997 年。

11. 〔元〕歐陽玄，《圭齋文集》，四部叢刊初編，臺北：臺灣商務印書館，民國 54 年。

12. 〔元〕鄭玉，《師山集》，收於《景印文淵閣四庫全書》，臺北：臺灣商務，民國 72 年，第 1217 冊。

13. 〔元〕許有壬，《至正集》，《元人文集珍本叢刊》（七），臺北：新文豐，民國 74 年。

14. 〔元〕陶宗儀，《南村輟耕錄》，北京：中華書局，2008 年第 5 刷。

15. 〔元〕方回，《桐江續集》，收入《景印文淵閣四庫全書》，臺北：臺灣商務，民國 72 年，第 1193 冊。

六、其　他

1. 〔漢〕許慎著，臧克和、王平校訂，《說文解字》，北京：中華書局，2002 年。

2. 〔漢〕劉熙，《釋名》，上海：商務印書，四部叢刊初編。

3. 〔宋元之際〕陳元靚,《事林廣記》,北京：中華書局,1999 年。

4. 〔清〕王鳴盛著,黃曙輝點校,《十七史商榷》,上海：上海書店,2005 年。

貳、近人著作（以作者姓名第一字筆劃排列）

一、專　書（Books）

（一）臺灣與大陸學者

1. 王明蓀,《元代的士人與政治》,臺北：臺灣學生書局,民國 81 年。

2. 沈家本,《歷代刑法考·復寄簃文存》,北京：中華書局,1985 年。

3. 胡世凱,《「明主治吏不治民」：中國傳統法律中的官吏瀆職罪研究》,北京：中國政法大學,2002 年。

4. 祖生利、李崇興點校,《大元聖政國朝典章·刑部》,太原：山西古籍出版社,2004 年。

5. 吳海航,《中國傳統法治的嬗遞：元代條畫與斷例》,北京：知識產權出版社,2009 年。

6. 李治安,《行省制度研究》,天津：南開大學,2000 年。

7. 李治安,《元代政治制度研究》,北京：人民出版社,2003 年。

8. 陶晉生,《金海陵帝的伐宋與采石戰役的考實》,臺北：臺灣大學文學院,文史叢刊,民國 52 年。

9. 葉潛昭,《金律之研究》,臺北：臺灣商務印書館,1972 年。

10. 黃清連,《元代戶計制度研究》,臺北：臺灣大學文學院,文史叢刊,民國 66 年。

11. 黃時鑑編,《元代法律資料輯存》,杭州：浙江古籍,1988 年。

12. 黃源盛,,《漢唐法制與儒家傳統》,臺北：元照,民 98 年。

13. 蒙思明,《元代社會階級制度》,上海：世紀出版、上海人民,2006 年。

14. 劉俊文,《唐律疏議箋解》,北京：中華書局,1996 年。

15. 戴炎輝,《唐律通論》,臺北：元照,2010 年二版。

16. 戴炎輝,《中國法制史》,臺北：三民,民國 55 年。

17. 瞿同祖,《中國法律與中國社會》,臺北：里仁書局,民國 93 年。

18. 蕭啟慶,《西域人與元初政治》,臺北：臺灣大學文學院,文史叢刊,民國 55 年。

（二）日本學者

1. 仁井田陞輯佚,栗勁等譯,《唐令拾遺》,長春：長春出版,1989 年。

2. 仁井田陞,《唐宋法律文書の研究》,東京：東京大學出版會,1983 年復

刻一版。

3. 西嶋定生著,武尚清譯,《中國古代帝國的形成與結構:二十等爵制研究》,北京:中華書局,2004 年。

4. 牧野修二,《元代勾當官の體系的研究》,東京:大明堂,1979 年。

5. 荒木敏一,《宋代科舉制度研究》,京都:東都大學東洋史研究會,1969 年。

6. 島田正郎,《遼制の研究》,東京:汲古書院,1973 年。

7. 織田萬著,李秀清、王沛點校,《清國行政法》,北京:中國政法大學,2003 年。

（三）西方學者或西文著作（以出版年分依序）

1. Hucker, Charles O.,*The Censorial System of Ming China,* Stanford: Stanford University, 1966.

2. Ch'en, Paul Heng-chao（陳恒炤）. *Chinese Legal Tradition under the Mongols:The Code of 1291 as Reconstructed.* Princeton: Princeton University, 1979.

二、文　章（Article）

（一）臺灣與大陸學者

1. 札奇斯欽,〈說元史中的達魯忽赤〉,收入氏作《蒙古史論叢》,臺北:學海出版社,民國 69 年,頁 465～631。

2. 札奇斯欽,〈說元史中的「札魯忽赤」並兼論元初的尚書省〉,收入氏作《蒙古史論叢》,臺北:學海出版社,民國 69 年,頁 238～363。

3. 亦鄰眞,〈元代硬譯公牘文體〉,《元史論叢》（一）,頁 164～178。

4. 姚從吾,〈舊元史中達魯花赤初期的本義爲「宣差」說〉,《臺大文史哲學報》,第 12 期,1963 年,頁 1～20。

5. 洪金富,〈元代監察制度的特色〉,《國立成功大學歷史學報》,1975：2,頁 219～276。

6. 洪金富,〈元代監察官吏的出巡日期問題〉,《新史學》,13：2,頁 157～175。

7. 姚大力,〈元代刑法體系的形成考略〉,收入楊一凡主編,《中國法制史考證》,甲編第五卷,〈宋遼金元法制考〉,北京:中國社會科學出版社,2002 年,頁 525～553。

8. 柏樺,〈公罪與私罪〉,收於氏作《中國古代刑罰政治觀》,北京:人民出版社,2008 年,頁 18～36。

9. 翁獨健,〈元典章譯語集釋〉,《燕京學報》（30）,頁 279～288。

10. 馬小紅,〈「禮不下庶人,刑不上大夫」〉,收入楊一凡主編,《中國法制史

考證》，甲編第一卷，〈夏商周法制考〉，北京：中國社會科學出版社，2002年，頁 354～372。

11. 郝時遠，〈元代監察制度概述〉，《元史論叢》，第三輯，頁 82～104。

12. 郝時遠，〈元世祖時期臺察與權臣的鬥爭〉，《元史論叢》，第四輯，頁 110～122。

13. 許凡，〈元代的首領官〉，《西北師院學報》，1983：2，頁 73～81。

14. 陳高華、張帆、劉曉等校注，〈《元典章·戶部·戶計》校釋〉，《暨南史學》，2002：4，頁 153～196。

15. 陳高華、張帆、劉曉等校，〈《元典章·戶部·祿廩》校釋〉《中國社會科學院歷史研究所學刊》，第三集，2004 年，頁 329～367。

16. 陳高華，〈元朝的審判機構和審判程序〉，收入《元史研究新論》，上海：上海社會科學院，2005 年，頁 121～170。

17. 陳高華，〈元代的流刑和遷移法〉，收入《元史研究新論》，上海：上海社會科學院，2005 年，頁 171～183。

18. 陶晉生，〈金代的政治衝突〉，《中央研究院歷史語言研究所集刊》，43：1（1971），頁 135～161。

19. 陶晉生，〈邊疆民族在中國歷史上的重要性〉，收於氏作《邊疆史研究集：宋金時期》，臺北：臺灣商務，民 88 年三刷，頁 1～15。

20. 陶晉生，〈金代女真統治中原對中國政治制度的影響〉，收於氏作《邊疆史研究集：宋金時期》，臺北：臺灣商務，民 88 年三刷，頁 111～126。

21. 曾代偉，〈金代刑法原則變化考析〉，《金元法制叢考》（收入楊一凡主編，《中國法制史考證續編》，第九冊），北京：北京社會科學文獻出版社，2009年，頁 113～125。

22. 陳昭揚，〈金代地方管理中的杖殺〉，《師大歷史學報》，2010：44，頁 97～132。

23. 陳昭揚，〈金代的杖刑、杖具與用杖規範〉，收於《新史料、新觀點、新視角：天聖令論集》，臺北：元照，2011 年，頁 73～93。

24. 張金銑〈元代地方圓署制度考略〉，《江海學刊》，1994：4，頁 118～122。

25. 楊聯陞，〈從經濟角度看帝制中國的公共工程〉，《國史探微》，臺北：聯經，民 71 年，頁 249。

26. 賴亮郡，〈唐宋告身制度的變遷：從元豐五年〈告身式〉談起〉，《法制史研究》，2010：18，頁 39～93。

27. 錢大群，〈「除免」與「官當」關係辨〉，《唐律與唐代法制考辨》（收入楊一凡主編，《中國法制史考證續編》，第七冊），北京：北京社會科學文獻出版社，2009 年，頁 243～252。

28. 錢大群,〈唐代刑罰與行政處罰交叉相通考〉,《唐律與唐代法制考辨》,(收入楊一凡主編,《中國法制史考證續編》,第七冊),北京:北京社會科學文獻出版社,2009 年,頁 263～274。

29. 薩孟武,〈西漢監察制度與韓非思想〉,收入《孟武隨筆》,臺北:三民書局,民 58 年,頁 160～201。

30. 蕭啓慶,〈元代的儒戶:儒士地位演進史上的一章〉,《元代史新探》,臺北:新文豐,民 72 年,頁 29～30。

31. 戴炎輝,〈唐律上議請減贖制之溯源〉,收於中央研究院編《國際漢學會議論文集》,頁 183～197。

32. 戴炎輝,〈唐律上除免當贖制之遡源〉收於《律令制の諸問題:瀧川政次郎博士米壽紀念論集》,東京:汲古書院,昭和 59 年。

(二) 日本學者

1. 八重津洋平,〈魏晉南北朝の贖刑制度〉,《法と社會》,14:4,頁 25～57。

2. 大庭修,〈唐告身古文書學的研究〉,《西域文化研究》,第 3 期,東京:法藏館,1960 年,頁 281～368。

3. 小林高四郎,〈元代法制史上の舊例に就いて〉,《江上波夫教授古稀記念論集:歷史篇》,東京:山川出版社,1976～1977 年,頁 297～316。

4. 大島立子,〈元朝の首領官〉,《明代史研究》,第 30 期,頁 47～56。

5. 仁井田陞,〈唐律に於ける通則的規定の來源〉,收於《〔補訂〕中國法制史研究・刑法》,東京:東京大學出版會,1981 年,中譯:姚榮濤譯,〈唐律的通則性規定及其來源〉,收入《日本學者研究中國史論著選譯》,(八),北京:中華書局,1993 年,頁 102～190。

6. 仁井田陞,〈北方民族法中國法交涉(二):元代刑法考〉,收於《〔補訂〕中國法制史研究・刑法》,東京:東京大學出版會,1981 年,頁 525～579。

7. 「中國近世の法制と社會」研究班譯註,〈元史刑法志譯註稿(一)〉,《東方學報》,1995:67,頁 409～532。

8. 「元代の法制」研究班校注,〈《元典章・禮部》校定と譯注(一):禮制一(朝賀・進表・迎送)〉,《東方學報》,2007:81,頁 137～189。

9. 「元代の法制」研究班校注,〈《元典章・禮部》校定と譯注(二):禮制二(服色・印章・牌面・誥命)〉,《東方學報》,2008:82,頁 169～211。

10. 田中謙二,〈元典章文書の研究〉,收於《田中謙二著作集》(二),東京:汲古書院,2000 年。

11. 安部健夫,〈元史刑法志と「元律」との關係に就いて〉,收入《元代史研究》,東京:創文社,1981 年,頁 253～276。

12. 安部健夫,〈大元通制解說:新刊本「通制條格」の紹介に代えて〉,收入

《元代史研究》，頁 277～318，譯文：〈大元通制解説：兼介紹新刊本《通制條格》〉，收入楊一凡主編，《中國法制史考證》，丙編第三卷，〈宋遼西夏元卷〉，北京：中國社會科學出版社，2002 年，頁 161～202。

13. 村上正二，〈元朝統治形態〉，收入和田清編，《支那官制發達史》，（東京：汲古書院，1973 年），頁 263～372。

14. 佐立治人〈北魏の官當制度〉，收入梅原郁主編，《前近代中國の刑罰》，京都：京都大學人文科學研究所，1996 年，頁 161～197。

15. 岩井茂樹，〈元代行政訴訟と裁判文書：《元典章》附鈔案牘「都省通例」を素材として〉，《東方學報》，2010：85，頁 403～441。

16. 宮崎市定，〈宋元時代の法制と裁判機構：元典章成立の時代的、社会的背景〉，《東方學報》，24：4，頁 159，譯文：〈宋元時期的法制與審判機構：《元典章》的時代背景及社會背景〉，收入楊一凡主編，《中國法制史考證》，丙編第三卷，〈宋遼西夏元卷〉，北京：中國社會科學出版社，2002 年，頁 1～121。

17. 宮崎市定著，于志嘉譯，〈宋代官制序説：宋史職官志的讀法〉，《大陸雜誌》，78：1/2，頁 1～28。

18. 梅原郁，〈宋初的寄祿官及其周邊〉，收入劉俊文主編，《日本學者研究中國史論著選譯》，（五），北京：中華書局，1993 年，頁 392～450。

19. 梅原郁，〈刑は大夫に上らず：宋代官員の處罰〉，《東方學報》，1995：67，頁 241～289。

20. 梅源郁，〈罰俸制度の展開：旧中国における懲戒〉，收於佐竹靖彦、斯波義信、梅原郁、植松正等編，《宋元時代史の基本問題：中国史学の基本問題》，東京：汲古書院，1996 年，頁 93～122。

21. 滋賀秀三著，姚榮濤譯，〈中國上古刑罰考：以盟誓爲線索〉，收入《日本學者研究中國史論著選譯》（八），北京：中華書局，1993 年，頁 1～30。

22. 富谷至〈秦漢二十等爵制と刑罰の減免〉，收入梅原郁主編，《前近代中國の刑罰》，京都：京都大學人文科學研究所，1996 年，頁 123～160。

23. 植松正，〈元初の法制に关する一考察：とこに金制との关連について〉，《東洋史研究》，40：14。譯文：魏常海、張希清譯，〈元初法制考：重點考察與金制的關係〉，收入劉俊文主編，《日本青年學者論中國史：宋元明清卷》，上海：上海古籍出版社，1995 年，頁 298～328。

24. 織田萬著，《清國行政法》，北京：中國政法大學，2003 年。

（三）西方學者

1. Hucker, Charles O. "The Yuan Contribution to Censorial History"，收入《慶祝董作賓先生六十五歲論文集》（上），臺北：中研院史語所，民國 49 年，頁 219～227。

2. （俄）B. M. 雷巴科夫，〈關於中國中世紀官吏的法律地位〉，《中國史研究動態》，1983：4，頁 16～20。

三、學位論文

1. 雷家聖，〈宋代監當官體系之研究〉，國立臺灣師範大學歷史系博士論文，民國 93 年。

2. 黎明昌，〈刑不上大夫攷〉，中國文化大學史學系碩士論文，民國 92 年。

四、工具書

1. 松村明編，《大辭林》，東京：三省堂，1988 年。

2. 冷玉龍、韋一心編，《中華字海》，北京：中華書局、中國友誼出版，1994 年。

參、近代法制、歷史學以外學科參考書目

1. 《中華民國刑法》

2. 《行政程序法》

3. 《行政罰法條文對照表》

4. 吳庚，《行政法之理論與實用》，作者自版，臺北：三民書局總經銷，民國 99 年增訂十一版。

5. 姚瑞光，《民事訴訟法論》，作者自版，臺北：大中國圖書公司總經銷，民國 89 年。

6. 陳計男，《民事訴訟法論》（上），臺北：三民書局，民國 95 年四版。

7. 羅傳賢，《立法程序與技術》，臺北：五南，民國 97 年。

跋

　　經歷一年半的資料收集與研讀，加上爲期一年的實際撰寫時間，總算把學位論文《元代官吏懲戒制度研究》完成。在此，我必須先感恩我的父母，沒有他們默默的支持，我幾乎沒辦法心無旁鶩地完成研究所課業。接著，我必須感謝恩師——東吳大學歷史學系客座教授陶晉生老師，從就讀該校歷史系以來，陶老師一路提攜我，也影響我對長時段的「中國近世史」產生了興趣與關注（一般來說，元代是中國近世時期的一部分，但我個人決定以元代爲研究主題時代是念研究所以後的事）；同樣任教於東吳大學歷史系的蔣武雄老師也花了不少時間提供我許多珍貴的指導與關懷，蔣老師也是除了陶老師以外，我在歷史系就讀期間接觸最密切的老師，而蔣老師亦有擔綱本文口試委員之一；中國文化人學史學系教授王明蓀老師也是本文口試委員，他在百忙之中審閱我的論文，又不辭辛勞的從臺中到臺北來助我完成學位考試，且針對本文內容提供許多珍貴的意見，對我未來研究頗多啓發，在此呈上誠摯的謝意。除此之外，我念研究所以來，爲了替研究工作補足背景知識，我不時的赴他校旁聽相關課程，比方說清華大學歷史研究所蕭啓慶老師的「漢族士人與蒙元政權」、臺灣大學歷史系梁庚堯老師的「宋代科舉社會」，以及臺北大學歷史系陳俊強老師的「中國傳統法律、文化與社會」等課程，透過三位老師的提點，促使我對於宋元政治、社會史，中國法制史的基礎知識充實許多，在此亦須表達感謝之意。最後，我還得感謝東吳大學歷史學系教授黃兆強老師，以及花木蘭文化出版社，透過黃老師的推薦，我才能與花木蘭文化出版社接洽，也才有機會將本書付梓出版，呈現在各位讀者面前，而不致於沉寂在國家圖書館的網頁之中。

羅晏松　臺北

民國 101 年 11 月 1 日